创业与择业

主　编　朱永林　朱紫巍

东北林業大學出版社
·哈尔滨·

图书在版编目（CIP）数据

创业与择业 / 朱永林，朱紫巍主编. --2 版. --哈尔滨：东北林业大学出版社，2016.7（2025.7重印）

ISBN 978-7-5674-0808-1

Ⅰ. ①创… Ⅱ. ①朱… ②朱… Ⅲ. ①大学生-职业选择 Ⅳ. ①G647.38

中国版本图书馆 CIP 数据核字（2016）第 149657

责任编辑：赵　侠

封面设计：彭　宇

出版发行：东北林业大学出版社（哈尔滨市香坊区哈平六道街 6 号　邮编：150040）

印　　装：三河市佳星印装有限公司

开　　本：850mm×1168mm　1/32

印　　张：10

字　　数：250 千字

版　　次：2016 年 8 月第 2 版

印　　次：2025 年 7 月第 3 次印刷

定　　价：60.00 元

前　言

《创业与择业》一书是为高等学校的本科在校生编写的学习指导用书，也可以作为本专科毕业生的创业辅导用书，同时还可以作为本科学生的创业实践基地的教学用书。

本书针对高等学校本科生就业状况不够理想、就业率偏低的实际情况，结合教育部有关创业教育的指示精神和要求，从创业教育的实际出发，注重培养高等学校本科生的创业能力和择业能力，特别是“动手能力”的训练，力求使本科大学生，不但具有创业和择业的综合素质，而且还具有创业和择业的综合能力，最后通过本书的教学活动和实际训练，不断提高本科学生的初次就业率，帮助本科学生进一步拓展视野，增强其自主创业的意识和能力，找到适合自己实现人生价值的就业岗位。

本书的每章都配有思考题，以便提示本科学生抓住学习的重点和难点，引导本科学生进行进一步的探索和思考。

本书主要包括了创业教育和实践、择业技巧和训练以及两者的成功与失败举证等内容，针对性强，实践性强，易于实际操作。

参加本书编写的有朱永林、朱紫巍。全书共十三章。具体分工如下：朱永林编写第一、二、三章，朱紫巍编写第六、七、八、九、十、十一、十二、十三章。

在本书的编写过程中，参考并采纳了国内外有关方面的论文、书籍和研究成果，得到了东北林业大学有关部门的大力支持和帮助，在此一并表示感谢。

由于编者水平有限，书中难免会出现一些缺点和不足，恳请读者批评指正。

编　者

2016 年 6 月

目　　录

第一章　导　言 ……………………… (1)
第一节　基本概念 ……………… (2)
第二节　创业教育与择业指导的意义 ……………………… (4)
第三节　创业教育与择业指导的任务和作用 …………… (7)
第二章　创业者的素质、能力构成 ……………………… (12)
第一节　创业者的素质构成 …… (13)
第二节　创业者的能力构成 …… (20)
第三节　如何培养创业素质 …… (26)
第三章　创业计划的设计 ………… (31)
第一节　创业信息分析 ………… (32)
第二节　制定创业计划 ………… (37)

第四章　小型企业的建立 …………………………………（45）
第一节　小型企业的名称和经营场所 ……………………（46）
第二节　创业经营方式的选择 ……………………………（49）
第三节　资金筹措 …………………………………………（53）
第四节　小型企业的注册登记 ……………………………（56）
第五章　小型企业的管理 …………………………………（64）
第一节　成本管理 …………………………………………（64）
第二节　质量管理 …………………………………………（71）
第三节　人力资源管理 ……………………………………（73）
第四节　财务管理 …………………………………………（81）
第六章　小型企业的营销 …………………………………（91）
第一节　小型企业战略 ……………………………………（91）
第二节　市场机遇 …………………………………………（103）
第三节　市场策划 …………………………………………（111）
第七章　择业新观念的建立 ………………………………（125）
第一节　职业选择与自我发展 ……………………………（125）
第二节　树立新型就业观 …………………………………（135）
第八章　择业政策与法律法规 ……………………………（151）
第一节　择业政策 …………………………………………（151）
第二节　相关法律法规 ……………………………………（164）
第九章　培养职业素质 ……………………………………（174）
第一节　职业素质的性质 …………………………………（174）
第二节　职业素质的组成 …………………………………（182）
第三节　职业素质的养成 …………………………………（202）
第十章　择业准备 …………………………………………（205）
第一节　入学初期的择业准备 ……………………………（205）
第二节　择业前的准备工作 ………………………………（214）

第十一章　就业之路 …………………………………… (235)
　第一节　招　聘 ……………………………………… (235)
　第二节　招聘途径 …………………………………… (246)
第十二章　择业策略 …………………………………… (261)
　第一节　面试策略 …………………………………… (261)
　第二节　面试过程的控制 …………………………… (272)
第十三章　创业、择业举证 ……………………………… (290)
　第一节　艰辛创业 …………………………………… (290)
　第二节　曲折择业 …………………………………… (295)

第一章 导 言

1999 年 6 月，江泽民同志在第三次全国教育会议上的讲话中指出："要帮助受教育者培养创业意识和创业能力。通过教育部门的努力，培养出越来越多的不同行业的创业者，就可以为社会创造更多的就业机会，对维护社会稳定和繁荣各项事业就会发挥重大作用。"我们要根据这一重要精神，努力在大学生中开展创业教育和创业能力的教育，使每一位大学毕业生能够在进入社会时很快进入自己的角色。与此同时，我们还要加强择业指导，帮助学生了解职业、了解社会。根据社会的需求和个人的特点正确、客观地确立就业理想，转变就业观念，在学习、思想、能力上确定职业方向，选择就业岗位，进行立业创业，增强在社会人才市场上的竞争力，找到一条适合自己发展的理想之路。

第一节 基本概念

一、创 业

创业是指创设、创造、创新职业或企业，是一种创新性质的活动。创业的基本内涵是创造出前所未有的新的职业；凭借自己的力量创设职业岗位而从事某种事业；努力奋斗，开拓自己所在职业领域，拓展、更新其内涵，推动职业发展；根据市场要求，开办适应经济发展的某种职业或企业。创业是择业的一种特殊的选择形式，也是就业中的一种特殊形式。和一般的就业者相比，创业者承担的责任和风险更大。创业对创业者来说是一种职业的训练，是成功前的必备训练。

二、择 业

择业是指人们已经具备了从事某种职业的基本条件，进而去选择现有的职业或岗位，从事已选定的职业或岗位，也叫做就业。

三、创业教育

创业教育是指培养和训练大学生创业的基本素质，造就具有创新性个性人才的教育。经过创业教育，使大学生掌握一定的创业知识与创业技能，促进我国的经济发展。要全面推进素质教育，注重培养学生的创新精神和实践能力，也就是要重视大学生的个性教育和创造性教育。创新能力体现在职业素质上就是创业能力。我们要培养大学生通过创新和创业把知识、技能等转化为经济财富，进而推进社会进步和经济发展。

四、创业能力

创业能力是指由专业能力、方法能力、社会能力相互作用而成的综合能力。

进入21世纪后，创业教育被引起了普遍的关注。创业教育是以提高学生自我创业的能力为目的，注重培养学生创办小企业的精神和能力，使更多的择业的谋业者变成职业岗位的创造者。在第二届国际职业技术教育大会上，创业教育被特地提了出来。“小企业创业技能课程开发”早在1994年就成为联合国教科文组织亚太地区国际合作项目，相继在澳大利亚、印度召开了小企业课程开发学术研讨会。我国参与了这一项目，并于1996年9月召开了6省市创业教育课程开发研讨会，讨论了50学时的课程大纲。1999年9月，在西安召开的“小企业技能课程开发”项目研讨会上，交流和总结了创业教育经验并制定了中国未来行动计划。创业教育在部分地区的实验基础上取得了明显的成绩，得到了党和政府的重视，党和国家领导人在有关教育的会议上的讲话都对创业教育作了重要指示。

五、择业指导

择业指导是帮助大学生准备就业、选择职业、获得职业、适应职业和转换职业以及立业创业的学问。指导和开发劳动力资源，以便能够充分发挥人的主观能动性，培养大学生的全面素质和综合职业能力，实现劳动力与职业岗位的最佳组合，以满足不同时期、不同条件下职业发展的需要。择业指导是帮助学生选择职业和促进就业的一项重要工作，包括了对就业者整个人生的职业指导与创业教育活动、就业与创业的各个领域。有职业介绍和个性测试，有职业意识、职业道德和求职择业技能的培养和训练，有职业素质、创新意识和创业能力的培养及如何创办、经营、管理小企业等。国务院批转教育部《面向21世纪教育振兴行动计划》中指出："职业教育和成人教育要加强创业教育和职业道德教育。"因此，职业指导与创业教育是职业教育的重要内容。加强择业指导是社会主义市场经济的客观要求，也是新形式赋予职业教育的光荣的历史任务，也是摆在新世纪初高等教育面前的一个必须解决的重要问题。

第二节 创业教育与择业指导的意义

一、创业教育与择业指导的目的

创业教育与择业指导的目的是很明确的，即全面贯彻党的教育方针，培养与社会主义现代化建设要求相适应、德智体美等全面发展、具有综合职业能力的高素质劳动者。他们应当具有科学的世界观、人生观和爱国主义、集体主义、社会主义思想以及良好的职业道德和行为规范，具有基本的科学文化素养，掌握必须的文化基础知识、专业知识和比较熟练的职业技能，具有继续学习的能力和适应职业变化的能力，具有创新精神和实践能力、立业创业能力，具有健康的身体和心理。创业是全面素质和综合职业能力的体现。素质和能力是相互联系、互相依存的。素质是潜在的能力，能力是素质的外在表现。全面素质和综合职业能力是一个人在现代社会中生存、生活、从事职业活动和实现全面发展的主观条件，它包含职业知识和技能、分析和解决实际问题的能力、信息接受和处理能力、经营管理的能力、社会交往能力、不断学习的能力，以及政治思想和职业道德素质、身体和心理素质、基础文化素质、竞争和合作精神、开拓和创业精神。

为实现上述目的，大学生要充分认识当前的社会经济形势。

十一届三中全会以来，我们党正确地分析了国情，做出了我国现在仍处于社会主义初级阶段的科学论断。党的十五大再次强调我国还处于社会主义初级阶段。在社会主义初级阶段，就要建设有中国特色社会主义初级阶段的经济和文化。建设有中国特色社会主义的经济，不断解放和发展生产力，这就是坚持和完善以社会主义公有制为主体、多种所有制经济共同发展的基本经济制度。以公有制为主体、多种所有制经济共同发展是我国社会主义初级阶段的一项基本制度。非公有制经济是我国社会主义市场经济的重要组成部分，对个体、私营等非公有制经济要鼓励、引导，使之健康发展，满足人们多样化的需求，增加就业，促进国民经济发展。

从我国高校大学生毕业情况分析，2001 年全国大学生本科毕业生总数为 113 万人左右，初次就业率为 70%，待业人数约 34 万人。2002 年约有 37 万本科毕业生待业。高职就业生的就业率更低，仅有 40%。大学毕业生初次就业率不够理想，造成了知识人才的闲置浪费。一方面，我国经济建设继续保持较高的快速增长，急需各种具有综合能力的复合型人才；另一方面，高等教育的就业形势面临着很大的压力，一些毕业生不能按时就业及时投身到社会主义建设中去，这说明，高等教育本身育人机制还存在着不适应社会发展需要的弊端，社会各界热切期待高等教育改革，能够尽快扭转这种被动局面，克服教学环节上的不足，建立培养既具备专业技能和从业本领又具有创业意识和能力的复合型人才的新机制。我们一切要从社会经济发展和人才市场需求的实际出发，培养大学生毕业生自谋职业的能力，特别是培养能够适应不断变换社会各种岗位角色的能力。现代社会经济的发展趋势以及中小企业正在成为就业的主要渠道的现实，要求包括大学生在内的劳动者，必须由被动择业转变为主动择业，积极择业，而积极择业的基础，正是具有创业能力的大学毕业生的自我创业。

二、创业教育与择业指导的意义

（一）创业教育是提高大学生初次就业率、促进经济发展的重要手段之一

创业教育的实施不仅能够为大学毕业生创业就业提供基础，使他们走上创业之路，同时也能够激发其他择业者的创业意识，使他们具备一定的创业意识及创业知识与技能，促使他们有欲望、有胆识、有能力走上创业之路。创业者在创业的同时，可以雇佣他人，为他人提供就业的机会，因而也就提高了社会就业率，促进了社会的稳定。由于创业者创办的企业有其独有的经济特点，即能够根据社会需求及时调整服务策略，为社会提供良好服务，并能成为纳税人，促进经济的发展与繁荣。

（二）创业教育是提高大学生综合创业能力的关键

创业教育，不仅能够为解决失业与再就业问题做出贡献，还能够提高人的全面素质。创业教育是经济发展需求在高等教育领域中的反映，通过创业教育可以提高学生的整体素质，尤其是创业素质。创业素质包括创业意识、创业精神、开拓创新的个性心理品质（如独立性、适应性、坚韧性、克制性、合作性与敢作敢为等）、适应市场经济大潮的创业能力和其他综合能力、较为扎实的创业知识（如专业知识、职业知识、经济管理知识和其他综合性知识等）。上述内容概括了对学生全面素质和综合职业能力的要求。

（三）创业教育是对现行高等教育观念的一种更新

推进创业教育直接触及教育思想、教育观念及教育模式等诸多方面的改革。创业教育的过程，即创业意识的培养、创业能力的训练、创业知识的传授以及创业实践本身，是学生在教师的指导下不断进行学习实践的过程。通过创业教育，可以造就一个高素质的创业者，这是一种现代教育观念的创立。以往的教育，只

强调一个目标，就是使受教育者有“应聘”、“从业”的能力，将职业教育看做是终结性的教育。使受教育者有“应聘”、“从业”的能力是必要的，但创业教育不仅仅是使受教育者有“应聘”、“从业”的能力可以面对劳动市场，更重要的是使受教育者有自我创业的意识和能力，经过自身的创业实践让社会承认自己的创业能力，承认创业教育的成果。

第三节 创业教育与择业指导的任务和作用

一、创业教育与择业指导的任务

（一）传授有关职业的性质、特点、内容

帮助大学生认识职业，开阔眼界，增强自信心。让同学们分析社会、当地职业及经济状况；从主观上恰当地分析自己的不足，掌握本职业的相关职业群对人的素质的客观要求，以便自觉地发扬优点、克服不足，树立自信、自强、自立精神；根据职业目标要求、自身的条件和社会需要，尽可能地提高素质。

（二）培养大学生良好的职业理想，树立正确的职业观

我国经济调整、职业多变、人才竞争加剧是新时代的特征，我们要结合社会实践，帮助学生树立正确的人生观、职业观、择业观，培养他们具有良好的职业理想和职业道德，具有高尚的职业情操和扎扎实实的工作作风，成为杰出的企业家。

（三）增强大学生的创业意识，提高大学生的择业能力

让学生们能够广泛地收集社会用人信息，学会向社会推荐自己，不断锻炼、提高自己的求职能力和技巧。帮助学生们增强创新与创业意识，培养其创业素质和创业能力，掌握创业方法，培养艰苦奋斗的精神，以百折不挠的气魄去迎接新时代的挑战。

二、创业教育和择业指导的作用

（一）创业教育和择业指导能够改变大学生的择业观念

推行创业教育要与择业指导相结合，促进择业观念的改变。在实施创业教育的过程中，针对我国普遍存在的传统择业观念，指出传统择业观念的弊端，提倡自主择业，靠自己的综合能力创出一番事业。要做到这一点，大学生必须改变以往的、旧的、传统的观念，不受这些传统观念的束缚，勇敢地追求自己理想的职业。

（二）创业教育和择业指导能够增强大学生的实践能力

开展创业教育要与经济建设紧密结合，与社区经济发展相结合，使创业教育体现为经济服务的功能，更具针对性；要与社会实践相结合，组织大学生积极参加创业实践，拓宽他们的视野，增长他们的社会经验。要创造条件开设培养学生创业与经营能力方面的课程，增强学生的就业能力。同时建立创业教育和择业指导基地，为大学生提供实践的平台。

（三）创业教育和择业指导能够培养新时代的创业者

创业教育的实践，对造就一批新的创业者、提高劳动者素质有着重要的作用。还可以发展企业或产业的门类，促进经济结构的深层次的改革与发展，为社会经济发展、生产力的进一步解放提供新的资源与动力。在这个创业过程中，将会涌现一大批具有高学历、知识型的企业家。创业者不仅可以提高我国企业管理水平，提升企业文化品位，还能够促进全民族素质的提高，使我国早日进入工业化时代。

三、创业教育与择业指导的关系

（一）创业教育与择业指导是一种针对性强的新型素质教育形式

在全面推进素质教育的今天，把创业教育与择业指导贯穿人高等教育中，是高教素质教育的一种深化，是高教改革的一个新的闪光点，也是社会经济高速发展的必然。通过创业教育与择业指导，使部分有个性特长的学生树立创业意识，萌发创业思想，走创业这条具有挑战性的路。通过创业教育，可以很好地为立志创业者提供必要的创业知识、创业的基本需求、创业准备，对创业者进行创业指导。21 世纪是人才、就业异常激烈的时期，高等教育必须加强对受教育者在竞争意识和忧患意识这些领域的教育，创业教育与择业教育正是适应这一时代的需要而迅速发展起来的。

（二）创业教育与择业指导是相互促进、相互依存的关系

我国的稳定和发展需要更多的创业者。我们的高等教育就是要满足经济发展的需求，培养更为出色的成功创业者，这是高等教育的历史责任。我们要把大学生培养成为一个成功的创业者，让他们除具有强烈的创业意识和突出的创业能力外，还必须具有一技之长，并运用到创业实践中去。我们还可以通过创业者的成功足迹，推动创业教育与择业指导的深入，使立志创业的大学生深入了解我国正面临知识与经济的挑战，在经济体制改革和产业结构调整中，国家提倡劳动密集型产业与技术密集型产业共同发展，这正是广大毕业生的好机会。此时接受创业教育与择业指导掌握创业知识，学会创业本领，是多么的幸运，也是非常的及时。大学生一定要抓住机会，勇于创新，敢于胜利。

（三）创业教育与择业指导体现大学生自主创业的培养特征

在我国市场经济不断发展的条件下，为大学毕业生提供发展空间和展现才华的舞台不断扩大，大学生就业渠道出现多元化的态势。

大学生自主创业是最令人关注的内容之一，也正是创业教育与择业指导共同培养的最好体现。自主创业是指大学生毕业后，不通过传统的就业渠道谋取职业的发展，而是依靠自身的学识、

智慧、科技发明、专利成果，开办自己的企业。可以说，自主创业是对传统观念的一种挑战，是毕业生进入社会的一种全新的择业就业方式，这种方式，对人才的成长、社会的发展、科技管理的进步、创造就业机会都具有很好的优势。具体表现在：

（1）实现自身价值的最大化。实现自身价值的最大化，追求成功的自我，是大学生渴望实现的最高目标。自主创业有利于学生开动脑筋，不断创新，向智力极限挑战，超越自我，将聪明才智最大限度地转化为社会的需要，实现人生价值的最大化。同时也将促进全新成材观的形成，无论身在何地，只要能把自己的价值体现出来，就是创业与择业指导的成功。

（2）实现社会贡献的最大化。科学技术是第一生产力。人的智慧结晶一旦与一定的社会资本相结合进而转化为生产力，必将赢得巨大的经济效益和社会效益，为社会带来巨大的财富和价值。大学生创业不但为全社会营造一种鼓励科技创新的氛围，充分体现“科学技术是第一生产力”的思想，还能直接推动科技成果的产业化，增强国内企业的国际竞争力。当前，发展高新技术产业是我国经济结构调整战略的核心部分，大学生在许多领域都具备一些优势。大学生自主创业有利于激活人才资源和科技资源，使得很多新创意、新理念、新发明、新专利通过奋斗转化为现实的产品、服务、管理，为人类造福。

（3）实现就业渠道多元化，为社会创造更多的就业机会。在新的社会环境中，大学生对未来的选择趋于多元化，创业可以作为未来的就业选择之一。我国是人口大国，劳动力资源丰富，就业压力一直是国家和社会关注的热点问题。随着高校招生规模的不断扩大，大学毕业生就业竞争将越来越激烈。大学生自主创业开辟了新的就业渠道，不但能缓解国家的就业压力，而且在解决自身就业问题的同时也为社会创造了新的就业机会。

思 考 题

1. 什么是择业？什么是创业？什么是创业教育？如何理解创业与创业教育的关系？

2. 创业教育与择业指导的目的是什么？你是如何理解创业教育与择业指导的意义和作用的？

3. 自主创业的优点是什么？

第二章 创业者的素质、能力构成

创业者必须具备很好的素质和很强的能力，这样才能正视创业过程中的各种艰辛和意想不到的困难。素质的优劣将会在能力上充分表现出来。通过环境影响和教育训练所获得的内在的、相对稳定的身心组织要素、结构及其质量水平是可以不断提高、不断进步的。从无数创业者成功或失败的经验和教训中可以看出，创业者的基本素质与创业能力之间具有相互促进、相互联系、相互制约、相辅相成的关系。可以说，创业者不具备创业的基本素质，就没有创业实践活动；没有创业实践活动，就不能体现和提高创业者的能力。从一定范围来说，创业者的基本素质和能力的高低直接关系到创业能否成功。

第一节　创业者的素质构成

我们认为创业者的基本素质应由心理素质、文化素质、道德素质组成。

一、创业者的心理素质

（一）概　念

创业者的心理素质是指在创业实践活动过程中对人的心理起调节作用的个性意识表征。创业者的心理素质是创业者基本素质的调节系统，是其重要组成部分。创业者良好的心理素质对其创业的成功起着重要的作用。它是引导创业者在创业过程中积极进取、励精图治、为了达到目的而百折不挠的坚定信念的崇高精神境界。

（二）创业者的健全人格

1．健全的人格

健全人格在心理上的表现也是健全的、稳定的。它大致涵盖气质和性格等方面。其中气质表现为心理活动的速度、强灵活性和动力特征，也就是人的脾气、性情等。性格则表现为人对现实的稳定的态度和习惯了的行为方式。每一气质和性格特征的形成都与长期的生活实践和环境有关，主要是后天形成的。因此，人的性格和气质又是可以改变的。创业者科学地分析自己的气质与性格特征，以确定适合自己的创业目标；同时还要在弄清自己的气质类型的基础上，根据自己的气质特征选择合适的职业类型，扬长避短，追求事业的成功。健全人格是创业成功的基础，它主要包括创业者的需要和动机、兴趣和爱好、智慧和才能、人生观和价值观、理想和信念、性格和气质都向健康的方向发展。内心协调一致，言行统一；能正确认识和评价自己的所作所为是否符合需要和社会道德准则；能及时调整个体与外部世界的关系；能够正确处理人际关系，发展友谊，在人际交往中显示出自尊和被尊重、理解和信任、同情和人道等优良品质。不随波逐流，也不孤芳自赏，能够使自己的行为与同事、朋友协调一致，把自己的智慧和能力有效地运用到能获得成功的工作和事业上。

2．出色的独立人格

独立性是创业者最基本的个性品质。独立性的实质是能独立思考，善于独立地处理问题，并从具体情况的决断和信念出发，规定自己的行为。人们在生活道路的选择上要拥有自己的主张，自我把握，这是独立意识的集中反映；在行动上具有按自己的主见将行动贯彻到底的倾向；较少受他人的影响和支配，并非人云亦云、见风转向；在行为上要努力另辟蹊径，开拓新局面，而不是因循守旧、步人后尘，具有创新和独树一帜的进步意识。香港著名的企业家曾宪梓，27 岁到了泰国，因为不想卷入家族财产的纠葛之中，更不想寄人篱下，于是于 1968 年移居香港谋生。做生意要有本钱，但他没有钱，做大买卖不可能，他便从小本的领带生意做起，他自己设计、自己裁剪、自己销售，并规定自己每天必须卖 60 条领带，卖不完不能回家，经过多年的奋斗，他的企业终于发展成世界驰名的企业，即金利来公司。

出色的创业者不仅要拥有独立的人格，还要乐于合作、善于交往，具有较为和谐的人际关系。因为创业活动虽然充满着个人色彩，但它更是一种社会活动，是在人与人之间的交往、配合和协调中发生、发展和取得成效的，离开了社会集体这个赖以行舟的海洋，任何活动都将受阻。需要强调的是，这里所说的独立品质并不是孤独，而是在抉择和行为上拥有自己的主见和特点，并不是把自己孤立在集体之外。成功的创业者大多是出色的社会活动家，他们善于与各种人打交道，能够在集体中与人自如地交往、交流，并积极主动地与人合作、互助，善于合作。

3. 敢闯的心理气势

敢闯是指敢于冒险，是一种敢于对抗恐惧的主观愿望，是一种不畏惧任何艰难困苦的精神状态，是一种不屈服于命运摆布的心理气势。敢为性的具体表现是在充满风险和曲折的创业道路上，无论是在事业上受到挫折还是在生活中遭遇不幸，都不采取回避、逃遁或自我麻醉、自欺欺人的态度，而是接受现实，迎接挑战，勇往直前，毫不退缩，不断地寻找新的起点，看准机会便积极争取，表现出自信、果断、大胆和一定的冒险精神。敢为性不同于鲁莽，真正的敢闯冒险总是有智慧与之相伴。创业者要时刻保持清醒的头脑，要善于控制自己的情绪、约束自己的言行。对盲目冲动和消极情绪高度克制，善于排除内外的干扰，坚决采取理智的行动，这就是敢为性与克制性相统一的心理品质的表现。同时，创业者也可能由困境引起悲痛、失望、犹豫等消极情绪，这需要把消极情绪控制在一定的限度内，不能让它们淹没自己的理智，摧毁自己的信念和目标。

4. 非凡的抗挫心理品质

对困难和挫折的巨大的心理承受力是创业者必须具备的极为可贵的抗挫心理品质。成功创业者的历史大多是经过长期不懈、百折不挠的努力，用他们奋斗的心血和汗水写成的。创业者坚忍持久的奋斗，来源于对事业目标的执著追求。他们对困境的出现以及战胜困难的艰难性有充分的思想准备，对持续的努力奋斗具有深刻的认识。必须与成功的可能性结合在一起，否则就是盲目、呆板和固执。因为创业对象和环境在不断发生着变化，创业者要主动适应环境，充分认识和灵活适应这种变化，并根据自己的具体条件迅速做出反应，适时调整，使自己的行为更符合实际，更具有客观价值。人们面对机遇有不同的态度：懦弱者逃避机遇；平庸者等待机遇；勇敢者抓住机遇；智慧者创造机遇。在机遇与竞争并存的市场经济条件下，创业者既是市场需求变化的冲击的承受者，又是市场经济的直接推动者。因此，作为一名独立自主的社会成员，要积极投入到社会活动中，在广泛的人际交往和社会实践中，不断获取信息，寻求机会，一旦发现目标，便果断决策。

（三）创业者的心理状态

创业活动的成功除了创业者优秀的创业素质外，还要注重把握那一瞬而逝的创业机会，这便需要注重培养创业者良好的创业心理准备。

1. 要有正确的创业动机

创业活动是创业者全身心投入的活动。源于创业者需要的创业动机，则是一股很强的心理动力，使创业者进入一种十分关注、十分投入的动机状态之中，这对创业活动的深入具有十分积极的作用。但是同样的创业动机，却往往表现出不同的创业要求与创业取向，因而也就有了不同的创业行为和创业成果，这主要是由于动机特点和倾向的个别差异造成的，因此必须在创业前做好创业动机的思考和准备。

2. 要有坚韧的创业意志

创业者的创业过程就是克服困难的过程，也是意志力的体现和取胜的过程。因此创业成功的奥秘是刚毅、坚忍和勇敢。创业意志应是顽强的意志心理品质，它将帮助创业者克服各种内部的或外部的困难，努力实现创业目标。创业者应做如下准备：养成对自己的行为随时进行评价和调整的习惯；有意识地在实践中磨炼自己；和惰性做斗争。

3. 克服创业心理障碍

在培养创业的优良品质时，必须加强有关心理学知识的学习，完成心理品质上的自我完善与自我培养，破除原有的不利于创业的心理障碍、人格障碍、情绪障碍和行为障碍。人的新的行为习惯往往在克服旧的习惯时养成，创业的心理优势也只能在破除阻碍创业心理劣势中形成。

二、创业者的文化素质

经济的发展对创业者的个人文化素质和专业素质都提出了更高的要求，创业的成功主要取决于创业者的科学文化素质。

创业者知识组成反映了创业者的知识架构，体现创业者受教育的程度。合理的知识组成，可以满足创业者自身完善的需要。创业者的知识组成包括专业技术知识、经营管理知识和综合性知识等。现代管理科学认为，创业者的知识组成应呈“T”形组合，即创业者既要在创业活动的专业领域有较深的研究，同时又要在现代社会科学、自然科学以及综合管理知识等方面达到较为精通的水平，即“通才”。

（一）专业知识

专业知识是指特定行业所独有的知识，如服装的生产、流行资讯、市场营销等内容都属于专业技术知识。也就是说，专业知识是创业成功的重要因素。在现在企业高度分工的情况下，创业者必须全面地理解自己专业所有的专业知识，包括产、供、销等方面的内容，并且准确地把握创业活动中的专业知识。创业者必须自己掌握企业的核心专业知识。在自己一知半解的情况下，也必须明白什么是核心专业知识，以便寻求合适的工作人员。对于特别专业的知识与技巧，创业者不一定要达到自己可以操作的水平。例如，服装设计是核心的专业知识，同时又是技术性很强的工作，创业者可以自己不会设计打版，但创业者必须明白打版的过程与细节，具有判断设计人员的工作水平、样品的水平以及产品的市场走向的能力。

（二）企业管理知识

管理在现代社会中的地位和作用越来越高，管理可以出效益。依靠科学的管理知识从事创业中的企业管理是进行创业的大学生的一个重要法宝。如果创业者仅仅只有先进和专业技术知识，而没有与之配套的先进的经营管理水平，创业活动是不可能得到充分的发展的，只要创业活动开始启动，无论规模大小，创业活动就进入了企业管理和市场管理的通道。经营管理是创业活动的重要环节，随着企业规模的日益扩大，劳动分工协作更加精细，创业者的经营管理知识对企业的运作、产品的利润都是至关重要的。

（三）相关知识

相关知识即对创业活动起辅助作用的知识。创业活动涉及面较广，很多事务与工作必须由创业者独立应对，这便要求创业者除了掌握好专业技术知识和企业管理知识外，还应掌握一定的知识，如科技文化基础知识和政策法规知识等。其中科技文化基础知识是创业者掌握专业技术知识和应用学科知识的基础，做到这一点，可以更快更好地促进专业学科和应用学科的知识掌握。创业者只有具有较高的文化素质，才能在纷繁的竞争中保持清醒的头脑，科学地分析形势，冷静地处理问题。

三、创业者的思想道德素质

对创业者来说，道德素质也就是职业道德素质。职业道德通过一些规范的准则和要求，反映出职业道德关系与职业道德行为的普遍规律。不同的社会，不同的阶级、不同的行业从它们各自的整体利益出发，形成和概括了人们在职业活动的道德标准，这些标准和处理问题的道德行为，反映出创业者的职业道德素质水平。创业者的职业道德素质一般应包括以下内容。

（一）创业职业责任感

职业责任是人们在职业岗位上对社会、对集体履行的道德义务。在人们肩负的各种责任中，它往往占据最重要的地位。人们对家庭是否负责，关系到的只是自己和家庭成员的利益，但对工作是否负责任，将影响到集体、国家的利益。无论人们从事什么职业或行业，高度职业责任感都是不可或缺的。比如，工人的主要任务就是创造物质产品，以满足国家经济建设和人们物质生活的需要，因此，不断地提高经济效益，拿出优质产品，是他们义不容辞的责任；军人以保证国家不受外敌侵略为首要任务，他们担负的责任就是保卫祖国的安全。对本职工作认真负责，是人们在工作中所要遵循的最起码的准则，也是做好本职工作的前提。那些工作漫不经心甚至玩忽职守的人，不仅干不好工作，还可能铸成大错，到头来既损害了国家的利益，又害了自己。

（二）高度的事业心

如果想在创业之路上有所造就，那么，人们首先就必须具有高度的事业心。事业心，就是指人们想成就某一事业的雄心。事业心是事业成功的基石，是任何一个想成就事业的人所必不可少的。世界上一切为人类幸福事业做出过伟大贡献的人，无不是在事业心的推动下一步步走向光辉顶点的。

事业心来自于人们对某种事业的热爱。当人们对本职工作、对自己的事业充满强烈的热爱时，为了实现自己的愿望就会不惜一切代价甚至宝贵的生命。俄罗斯科学家赫曼，为了弄清天上的雷电是怎么回事而触电身亡；“炸药大王”瑞典科学家诺贝尔，为了研制炸药而几次死里逃生；居里夫人因致力于放射性元素“镭”的研究，终因受到过量的辐射而死于恶性贫血病。如果没有对事业执著的热爱，不要说为事业献身，就是想在工作中小有成绩也是难以想像的。

英国作家约翰·克里开始写作时，文章无人爱看，曾收到过743张退稿条，堪称世界上退稿最高记录。面对这一难以忍受的困境，他不气馁、不灰心，凭着对事业执著的追求，继续顽强地工作，最后终于成为英国文坛的大作家。

大概所有人都羡慕那些成就显赫的天才，但他们之所以能成为天才，首先就是因为他们热爱自己的工作。高尔基说："天才是由于对事业热爱而发展起来的，简直可以说天才就其本质来说，只不过是对事业、对工作过程的热爱而已。"事业心虽没有高低之别，却有强弱之分。强烈的事业心，可以给创业者以执著追求的勇气、顽强的意志和坚强的毅力，可以使创业者化腐朽为神奇、化逆境为顺畅。

（三）正确的人生价值观

创业者要科学地认识自己的历史使命和人生真谛，建立起正确科学的人生价值观、科学社会主义的人生价值观。在创业活动中，正确处理个人利益和国家利益、个人利益和社会利益的关系，要确立爱国主义的信念和社会主义信念，通过创业创出民族自豪感，创出国家的尊严，努力为人民服务，为社会服务，为国家的兴旺发达创造更大的财富。

创业者还应有良好的公德，在处理创业中的各种事务、面对各种竞争时，都要公平竞争，合法经营，互相尊重，诚实守信，言行一致，乐善好施，热心助人。在人与环境以及与自己创业的企业发展的关系上，要以保护生态环境、保护各类资源为己任，不运行与国家发展、环境质量有害的企业行为，自觉维护公共利益。

第二节 创业者的能力构成

创业能力往往影响创业活动的效率。创业活动决定着创业能力的综合性、创造性。创业能力是由专业技术能力、社会实践能力、经营管理能力、运用科学文化知识的能力等因素构成。

一、专业技术能力

运作专业知识指导专业生产是每位经过专业教育的大学毕业

生应具备的能力。掌握专业知识就是要懂得专业生产的理论依据、生产规律和特点、检测和评估手段，运作专业知识就是在创业实践活动中用专业知识指导具体操作，形成技能技巧。

（一）掌握专业基础知识

专业基础知识是掌握专业知识和形成专业技能的基础，如同一座高楼大厦的地基部分。专业基础知识的形成必须遵循渐进性原则，按部就班地、扎扎实实地学。学好了专业基础知识，不仅有利于对其他专业知识的学习，而且对于拓展专业知识、学习与本专业相近的边缘学科或临近的专业知识都十分有利。有些同学一进校门就急于学习专业技术课，要求动手操作，这是急于求成、拔苗助长的表现，不利于今后专业技术能力的获得。每个专业所涉及的专业课有许多门，有些课程只需一般性了解，但有些课程则需要精通，有些课程学完后就可发展成为某种能力。学习过材料力学、机械原理、机械制图后就可以发展成为设计能力；学习过电视机原理、电视机的故障排除与维修就可以发展成为开办家电维修部的能力。重点专业课程直接影响到专业技术能力的获得，对于这一类课程要逐个问题地弄懂、理解、消化，将其变成自己的知识。

（二）掌握关键技术

产品生产涉及的专业技术较多，有些比较简单，有些比较复杂，有些是独立的，有些相互联系着。对于简单的技术一般人都容易学会，而对于复杂技术必须经过专门训练。对于这一类关键技术只有加强实践操作，反复训练，才能熟能生巧，运作自如。

（三）掌握职业技能

职业技能是指职业岗位所必须具备的能力。如商品营销这个职业，除了应有其他过硬的专业技能外，还要熟知商品流通环节、熟知商品性能与作用，熟知商业心理与商品陈列，熟知商品安装与维修，熟知柜组经营与核算。

二、经营管理能力

企业经营管理能力是指创业者在创业中对各项运营环节进行调控的能力。它涉及资源的合理利用，资金的妥善管理。因此，经营管理能力是一种较高层次的综合能力，是运筹性能力，直接影响创业者的发展方向、经济效益及成功的达成度。经营管理能力的构成包括如下几个方面。

(一) 善于经营

为在激烈的市场竞争中取得优势，创业者必须学会善于经营。善于经营，首先要学会识别天时、地利，学会分析各方面的优势和劣势。比如，开店办厂的地址选择，就要通过精心挑选，从交通运输、原材料堆放、流动顾客和固定顾客的多少等因素来权衡利弊。在茫茫的商海中，在激烈的竞争中，只有具有自己的特色，具有与众不同的风格，才能立于不败之地。这就要求创业者有强烈的创新意识，不断出台新的产品、新的品牌、新的宣传方式、新的销售方式，逐步形成自己的特色与风格。要掌握诀窍。主要是要学会灵活的经营方式、经营手段，做到因人而异、因事而异、因地而异、因时而异。美国前总统乔治·布什应邀到中国驻美使馆做客时，指着手腕上的手表说：“这是中国制造的海鸥表，是一位中国友人送的，已经戴了 3 年了，走时准确。”他曾经戴着这块手表去迈阿密海滩钓鱼，海水把他浑身都打湿了，但手表走时却毫无影响。当时天津手表厂厂长见到这则消息后，立即通过我驻美使馆转赠总统夫妇一对新型海鸥双历石英电子表，并向这位忠实的用户致意。之后，引起新闻媒体纷纷报道这则消息，“海鸥”表因此名声大噪、生意兴隆。日本西铁城钟表商为了在澳洲打开市场，出人意料地将手表从直升机上扔下仍安然无恙，足见此表防震性能之优，“西铁城”由此名声大振，市场被打开。

（二）善于管理

创业者往往既是生产者又是管理者，除了具有专业技术能力外，还必须善于管理。善于管理，第一步是要学会决策，在创业活动中要善于根据实际情况，对生产经营中遇到的问题及时做出正确的决策，既能顾及眼前方方面面的问题，又能高瞻远瞩。第二步是要学会质量管理，要始终坚持质量第一的原则。质量不仅是生产物质的生命，也是从事服务业和其他工作的生命，创业者必须树立严格的质量观。高质量的产品和服务，可以赢得广大顾客和广阔市场，可以获得更高的经济效益。另外，还要学会效益管理，要始终坚持效益最佳原则。无论是创办养殖厂还是创办种植厂，或是创办加工厂或其他企业，都要讲究效益，效益最佳是创业的终始目标。可以说，无效益的管理是失败的管理，无效益的创业是失败的创业。做到效益最佳要求在创业活动中人、物、资金、场地、时间的使用都要选择最佳方案运作，做到无闲散人员和资金、不空设备和场地、不浪费原料和材料，使创业活动有条不紊地运转。

（三）善于用人

市场经济的竞争是人才的竞争，谁拥有人才，谁就拥有市场、拥有顾客。唐太宗曾对他的大臣说："为政之要，惟在得人，用非其才，必难治政。今天任用，必须以德行、学识为本。"为政如此，干大小事业也如此。一个企业没有优秀的管理人才、技术人才，这个企业就不会有好的经济效益和社会效益；一个创业者不吸纳德才兼备、志同道合的人共同创业，创业是不会有好结果的。

（四）善于理财

善于理财就是要能够正确合理地使用资金、科学地配置资金，以取得最大效益的过程。在创业过程中除了要抓好主要项目外，还要注意广辟资金来源。比如，利用边角废料及原材料的多次利用来提高效益、增加收入。节流就是节省不必要的开支，树立节约每一个铜板、每一滴水、每一度电的思想。大凡百万富翁、亿万富翁都是从几百元几千元起家的，都经历了聚少成多的过程。勤俭节约是中华民族的光荣传统，是劳动人民的本色。要善于管理资金，就要把握好资金的预算，做到心中有数，把握好资金的进出和周转，每投入一笔资金都要进行可行性论证，有利可图才投入，大利大投入，小利小投入，保证使用好每一笔资金。

三、社会协调能力

社会协调能力在相当程度上取决于社会活动能力，即使有了一定的经营管理能力而缺乏社会活动能力，创业也会遇到一定难度。有些社会知识没有现成的书本，没有固定的教学模式，完全依赖于人参与社会实践活动进行学习，不断积累总结社会经验。社会协调能力的获得措施是：

（1）态度要积极。大学生要通过创业，与不熟悉的人和事打交道，敢于冒险和接受挑战，敢于承担责任和压力，在交往中获得经验。

（2）养成观察与思考的习惯。社会上存在着许多复杂的人和事，在复杂的人和事面前要多观察、多思考。观察的过程实质上是调查的过程，是获取信息的过程，是掌握第一手材料的过程，观察得越仔细，掌握的信息就越准确。观察是为思考做准备，观察之后必须进行思考，做到三思而后行。

（3）处理好各种关系。社会活动是靠各种关系来维持的，要想处理好各种关系，就必须要善于应酬。应酬是职业上的“道具”，是待人接物的表现。心理学家称，应酬的最高境界是在毫无强迫的气氛里，把诚意传达给别人，使别人受到感应并产生共识，自愿接受自己的观点。搞好应酬要做到宽以待人、严于律己，尽量做到既了解对方的立场又让对方了解自己的立场。协调能力的训练，不是一朝一夕的事，只有不断进取、不断创业，才能增强这种能力。

社会协调能力并不是天生的，而是走向社会后慢慢积累社会经验，逐步学习社会知识而形成的。一般而言，刚刚毕业的青年学生社会实践能力和社会活动能力并不是很强，而是走向社会后，在实践中不断增长才干、积累经验逐渐成熟。

四、综合能力

综合能力是基本能力和特殊能力的综合。基本能力是指人的观察力、记忆力、思考力、想像力、写作能力、口头表达能力等；特殊能力是从事特殊事业所具备的能力，创业过程中所需要的专业技术能力、职业技能、经营管理能力、收集信息和利用信息的能力等都属于特殊能力。基本能力和特殊能力并不是对立的，而是相互促进的关系。在创业过程中要宣传产品的质量就需要撰写宣传资料，就需要写作能力和口头表达能力；要不断搜集信息、利用信息，要不断创新就需要特殊能力。综合能力的获得要以过硬的基本能力为基础。基本能力需要在长期的学习过程中形成，需要知识的不断积累。比如行文能力学习阶段就是基本能力的形成阶段，我们要努力学好各门文化知识课程，提高自己的基本能力；要有过硬的专门能力。如前面已经就专业技术能力、经营管理能力和社会实践能力进行了论述，这里只就利用信息的能力加以说明。信息是创业决策和管理的重要依据，利用信息的能力直接影响到创业过程中的决策和管理是否科学、有效。一个好的管理者不仅要管理好人、财、物，更要注意管理信息，管理好企业的未来。利用信息的前提是捕捉信息。21 世纪是信息时代，信息将发展成为一种产业，谁拥有新的信息，谁就拥有市场，谁就可能成为市场竞争的强者。捕捉信息主要通过广播、电视、网上信息港和市场方方面面的信息渠道。利用信息还要善于处理信息，要能从千千万万条信息中觅寻自己需要的信息，分析筛选出对自己有利的部分，确定为自己有用的信息。

创业过程实际上是运用创业能力的过程，是人生奋斗的过程，发展的过程。大学生大多数要自主创业，而创业必然促进各种创业能力的综合运用，经过在运用中不断总结经验教训，反过来又提高了创业的效果。这样在反复中提升了大学生整体能力。

第三节　如何培养创业素质

一、通过各种实践锤炼顽强的意志

社会实践是锤炼大学生的大课堂，要积极参加这个“大课堂”内的各种实践活动，要针对性强、措施得力、实践效果明显。要使理想和实际工作相结合，制定相应的磨炼计划，不要害怕吃苦、在困难面前畏惧不前，应自觉地进行艰苦的锻炼，如对具体事物的具体执行计划都应按照要求，一丝不苟地完成，遇到多大的困难，必须克服，直到取得预期效果为止。同时，加强自己体育锻炼，提高自身健康素质，保持一个健康的体魄，这是能具有顽强意志的重要身体保证。

二、通过创业的实践，培养敢于冒险的能力

在创业实践中，常常碰到一些决策要冒险，承担可能因决策不当带来的巨大风险，这需要有一种冒险的能力。但是这种冒险能力不是盲目的，而是经过冷静的分析、科学的判断进行决策的。

三、如何启发智慧潜能

潜能，包括了前述的各种知识和能力，是一个广义的概念。它受到其他各项内在要素的制约和影响。因此，大学生在锻炼和培养自己的创业才能时，不能单纯从成才的角度去寻找提高的捷径，要打好基础，付出艰苦，采取以下方法，激发自己的智慧潜能，最后培养自己的创业才能。

（一）提高智力法

通过课堂学习掌握“T”形知识结构，即一般所说的通才型知识结构。“T”形是用字母T来表示，上面一横是指知识的广博性，下面一竖是指软、硬科学相兼容的专业知识。专才，就是掌握一两门专业知识的人才。此外，还需掌握基础学科知识，包括哲学、自然科学、社会科学、管理科学的一般知识，特别是掌握现代科学技术的一般知识，这样的人就是通才。通才型人才知识结构的特点是既有精、深的专业知识，又有宽广的知识面，基础扎实。创业者的知识结构应当是通才而不是专才。专业知识必须是硬科学知识。所谓软科学，是相对于硬科学而言的。传统的、能够精确定量又有严格因果关系的，是硬科学，如工程技术、数学、物理。软科学则是不能精确定量又没有严格的因果关系的，不能用传统的数学方法和逻辑方法处理的科学，如管理科学、心理科学、领导科学、社会科学等。因此，具备了通才型的知识结构，还要掌握管理等其他相关的知识，才能更好地开展创业工作。

（二）实践促进法

通过实践过程促进智慧潜能的释放。创业能力可具体分解为分析判断能力、决策能力、应变能力、知人善任能力、表达能力等，它们都需要通过实践的锻炼来培养，都可以通过实践来提高。要想提高分析、判断能力，通过现象看本质，抓住事物的主要矛盾，就要深入实际，根据事物变化、发展的情况，找出其中的规律，把握本质，分析、判断发展趋势。不深入实际，隔山观海，不可能培养出准确的分析判断能力。决策能力更需要从实践中锻炼和培养。事物是多种多样、变化无常的，客观情况和环境也是复杂多变的。创业者只有深入到实践中去积累经验，才能根据变化的情况选择最优的方案。风险决策的精神和当机立断的能力更需要丰富的实践经验，否则就无法保证决策的可靠性和科学性。语言表达能力只有在实践中不断地锻炼，不断地总结经验，才能培养和提高。

此外，应变能力、组织指挥能力等都需要在复杂多变的实践中积累和培养。实践能够增长才干。在实践中多看、多思、多问、多记，反复检验，不断总结，才能提高应变能力。其中实践起到了一个不可替代的促进作用。

(三) 竞争激励法

我们知道，竞争对人能起到激励的作用。竞争能产生压力，压力又可以变成动力。在动力的推动下，竞争双方都提高了能力。大学生要敢于进行健康有益、互相促进、互相提高的竞争。对于比自己才能高、领导成绩突出的人，要虚心向他学习，并敢于超越他；对于和自己站在一个起跑线上、能力相当的人，就要比谁的能力提高得快，谁的领导成绩突出。有了明确的目标，就能激励自己迅速地提高领导才能。自我否定，就是同自己竞争。“今天的我，一定要胜过昨天的我”，这就是一种自我否定。比如，今天的演说与昨天的演说相比是否有长进？昨天找一个职工谈话，不到五分钟就谈崩了，今天再找他谈话，能使他醒悟吗？去年能管好 500 人的企业，今天能管好 2 000 人的企业吗？通过这种自我否定，有助于自己的能力迅速增长。竞争和自我否定，指出了新的目标、新的方向，提出了新的要求、新的希望，产生了新的压力、新的动力，就会去寻求和探索新的方法、新的途径、新的手段，尝试运用新的思维方式、新的行为方式从事领导工作。竞争和自我否定是一种特殊的学习和实践，也需要不断地自我总结成功经验，吸取失败的教训，使自己的能力不断提高。我们说竞争最能激励大学生的智慧潜能，能够实现潜能的转化或能力快速转变。

应该在已有知识、经验的基础上，运用直觉、想像力、创新思维，找出尽可能多的供选择方案，以求得最佳效果。创业有风险，创业者过硬的心理素质和实践能力有助于化险为夷。有创业打算的大学生在校学习期间就需要培养政治品德，使自己既有探险家的胆识，具备敢当风险的精神和能力，又有高度负责的责任感。这样才能把握大局，从战略的高度沉着稳健地应付可能出现的危机和风险。决策就是提出新思想、新设想，它在军事、政治、经济和科学技术各个领域发挥着巨大的作用。如贝尔电话公司总裁费尔的“贝尔实验室”的宗旨，就是“摧毁本公司的现有技术和现有产品”；日本索尼公司创始人之一井深的“日日创新”秘诀，采取电子技术“小型化、民主化”等决策，都是以想像力为基础的、非常规的创造性思维。敢于冒风险，源于他丰富的知识、超强的想像力和创造性思维的厚积薄发。创业过程中的很多决策具有难度大、难以把握等风险性，所以，学生创业者在校学习期间必须培养语言家的想像、乐观和自信，在对立思想的交锋和不同观点的碰撞中培养及时、果断、慎重的决策能力和风险意识。

四、通过创业性活动培养处理紧急事件的能力

处理紧急事件需要创业者以知识、经验为基础。领导艺术体现为在处理紧急事件时，能以直觉、合理想像、可行的创新思想为指导，客观、妥善地处理紧急事件。一般的处理方法有：当机立断，迅速控制事态。紧急事件的出现，要求创业者立刻做出正确反应并及时控制局势。快速反应、果断行动，是突发事件时效

性的要求，也是事件决策的显著特征。以明智的非程序化决策行为控制住事态，使其不扩大、不升级、不蔓延，是处理多发事件的关键。创业者可采用心理控制法和组织控制法进行控制处理。

（1）心理控制法。无论发生哪类突发事件，都会对人们的心理产生相当大的冲击与压力，使人们处于强烈的冲动、焦虑或恐慌之中。所以，首先应控制住自己的情绪，冷静沉着。以“冷”对“热”，以“静”制“动”，镇定自若，组织成员的心理压力就会大大减轻，并在引导下恢复理智，突发事件就能迅速、及时地得到解决。

（2）组织控制法。对于突发事件，应当运用组织控制法，在组织内部迅速统一观点，使大多数人有清醒的认识，稳住自己的阵脚，以大局为重，避免危机扩大。

注重效能，标本兼治。处理紧急事件的首要任务是迅速果断地行动，控制局势，要求紧急事件的决策指向能够针对核心问题，达到“立竿见影”的效果。为此，可以采取特殊的决策方式治“标”，旨在谋求治“本”之道。由于紧急事件扑朔迷离、瞬息万变，面对高时效性和信息匮乏，需要灵活处理紧急事件，改变正常情况下的行为模式，由一个人最大限度地集中使用资源，依靠经验或采纳某种建议，迅速做出决策，使损失降到最低。这些经验的总结和积累，无疑对大学毕业生的创业活动的帮助是巨大的，可以少走弯路，少一些曲折，多一些成功。

思考题

1. 如何树立创业意识？
2. 怎样形成自己的创业能力？
3. 如何投身到创业活动中并开创自己的事业？
4. 结合自己所学的专业，设计一个创业项目计划。
5. 创业心理素质包括哪些种类？

第三章

创业计划的设计

在市场经济大潮中，企业竞争非常激烈，创业者不能只凭一股热情，对周围环境不做任何调查，既不去了解自主创业的特点，也不了解创业者应该如何确定自己的经营类型，而匆忙做出创业计划。这样的创业者多数是以热情开始，以失败告终，很快就会被市场经济所淘汰。

随着市场经济的发展及市场经济机制的逐渐形成，为企业的发展提供了良好的客观环境，也为创业者提供了良好的创业机遇。个体小企业的创建是我国现阶段在以公有制为主体、多种所有制经济共同发展形势下出现的一种新生事物，国家支持并鼓励个体小企业发展，更加支持大学毕业生的自主创业、自主创办小企业。如果创业，做好创业的前期准备至关重要。

第一节 创业信息分析

在确定创业之前，选择一种行业的企业。企业在决定进入一个区域或产业市场前应做好认真细致的准备工作，包括市场调查、组织机构的设立等，其中，市场调查在获取即将进入市场的全面信息方面尤其重要。如果一个企业不对市场进行调查研究就盲目决策、盲目进入，一开始可能跟市场真实需求有一定的关联，但随着时间的延长，失误的程度就会越来越明显，企业由于违背市场需求而支付的损耗势必越来越严重。因此，创业者在进入市场之前的准备活动，付出极大精力对市场进行调查分析，是减少决策失误的最好办法。

一、消费环境因素分析

（一）政策法制因素

大学生创业时必须对所经营的项目外部环境有较全面的了解，如政府所发布的对企业有关的法规、政策、税收及其他规定。中小企业经营者应考虑政府政策稳定性与连续性，如：当地政府政策路线如何，改革开放的力度如何，既存外部环境是否允许企业自由发展等。同时，企业在进行有关政治法律环境分析时，重点应包括：哪些企业策略与营销策略会受到法律的限制，哪一类成本会由于政府管制措施或行政手续的改变而发生，哪些机会可能因法律规章的改变而展现等。

另外，在调查过程中要特别注意了解不同民族之间的工作、生活及饮食起居的差异。

（二）都市结构因素分析

1. 地　域

对地域及其腹地大小都要调查了解，对气候的特殊性也需进行研究，因为零售商品常与气候因素有关系。

2. 交　通

商店位置选择在交通要冲之处比较好，因为交通网密布的地方往往是人口集中或流量较大的地方，自然是开店的理想地点。所以调查时，对于交通路线与车辆往来班次、载运量都要进行了解。

3. 繁华地段

在繁华地段，往往是商品集中之处，所以，把商店开在热闹地段是最理想的。但是，繁华地段的地价及商品租金都是比较昂贵的，因此，在投资成本高的情况下，如何运作是在繁华地段开店所必须考虑的事项。

一般繁华地段都是行政、经济、文化活动等集中之处，都市机能易于发挥出来，比如：行政管理、商品流通、文化教育、交通运输、饮食娱乐等。繁华地段也是人员流动较集中的地方，对于人员流动究竟是以上下班通勤人员为主题还是以购物、社交、娱乐的人员为主体，都是调查研究的内容。

另外，对都市将来发展计划，如交通网的开发计划、社区发展计划、商业区的建设计划等，都是开店时要考虑的因素。

（三）消费对象因素分析

1. 马斯洛的需求理论

小企业的经营性质不同，它们的服务对象也不同，因此，创业者在创办小企业之前，一定要进行消费对象的调查，这也是市场调查的重要内容之一。心理学认为，人类行为的动机产生于某种尚未得到满足的需要，购买动机也是如此。

马斯洛把各种需要根据重要程度划分为五个层次，即：①生理的需要；②安全的需要；③社交的需要；④尊重的需要；⑤自我实现的需要。

马斯洛的需要层次论对创业者的提示是：消费者首先要满足

的是低层次的基本需要——对衣食、住行及基本安全保障的需要，之后才开始追求更高层次的需要。从我国改革开放以来逐年消费的热点中我们可以体验出这种变迁。调查消费对象就得分析影响服务对象的购买行为因素，这些因素主要有文化因素、社会因素、个体因素。

2. 文化因素

文化因素是与消费者购买行为关系最大的因素，它对消费者个人、家庭及参考群体等都有一定的影响，它是人类欲望与行为最基本的决定因素。民族群体，如我国的汉、回、满族等，不同宗教的民族有不同的习惯，直接影响消费者的需求和购买行为；宗教群体，如佛教、伊斯兰教、基督教等，不同宗教团体有着不同的信仰；种族群体，如黄种人、白种人、黑种人；地理区域群体。

3. 社会因素

影响消费者购买行为的社会因素有社会阶层、参考群体、社会角色，可根据社会的各个层面进行分析。

我们按照收入、身份地位、教育程度、职业、财富、价值观等变数将社会中同质性较高的群体一一划分出来，并依层次高低由上而下排列，就形成了社会阶层。在现实生活中，不同阶层的人在外显性较高的消费上，如服装、家电、家庭装饰、交通工具、常出入的娱乐场所等，都表现出不同的偏好和品味。需要注意的是，由于“攀比”心理的存在，在某些产品的消费上会有“越级”现象，因此在划分社会阶层时，不能沿用一成不变的标准，应根据具体问题、具体时间和具体环境进行具体分析，得出不同的分析结果。

参考群体是指能够影响一个人的价值观念、态度及行为的社会群体。参考群体分为两种：成员群体——自己身为其中一员；向往群体——自己虽非其中一员，但愿意归属的人组成的群体，如追星族等。参考群体影响着消费者的态度、看法、意见等，这种影响可能是无形的，也可能是有形的。这些影响会表现在消费上，如对产品品牌、产品式样的选择上。

社会无形地为每一个人规定了他所扮演的角色的职责，同时也用一定的社会规范、行为标准来衡量和评价每一个角色职责履行的情况。消费者在消费中，必须考虑社会是否符合纪律要求和与其身份相符。同一个人在不同的场合下可能会承担不同的社会角色，如在工作单位和家庭，其角色不同；同一个人随着时间推移也会有角色变换，如大学毕业前后、工作变化前后等，社会角色的不断变化，自然引起消费水平、观念的变化，这是在制定创业计划时必须考虑的。

4. 个体因素

（1）不同个体对购买行为的影响。国外一些学者把年龄和家庭的发展综合起来认为，每一个个体，在一定的年龄段中，其需求是不一样的，组成家庭后的消费变化也有所不同，分为7个阶段：

单身阶段：单身，年纪较轻。

新婚阶段：年轻夫妇，没有孩子。

阶段一：年轻夫妇，有幼年子女。

阶段二：最小的孩子在6岁以上。

阶段三：夫妇已年长，子女都已长大（19岁以上）但仍住家中。

阶段四：中老年夫妇，子女自立、离开家庭。

阶段五：老年单身独居。

这些不同阶段，需要和购买行为各有不同。如：新婚夫妇注重对家用电器、家具的购买力；阶段一的家庭对婴儿用品的需求旺盛；阶段四则开始注重保健和运动等。企业可通过对目标顾客所处的成长阶段的分析，制定针对其需求特点的营销策略。

（2）生活状况。生活状况是指个人对消费、工作和娱乐的特定习惯和态度。人们的生活方式不同，对商品的喜好和追求也就不同。如在娱乐消费中，有些人喜欢轻松的，有些人则喜欢剧烈的、刺激的，都同各自的生活状况有关。西方一些研究人员通过使用心理图示调查消费的活动、兴趣、偏好等，把同一性较高的人群集中起来，形成按生活状况进行的市场细分，这种市场细分对指导营销活动的作用是很大的，经过市场细分，可看出消费的趋向、市场前景是否光明。

（3）收入状况。消费者的经济收入状况对他的购买力有着直接的影响，尤其是在收入水平较低时，经济因素是消费者考虑的最主要因素。

二、竞争对手因素分析

市场经济存在着激烈的竞争，有竞争必然有竞争对手，对竞争对手的调查主要的目的是为了了解竞争对手的情况，分析竞争形势，避免创业时的盲目性，对竞争对手的调查主要有以下几个方面。

（一）对竞争对手主导产品和经营网络的分析

当大学生走向工作岗位，选择一个拟投资建厂的地点后，就要对该地区的竞争对手的主导产品进行详细的调查分析，摸清竞争对手的主导产品的科技含量情况，以及名牌战略是如何实施的、市场上的占有率有多大。对竞争对手的技术队伍也应有一定掌握，了解该企业的科技实力、经济实力有多大，拟设计中的创业规模应该如何确定。此外，要了解竞争对手的经营销售网络，该网络的运作机制、运作效果如何。虽然大学毕业生的起步是小企业，生存空间和产品销售经营网络可暂做不大，但应当有战略眼光，放眼未来，由小到大，由弱变强，这样选择的竞争对手较弱，有利于自我的快速发展。还应调查与拟创办企业相似的企业的经营范围、目标和服务对象，提供类似的产品经营项目的企业。除此以外还要了解潜在对手，即是否有其他人打算在本企业的地段开设同类项目。根据以上调查内容，我们了解对手的情况，使自己在创业过程中做到心中有数。此外还要对竞争对手经营成功的因素以及造成惨淡经营后果的原因进行了解、分析，这对自己将来创业经营决策也是十分重要的。很显然，最大限度掌握竞争对手情况有助于我们制定切实可行的经营策略，有利于竞争。

（二）对象相同类别企业的调查分析

相同类别的企业，在一定区域内肯定会存在的，而且已经站稳了脚跟，占据了市场的一定份额，那么，这些企业的分布情况如何，使用生产资料情况如何，数量和规模有多大，通过这些信息可以做出这些企业在市场上的产品占有分布图，以及它们各自的经营状况发展趋势和发展战略，通过调查分析，就能得出自己拟在这一行创业的可行性有多大。

第二节　制定创业计划

一、制定创业计划的意义

制定创业计划，是拟创业的大学毕业生着手进行的首要工作，它体现创业的目的和整个设计，是准备小企业创办的过程，实际上是执行计划的过程。实施计划要按计划要求逐步实施，去实现计划任务的整个内容。创业计划制定对创业成功具有重要意义。

（一）增加创业的成功率

创业计划应该包括创业目标和实现目标的措施等。创业的过程实际上是实施计划的过程。制定计划可以进一步明确创业目标，落实创业措施，减少失误，增加创业的成功率。

（二）展示创业者的能力和决心

计划的制定是建立在创业者对小企业了解和调查的基础上的，也是建立在对自己创业条件和能力分析基础上的。计划制定的本身展示了创业者的能力和决心，同时还可以让人们从中看到创业的设计可行、可靠。

（三）保证创业工作有序进行

创业计划反映了创业者的经营思想和经营策略，反映了创业者对企业的心智投入。创业过程中先做什么后做什么，都是按计划要求进行的，这样可以保证工作有序进行。

二、制定小企业的中长期计划

制定小企业的中长期计划，主要是设计小企业的未来，确定小企业的发展方向、发展目标。它要考虑企业未来的发展方向，确定企业的经营目标。其目标还要具体分为许多能够实现的可测量的目标。因此，制定此类计划的目的是确定企业长远的发展方向以及目标，而不是详细的实施计划，是一种企业的发展战略。

（一）制定中长期发展目标

在制定该目标时，要根据创业时的设计来考虑，这个计划会影响管理者所做的一切事情。小企业创办过程中，计划也不是一成不变的，要根据市场情况进行调整。对中长期发展目标要先选择一个合适的时间段（如三年计划或者是五年计划），然后再决定在这个时间内企业应实现哪些目标。要注意订立的目标必须明确可行，而且是可以衡量的。比如说，准备增加多少市场份额、带来多大的利润等。中长期发展目标可以宏观一些，但不能定得太高，使人感到很难实现，感到目标太空，应当结合实际，确定合理的中长期发展目标。

（二）分析小企业具备的优势和劣势及机遇

在做中长期计划时，不可避免地要分析小企业的自身优势和劣势、不足，找准这些问题，确定企业的发展措施。企业的长处和短处指的是企业的内部因素，对它们可以加以控制。而机遇与威胁是企业的外部特点，存在于外部环境中，对它们没有或者只有很小的控制能力。通过对企业内部因素的分析，可以扬长避短；可以及时抓住机遇，实行高速发展战略，把小企业做到大规模。

（三）确定发展战略规模

经过上述工作后，大学毕业生应当认真思考确定行动的历程，制定实现目标的计划。许多经营者由于条件所限，不能根据自己的意愿来制定战略，在这种情况下，要根据企业的使命、目标和资源情况制定最合理的战略，一旦战略确定，就可以开始制定和实施经营性的计划，这样，可以在发展战略的指导下，开展企业的各种工作，使小企业发展有后劲、展望有前途，使企业的发展更加迅速。

三、制定创业计划的步骤

（一）可行性研究

可行性研究首要的工作是进行市场调查，了解行情，明确目标市场，分析竞争对手，找出自己的优势，确定创业的经营思想和策略，得出是否可以创业的结论。

（二）撰写小企业计划

按照一定的格式写出整个小企业的实施计划，以帮助经营管理者更准确地实施自己的创业思想。如果计划只是作为个人使用，那么内容只需长期计划就可以了。研究表明：大多数小企业主只有在寻求财政支持、开设新的公司以及扩大现有公司的经营规模的时候才编制完整的企业计划。不管目的如何，一份内容翔实、准确充分、协作精细的企业计划对宣传落实自己的经营思想是非常有价值的。完整的书面企业计划应该是篇幅较长、能给人留下深刻印象的文件。因为，计划必须反映企业的实际情况，必须能够详尽地表述管理者的经营思想和经营策略。

四、创业计划的格式

（一）标题页

设计一种能给人留下良好的第一印象、显示出创业者对计划的重视的一种封面。

1. 目　录

表示计划的各部分和相应的页码情况。目录中应该列出主要内容及页码。如果计划需要保密，可在末尾显著位置写明保密声明。比较合适的声明可以这样行文：

“本计划为保密材料。计划的目的是征求公司所有者计划所包含的信息，不得转给他人。”

2. 执行摘要

执行摘要是向读者提供公司的概览。摘要应力求简明扼要，篇幅最好不要超过一页，主要说明以下一些内容：

（1）对企业的表述。说明企业的类型（零售业、批发业、服务性行业、生产性行业），介绍企业提供什么样的产品或服务以及企业的远景目标。

（2）所涉及的主要方面。写出直接参与企业的所有者、主管人或者经理的全名。

（3）公司经营的目的。

（4）要做的事情同现存的状况有哪些不同。

（5）项目所需资金以及预计从何处获取。

3. 业务概况

（1）描述所确定的短期、中期和长期目标，以及准备实现这些目标的期限。

（2）说明有关该项目想法的缘由，以便让读者来判断这个想法的新颖程度。

（3）说明将要采取何种所有制结构，是私营公司还是合作公司。

（4）介绍企业主要管理人员以及他们的背景材料，这样会使读者对企业的成功更有信心。

（5）说明在研究企业的过程中发现的那些最关心的因素。

4. 经营性计划

这一部分主要是介绍企业如何经营。不同的行业对其经营性计划有不同的要求：

（1）生产业。可以确定工厂的位置，以及生产过程的每个细节。

（2）零售业。可以说明所选择的供货商、进货控制政策，并同时交待对供货商和客户的信贷条件；还可以说明，为了实现最佳的销售额对销售商店的布局所做的考虑。

（3）服务业。要考虑如何排定各项工作的时间以及用多少资金来实现那些日常业务。例如：需要的员工人数，对他们的资格和经历的要求，他们将从事的工作，所需的会计师等。在概览的最后一部分提出影响企业经营发展的关键因素，把这些因素写进计划，就会向人显示，管理者对公司的事务进行了深入的考虑，不但找到了公司事务中关键的因素，而且还制定了处理这些因素的策略。

5. 销售计划

在销售计划里除了要向读者说明公司存在的原因、将来可能出现的竞争外，还需要提供如下一些方面的信息：

（1）对市场的调查与分析结果。

（2）对竞争对手情况的分析，包括竞争对手数量、经营了多长时间、市场占有率大小、产品内容。

（3）确定目标市场。希望参与企业并与企业订立长期合同的客户的详细情况；促销及企业订立长期合同的客户的详细情况；促销及广告战略——表明本企业将在什么时候采取什么样的措施。

（4）说明企业具备哪些竞争优势——为什么你和你的公司是最好的以及如何利用这些优势。

（5）有关现有市场的范围、人数、销售额以及市场性质、形势的详细情况。

（6）将提供哪些产品和服务。

（7）公司业务的周期性和业务性——这将揭示各种趋势和季节因素对公司业务的影响。

（8）有关获得销售方式的详细情况。

（9）公司的地址、费用情况以及阐明选址的原因。这一条对零售业公司尤为重要。

（10）举例说明价格政策。

（11）未来的市场走势及机遇。

6. 财务计划

（1）所需的固定资金、固定财产的详细情况。

（2）所需的流动资金及计算资金数额的方法。

（3）向公司投入的经费。

（4）其他资金来源。

（5）资金周转预测。

（6）盈亏预测。

对以上内容要做出评价，指出积极的方面，列出资金需求的证据，通过资金周转的情况分析证明自己有能力满足未来借款的偿还要求。同时还应对企业的经营做收支平衡分析，这样可以证明你已经考虑到了可能发生的最坏情况，能做出满足短期资金需求的计划。同本行业的平均水平进行比较，也可提高数据的可信度。在什么时候以何种方式对公司的财务情况进行监测和评价，所应付出的税金在财务计划里也应做出说明。

7. 法律要求

将国家、地方的有关法规要求以及对许可证、注册和特别资格要求的相关文件的复印件放在计划后面。

8. 企业创业者的计划

（1）经营公司的好处与风险。

（2）对自身的长处与短处进行比较、评价。

（3）如何管理自己（包括如何管理的时间和如何对付外来的压力）。

（4）个人目标。

（5）培训计划。

可将你所参加的社会团体和专业协会的名称列出来，还可提供本人和合伙人的财务情况报告。

9. 附　录

（1）有关经历、技能简历以及资格证书的复印件。

（2）意向书。

（3）保险报价。

（4）国家、地区有关本行业的政策法规。

（5）有关供货商的协议和条件。

（6）有关银行或其他渠道出具的贷款证明及信件。

（7）调查问卷的复印件以及调查结果。

信息的准确性和计划内容的简洁性是制定企业计划时的两个重要因素。计划的行文应当语言平实，专业杂志、文献、图书和有关机构新闻的发布都将为你提供本行业的最新情况，有关数字信息要准确、有依据。

五、创业计划的可行性评估

要想使创业计划成为指导未来的行动计划，就需要对其进行可行性评估。由于计划具有内在的逻辑性和关联性，因此只有按计划逐步实施，才能保证整个计划的可行性。为确保计划评估的准确性、及时性，必须请有经验的专业人士阅读你所做的计划，并对你所做的计划提出各自的建议，最好采用会议评估，以便得到更多的意见、更权威的评估结论。

思 考 题

1. 根据所学知识，自命题写一份市场调查报告。
2. 试说明创业计划的重要性。
3. 制定创业计划的步骤有哪些?
4. 可行性评估的基本要求有哪些?

第四章 小型企业的建立

大学生创业初始，一般都选择小型企业的模式进行起步，这种形式的企业是国家提倡的。国家支持并鼓励私营经济的发展，大力提倡大学毕业生开展自主创业，这不仅缓解了我国就业形势紧张、严峻的局面，而且也为大学生的创新工作开辟了一个新的途径。在进入21世纪后，社会主义市场越来越完善，法制越来越完备，为各种类型企业和各种创业活动提供了强有力的保证，同时也提供了良好的发展环境。所以，大学生应抓住这一历史机遇，大胆创业，积极创新，努力奋斗，确实干出成效，实现自我价值。

第一节　小型企业的名称和经营场所

一、名　称

一般的企业名称构成是行政区划名称、字号、行业或经营特点、组织形式。

行政区划名称是指企业所在地县以上行政区划的名称。字号是构成企业名称的核心要素，应由两个以上的汉字组成。企业名称中的表示行业或经营特点的字词应当具体反映企业的业务范围、经营方式或特点。组织形式是指企业名称中反映企业组成结构、责任形式的字词。

企业名称是企业登记注册的法定登记事项之一。在同一企业登记机关辖内，不得与已登记注册的同行业企业名称相同或相近，同时企业只能申请使用一个名称。企业在领取营业执照后，方可使用自己的名称从事经营活动。企业名称应符合国家有关企业名称登记管理的规定，不得含有损于国家利益、可能对公众造成误解的内容，不得使用国际组织名称、政党名称、数字及法律规定禁止的内容和文字。

选择企业名称时，不得违反行政法规，不得损害他人利益，不得使别人易产生理解上的错误和误认。

设立有限责任公司、股份有限公司和外资投资企业应当在申请名称时预先核准，这便于申请人办理各种前置手续以及赋予申请人一种优先权。在保留期内别人不得以相同的名称申请，不然会造成侵权。

二、经营场所

企业在选择位置时，要优先考虑效益，也就是“在此开店能赚多少钱”。许多创业者将自己的家庭房屋改建为企业的经营场所，或者选择比较便宜、方便的地方通过购买或租赁得到经营场所。不同性质、不同类型的企业，对其经营场所的要求不尽相同。

（一）以销售为主的企业的选址原则

1. 商业活动频繁的地区

既然是以销售为主，就应把店址选在商业活动十分频繁的地区，把店铺设在这样的地区其营业额就会很高。这样的店址可谓“寸土寸金”，比较适合那些有鲜明个性特色的专门经营店铺发展；相反，如果在非闹市区开店，虽然租金较低，但街道冷僻，客流量很少，营业额也很难提高。在繁华地段开店时，要有针对性，如要向驾驶各种车辆的人提供生活、休息、娱乐和维修车辆服务，这样才能生意兴隆。

2. 人口密度高的地区

在人口集中的地方，人们有着各种各样的对于商品的大量需求，如果店铺能够设在这样的地方，致力于满足人们的各种需要，那就会有很多生意可做。而且，由于消费群体的需求比较稳定，销售额不会大起大落，可以保证商店收入的稳定。适宜在居民区开设的店铺一般为洗衣店、维修店、杂货店、食品店、服饰店、童装店、五金店、药店、餐饮店、美容美发店、洗涤店、化妆品店、娱乐厅等。

3. 面向客流量多、交通方便的街道

因为商店处在客流量多的街道上，受客流量和通行速度影响较大，可使多数人就近买到所需的商品。大多数店铺都适宜在这样的地方开设。旅客上车、下车最多的车站，或者在几个主要车站的附近（以 500 米以内为宜），尤其适合开设饮食、食品、生活用品和具有鲜明地方特色的产品的商店。

4．同类商店聚集的街区

“同行密集客自来”，这是古已有之的经营之道。店铺业需要合声，才会热闹，才能形成声势。商业吸引商业，人流吸引人流，生意要大家做，才能造成一方繁荣的景象，比如各大都市的“食品一条街”的生意就很火爆。大量事实证明，对于那些经营耐用品的商店来说，若能集中在某一个地段或者街区，则更能招揽顾客。因为经营的种类繁多，顾客在这里可以有更多的机会进行比较和选择。在这样的地方特别适合开设家用电器、家具、电脑、时装、饰品、古董等商店。

5．接近人们聚集的场所

如剧院、电影院、公园、风景区、体育馆等场所附近，这样的地段属于娱乐和旅游地区，顾客的消费需求主要在吃喝玩乐和休闲，故适于饮食、食品、娱乐、生活用品等方面的店铺发展。但这些地段有时间性强的特点，高峰时人潮如涌，低峰时门可罗雀。当然，如果靠近居民区和商业区的话，则另当别论。而在大工厂、机关附近，适宜开设办公用品、生活用品、咖啡厅、快餐店等。因为这样的地段是上班族集中之地，其特点是午饭和晚饭时间为营业高峰期，周末和节假日生意清淡。

（二）以生产产品为主的企业的选址原则

不同类型的工厂，在选址上有不同的要求。选址的基本原则有以下几点：

（1）远离市区中心地带，多在城乡结合部建厂，离居民区较远，避免造成城区环境污染。

（2）交通便利，距离铁路和主要的公路干线较近。

（3）电力供应充足。

（4）水源充足，水质良好。

（5）土质坚实，渗水性强；不要在低洼地建厂。

(三) 房屋租赁合同的签订

经营场所确定后，应到所在辖区内的登记注册机关登记注册。登记时，用房属于自己的，应提交房屋产权证或能证明产权归属的有效文件；用房属于租赁的，还应提交与房屋产权所有人签订的一年以上租期的租赁协议书或合同，以及能证明出租人拥有房屋产权的有效文件。

签订租房合同时，应特别注意以下几个方面的问题：

(1) 房屋面积是否确定。常有这样的情况，租房后实际测量的面积比合同上少。遇到这种情况，可以按单位面积扣款，明确载入合同中。

(2) 在合同上明确注明租房金以外的其他一切费用由哪一方缴或以什么比例分摊。

(3) 明确注明租房的起止日期和款项的具体缴纳办法。

(4) 要在出租方的各种物品交接清单上签字。

(5) 注明押金。押金是作为房租金迟缴、不缴或损害建筑及物品等情况发生时的风险费用。合约期满后，如未发生以上情况，押金应退还承租方。

(6) 要说明天灾及不可抗拒的因素造成的损害及合同终止等情况不需由承租方负责。

(7) 核实出租者是否为真正的房屋拥有者。

第二节　创业经营方式的选择

创业经营方式，也可能是多种类型，每位大学生创业时要选择不同的方式，依据自己的实际情况进行选择。在此介绍两种基本的经营方式，即自主经营和合伙经营。

一、自主经营

（一）自主经营

1. 自主经营的含义

独自一人经营；一般经营的生意是自己所熟悉的行业，并具有一定的专业知识、业务关系、管理经验；能够筹措到相对充足的资金；企业规模在创业期间不是很大，你一个人可以管理；关键的工作人员很称职，能分担你的一些工作，如果做不到这一点，当然就要修改自己的创业计划。通常情况下，降低创业计划中的企业经营规模，可以满足您个人经营的创业计划。个人经营适合从小干起、从头干起、更容易更换经营的项目。

2. 自主经营的优点

对于真正的、惟一的老板，这一点很重要。你可以完全按照自己的想法实现自己的创业梦想。所有的资产盈利都是属于自己一个人的，没有人同你分享你的胜利果实，劳动所得和资产分配都由自己支配，在经营自己的事业中有成就感，完全由你管理所有的业务，不可能出现管理权分散的情况，营运成本可以得到很好的控制。在创业期间，高级工作人员薪资占有一定的比例，而且维持老板的排场多少都有一定的花销。一个老板的费用肯定低于几个老板的费用。这样，你可以用较低的成本度过创建期与营业初期，能提高工作较率。

3. 自主经营的缺点

对于你的综合素质要求很高，要求你对自己的生意具有很高的专业水平与业务经验，这是经营小型企业必须的前提。资金压力很大。一般情况下，你创业在 20 岁上下，你所有的积蓄可能低于创业的最低启动资金，同时，你也处在花钱的高峰期，你将面临很大的资金压力。这个因素将严重制约你的创业计划以及实施方案，并降低了承担市场风险的实力。由于几乎所有的事情都是你自己操持，作为一个超级的兼职者，你的身心将面临巨大的考验，并可能因此耽误你事业的顺利发展。没有人分担你的压力与风险，如果失败，将面对可能崩溃的压力，企业成败却由一人承担。如果你欠缺经营生意的核心要素，如专业知识、业务关系等，你除了花费较高代价之外，还可能受制于人，出现“穷了方丈富了和尚”的结果，如果企业发展较快，可能出现居住危机，经营危机。

(二) 家族经营

现在管理界有一种流行的观点，认为家族经营是一种很不好的经营方式。在管理中没有什么好不好，只有合适与否。70%的企业都采取家族经营的方式，自然有其合理的地方。家族经营往往是合理、可行、高效的经营模式。小型企业的许多本身的特殊情况，处理不好就是小型企业的优势；处理得好就是小型企业的劣势。一般来说小型企业管理水平较低，推动业务更多地依靠员工的能力与责任心，费用的支出更是如此。小型企业在创业期，往往因陋就简，工作环境相对较差，需要员工更多的理解。在创业期很难给员工较高的待遇。还有，小型企业抵抗市场风险的能力较差，往往需要进行较大规模的调整。小型企业解决上述问题，采用正式企业的模式往往面临很大的困难，并因此形成企业的劣势。同时也可相对容易的获得解决，做到家就是企业，企业就是家，达到“厂如家”的境界。

1. 家族经营的优点

家族经营，大家的目标一致并有特殊的信任关系与责任心，企业因此获得凝聚力，一致对外。在艰苦的创业期，大家可以克服各种困难。在中国，家族经营的企业，对于小老板的事业，尤其是个人经营创业的小老板，采取家族经营，能够共同抵御风险。

2．家族经营的缺点

家族经营也有不少弊端，这些弊端在企业度过创业期向前发展过程中表现尤为突出。实际上在创业期中也有不良影响。家族经营在创业期的弊端是：创业风险与家庭命运紧密联系在一起。由于将家庭所有的资源与人力投入到事业中，事业的成败直接决定了家庭的好坏，压力也就是双重的。

家族成员往往只能承担有限的工作。由于自己的事业都需要特定的专业知识与能力，而家族成员或许能力不行，或许没有专业知识与经验，因此，对于自己事业的帮助也就十分有限，有些家庭成员，滥用你的信任，大手大脚花钱，以老板自居，并大量偷窃。由于有家庭的关系，使你左右为难，造成企业的分裂和倒闭。

尽管家族经营有上述弊端，甚至有更多的弊端，但有一点是肯定的，在艰苦的创业期，家人比外人更容易、更值得信任。

二、合伙经营

合伙经营是小型企业中常见方式，尤其是相对复杂的经营。通常都会选择合伙经营，共同规避风险。

（一）合伙经营的优点

合伙经营的好处十分明显，尤其是中国市场已经发展到现在，对特定创业构想的启动资金要求已经很高，同时市场基本上进入买方市场，各种经营难度大，在这种市场大背景下，合伙创业有更多的优势。

合伙经营使资金的压力变得较小。一项投资 10 万元的创业计划，对于一个人来说投资压力较大，如果两个人承担，投资的压力减小。合伙经营启动的规模可以较大。合伙人之间应互相信任，并承诺必须的责任，包括资金的投入、工作的分担、一定的合伙期限、共同遵守的基本原则等。另外，合伙人在企业中，最好能够取长补短、分工合作。如，有负责企业内部事务的，有对外联络的，在经营思想上，可以行不同角度的理念，为企业发展提供新思想。创业期间千头万绪，两个人，甚至更多的人共同创业，则可以分工合作，可以加快创建的进程，并顺利展开经营活动。

合伙人可以取长补短，并各自负责特定的工作，可以实施较为复杂的创业构想与计划，规模也可以比个人经营大很多，发展的速度也往往超过独自经营。由于起点相对较高，可以承担较大的市场压力与风险。

（二）合伙经营的缺点

合伙经营由于是几个人共同创业，对于创业者来说，创业的成就感就相差很多。几个人共同创业，每个人的能力、对企业的作用也有一定的差异，分工合作往往会加大差异，出现苦乐不均的现象。同时，利润的分配往往是按照投资比例进行的，合伙人之间往往会产生矛盾。

第三节 资金筹措

创建小企业必须投入资金。资金是现代市场经济的血液，是企业生存和发展的关键要素。一个公司或者一个小商店，都需要一些资金和经费。这笔资金越充分越好，以免在开办初期因各种不可预测的原因造成周转不灵，落得前功尽弃。筹措资金是创业的重要保证。

（一）自有资本

个人投入资金或与合伙人联合筹措资金是一种基本的资金筹集方式。如果是合伙办企业则需要拟订一份合同来保护个人和企业的利益，要列出投入资金的金额数目，明确利润分配的办法、比例和所承担的风险。开设某一类企业，前期投入的资金较大，而你又无法通过流动资金来周转，那么，你可以选择一两个可靠的合伙人来共同经营，便可解决资金方面的问题。但合伙经营往往易产生各种各样的纠纷，故选择合伙者时应慎重。如果你是一位初次创业者，最好你积累的资金不要全部投入，以免小企业破产让你蒙受巨大损失，甚至难以糊口。因此创业时不要盲目贪求规模，以免投资过大而生意又不景气。小企业的收入较少，风险性也较小，你可以在创业的过程中逐渐摸索经验和规律，为今后的发展做准备。

（二）贷　款

贷款经营对企业有很大风险，但只要经营项目选得准，产品畅销，同样可取得好的收益。特别对创业者而言，资金不足是实现创业理想的主要难题，向银行申请贷款是资金筹措的一个主渠道。

向银行申请贷款，有很严格的条件限制和贷款程序。所以，投资者在申请贷款前，应先与银行进行初步接触，了解有关贷款的条件和程序，以及他们的要求；在初步接触的同时，要想办法把关系拉得更近一些，这既增进了相互了解，又提高了相互信任。对提高贷款的成功率是很有帮助的。企业向银行贷款，按有无担保，而分为担保贷款和无担保贷款两种。担保贷款又分为不动产抵押、应收账款担保和存货担保三种贷款方式。小企业在向银行申请贷款前，需要根据自己的情况进行选择。

一般贷款程序如下：

（1）法人代表写出书面“贷款申请书”，内容包括以下几点。贷款申请银行或信用社；申请理由：发展新项目或增长增添经营内容，开设新的经营项目等；贷款的种类：长期、短期贷款，计划内（外）贷款等；贷款后还本付息时间；贷款申请日期。

（2）将贷款申请有关银行（开户银行）或信用社。

（3）银行或信用社收到贷款申请后，对申请人的资金状况、贷款动机进行调查，认为符合国家贷款条件后给予批准。

（4）银行或信用社将贷款批准书发回给贷款申请人，同时贷款申请人填写贷款申请表，盖好图章，送回银行或信用社。

（5）银行收到贷款申请人填好的申请表，随后向贷款申请人发出贷款通知书，同时将款项转入贷款申请人的账户。

（三）发行企业债券

企业债券，是企业为筹集资金而向公众和企业组织发行的，承诺按期向债权人支付利息和偿还本金的一种有价证券。发行企业债券，是企业在现代社会中筹措资金的重要方式之一。因此，小企业如有条件，应该充分利用这一融资方式，来为企业筹措发展生产和经营的资金。

企业发行债券时，要规定债券得率，到期按该种利率支付利息。规定债券利息的高低，决定着企业筹资成本的高低和债券是否能成功地推销出去。企业当然希望利率越低越好，而投资者则希望利率越高越好。从企业的角度来说，利率的高度有一个上限，最多不能超过它的利润率，如果超过利润率，那么企业借债不仅无利可赚。对投资者来说，他们有一个下限，就是最低不能低于银行存款利息率。因为银行存款几乎没有风险，如果债券的利率在一般情况下也不能高过银行贷款，否则，企业还不如争取向银行贷款。只有企业向银行借不到钱的时候，企业才可能考虑以高于银行的利率而低于企业的利润率发行债券。同时，还要考虑通货膨胀因素对债券利率的影响。

（四）股票融资

可能一提起股票融资，人们的头脑中就立刻闪现出上海证券交易所和深圳证券交易所上市的大公司，从而形成一种错觉，以为发行股票的股份制企业都是大公司。其实，这是一种误解。股份制，是现代企业组织的基本形式，除了大公司外，小企业也可以利用发行股票来筹集资金，只不过，在我国目前情况下，小企业一般难以获得公开上市的资格而已。但实际上，即使在发达国家，能够上市的股份制企业也只是少数，大多数股份制企业也是不公开上市的。所以，小企业在发展过程中，千万不要放弃发行股票融资这一重要途径。因为，股票融资有一最大的好处，是企业既没有偿还本金期限，也没有付息的压力，因为企业有钱才分红，没钱可不用分。当然，这一好处是与不利的因素相关联的，这就是，需要让股东们分享企业的一部分权利。

国内外通过发行股票来融资历，可说是家常便饭，而因此成功的事例数不胜数。股票融资的方式，对大学毕业生刚刚开始，创业是不太可能的，如果经过数次创业，资本积累可观，当然也可能考虑该种方式。

第四节 小型企业的注册登记

建立小型企业，必须进行企业的注册登记，才能取得法人资格，开始正式的开业经营。从大学生毕业后进行创业的实际情况看，涉及两种企业注册登记形式，即私营企业注册登记和个体工商户注册登记。

一、私营企业注册登记

私营企业是一种生产资料归私人所有，以雇佣劳动为主，从事商品生产、流通和其他服务性活动，并实行独立核算的经济组织。

私营企业划分为三种类型：独资企业，即一人投资经营的私营企业；合伙企业，即两人以上按照协议共同出资、共同经营、共负盈亏的企业；有限责任公司，即出资者以其出资额对公司负责，公司以其全部资产对公司债务负责的企业。

（一）申请开办私营企业人的资格

申请开办私营企业的人员首先应具有完全民事行为能力，能够独立进行民事活动；其次是具有独立的财产，申请开业者对所有的财产有占有、使用、支配和处理的权利；最后是国家法律、法规和政策的允许。根据《中华人民共和国私营企业暂行条例》和《中华人民共和国私营企业施行办法》的规定及党的有关政策，以下人员可申请开办私营企业：

（1）农村村民。它是指农村的农民个人，不包括居住在农村的非农业居民。

（2）城镇待业人员。包括城镇待业青年和其他无业人员。待业青年指初、高中毕业后未从事适当工作，等待就业人员，这些人一般较年轻，其他无业人员包括范围广一些，即需要就业，但又长期没有就业的人员。

（3）个体工商户经营者。它是指个体工商户业主，也包括个人、合伙中的合伙人。达到私营企业条件的个体工商户可转办为私营企业。

（4）辞职、退职人员。它是指机关、团体、企业、事业单位辞职和退职的人员。

（5）国家法律、法规和政策允许的离休、退休人员和其他人员。这些人员主要包括：离退休科技人员，停薪留职科技人员，符合规定的党政机关、团体离退休人员。国家法律、法规、政策允许这一部分，因具体情况变化大，随时受政策的调整。除以上规定外，有的地方还规定停薪留职人员，档案进入人才交流中心的人员，可以开办私营企业。禁止未满18周岁的儿童开业。

（二）私营企业申请开业登记时应准备哪些材料

开办私营企业，应由申请人向企业所在地的行政管理机关进行申请，办理登记注册，经核准发给营业执照后，才能开始营业。

申请开办私营企业应当向办理登记的工商行政管理机关提交有关文件、证件：

（1）开业申请书。申请书应写明申请人姓名、性别、年龄、文化程度、住址、申请从事的行业和经营范围、拟办企业种类、经营场地地址和名称、资金总量及来源等；合伙企业和有限责任公司还应包括所有合伙人或投资者的姓名、住址、出资额等。

（2）申请开业登记注册书。企业名称应由字号（商号）、所属行业或经营特点、组织形式组成，并在企业名称前冠以所在地行政区域名称；有限责任公司登记时公司名称中应标明有限责任公司；经营地址，指企业所在地的区（县）、乡（镇）及街道门牌号码；企业种类指独资、合伙、有限责任公司；投资者人数，指所有合伙人投资者的人数；有限责任公司的投资者为2人以上30以下，30人以上的应向工商行政管理机关作专项申报；雇工人数是指除合伙人、投资者以外受雇于本企业的人员数。

（3）申请人身份证明。独资企业的申请人指投资者本人；合伙企业的申请人是指合伙人推出的负责人，申请登记时，应提供所有投资者的身份证明；有限责任公司的申请人是指投资者推陈出新的企业负责人，申请登记时应提供所有投资者的身份证明。身份证明，农民由村民委员会出具，城镇待业青年由街道（乡、镇）劳动管理部门出具，个体工商户经营者由所在区、县工商局个体工商管理处出具，辞职、退职人员由原所在单位人事部门出具，离退休人员提供离退休证件。

（4）场地使用证明。场地需提交产权证明。租赁场地需提供租赁期在一年以上的房屋租赁协议，并附出租人的产权证明，还有场地平面图，标明方位和面积。

（5）验资证明。需由具有法定资格的验资机构出具验资证明。有限责任公司的注册资本的最低限额按企业法人的规定执行。

（6）经营范围中有法律、行政法规规定的情况。必须报经审批的项目，应当在申请登记前报经有关部门审批，并在登记时提交批准文件。

（7）合伙企业申请登记时，应当提交所有合伙人的书面协议。

（8）有限责任公司申请登记时，应提供公司章程。章程应载明下列事项：公司名称和住所，公司经营范围，公司注册资本，投资者的姓名和住所，投资者的权利和义务，投资者的出资方式和出资额，利润分配和亏损分担的办法，公司的办法，公司的法定代表人，公司的组织机构及其产生办法，职权议事规则，公司的解散事由及清算办法，公司章程的修改程序，投资者认为需要规定的其他事项。

二、个体工商户注册登记

有经营能力的城镇待业人员、农村村民以及国家政策允许的其他人员、农村村民以及国家政策允许的其他人员，可以申请从事个体工商业经营，依法经核准登记后，成为个体工商户。

申请从事个体经营的个人或者家庭，应持本人身份证明、户籍证明及其他证明，向所在地工商行政管理机关申请登记。

（一）登记手续及需要准备的文件、证件

根据《城乡个体工商户管理暂行条例实施细则》的规定，工商行政管理所受理从事个体工商业经营的申请，查验有关证明，并将初步审查合格的有关文件报送县级工商行政管理局审查。由此可以看出，成立个体工商户与成立公司是有区别的，成立工商户应到户籍所在地的工商所执行登记申请。

申请从事个体工商业经营的个人或者家庭，应当持如下证明向所在地工商所申请登记：①所在地户籍证明和身份证明；②经营场所的产权证明；③申请书；④有关行业主管部门的证明文

件；⑤其他有关证明。

需要注意的是，在申请登记经营场所提交的经营场所的证明应是：①使用自有私房的，须提交房屋的，须提交产权单位签署意见的房屋租赁合同；②租赁私有房屋的，须提交房屋产权证明和租房协议书；③沿街道或胡同内设摊经营的，须提交公安部门批准的占道证明；④在集市内经营的，须提交市场开办单位出出具的摊位证明。

其他有关证明是指：无业人员需提交待业证明；离、退休人员需提交离、退休证明；科技人员需提交技术资格证明和单位批准证明；企业富余人员需提交单位同意证明或签订的协议书；侨居我国的外国侨民需提交所在地街道的相关证明。

经营者需要具备特定条件或者需经行业主管理部门批准的，在申请登记时，还应出具有关证明。具体来说包括：①申请从事机动车辆客货运输的，应出具车辆牌照、驾驶执照、保险凭证；②申请从事饮食业、食品加工和销售业的，应出具卫生防疫部门核发的证明；③申请从事旅店业、信托寄卖业、印刷业的，应提交所在公安机关审查同意证明；④请帮手、带学徒的，还应当报送与帮手、学徒分别签订的合同副本，涉及人身健康和生命安全的，应出具保险凭证；⑤申请资源开采、工程设计、建筑修缮、制造和修理简易计量器具、药品销售、烟草销售等行业的，应提交有关部门批准的资格证明，具体的审查部门参见《企业登记专项审批目录》。

需要注意的是个体工商也可以以个人合伙形式经营，即由两个以上公民自愿合作，共同出资，共同劳动经营，但从业人数应限定在8人以内。在这种情况下，除提交上述各种文件之外，还应当提交合伙协议书，合伙协议书应当约定合伙人承担的责任。

（二）营业执照的领取

个体工商户要经过哪些阶段才能领取到营业执照呢？总体来

说，要经过当事人申请、申请人填表、工商所审查、工商局审批、工商局发照五个阶段。下面详细说明这五个阶段：

(1) 当事人申请。申请人持所在地户籍证明和申请书向户籍所在地工商行政管理所提交申请、证件。申请书应当写明申请人的户籍、职业等基本情况，并写明申请经营的项目及可行性分析。工商行政管理所收到申请书后，就发给申请人《个体工商户申请开业登记表》。

(2)《个体工商户申请开业登记表》由申请人如实填写，如申请生产经营的内容需要有关部门批准的，申请人在这个阶段应办理相应的审批手续。

(3) 工商所审查。申请人如实填写《个体工商户申请开业登记表》并办理申请手续，由工商所对申请人提供的有关文件、证件进行审查，对经营场地进行实地查看，如果符合开业条件，工商所在签署意见后，将全部申请材料送区（县）工商行政管理机关审批。

(4) 工商局审批。区（县）级工商行政管理机关对工商所报送的申请资料进行复审，认为符合开业条件的，由局长审定并签署意见，加盖区（县）工商局审批专用章。

(5) 工商局发照。区（县）级工商行政管理机关复审后认定合格的，批准申请人经营资格，并按批准项目填写营业执照和加盖工商局公章，发给申请人《个体工商户营业执照》。

(三)《个体工商户开业登记申请书》的填写

在填写《个体工商户开业登记申请书》时应注意以下几个方面：

(1) 登记表的封面上“申请人姓名”一栏填写个体工商户经营者的姓名，需注意的是家庭经营的个体工商户，参加经营的家庭成员的姓名应当同时登记。

(2) 登记表“申请人基本状况”页，应按照实际情况分别填写，此页比较容易填写，这里需要注意的是“住所”一栏的填写，此栏一般应填写户籍所在地，但是如果经常居住地与户籍所在地的居住地不一致时，应填写经常居住地。

（3）登记表“申请登记项目”页，此页填写时应该注意的比较多，也是登记表中最难填写的一页。填写时应注意：

①“字号名称”是指个体工商户为其营业厂、店等所起的名称。“字号名称”不是必须要填写的内容，如果不想取名称，此项内容可以不填写。如果要有字号名称，则要注意个体工商户的字号名称要由区（县）或省（直辖市）的同级工商行政管理机构核准，才能使用，字号名称在申请登记工商行政机关管理范围内同一行业不得重名。字号名称一般由“行政区别 I 组织形式”组成，字号名称不得包括：外国国家（地区）和国际组织的名称；由数字或由外国文字或汉语拼音组成的名称；有损于国家、社会和公众利益以及有碍道德风尚和精神文明的名称。

②“从业人员数”一栏是指参加经营活动的所有人员，包括经营者、参加活动的家庭成员、帮手和学徒。按规定个体工商户从业人员数合计不超过 8 人，此栏内所填数字不能超过 8。

③“经营地址”一栏填写厂址、店铺、门市部的所在市（区）及街道门牌等地址及经批准的摊位的地址或本辖区流动经营的范围。

④“组成范围”一栏填写经核准经营的行为和商品的类别，分为主营和兼营，“主营”一栏填写“个人经营”、“家庭经营”或“合伙经营”。

⑤“经营范围”一栏填写经核准经营的行为和商品的类别，分为主营和兼营，“主营”一栏填写生产经营主要产品、商品及服务的主要项目；“兼营”则是附带经营与本行业相近的商品或服务项目。

⑥“经营方式”一栏填写个体工商户经营过程中所采用的

方法和形式。经营方式包括“自产自销、代购代销、代料加工、零售、批发、批零兼营、客运服务、货运服务、代客储运、代客装卸、修理服务、培训服务、咨询服务”等，根据实际情况选择填写。

⑦“资金数额”一栏填写申请开业的注册资金，包括流动资金和固定资产折价即固定资金两部分，分别填写在“流动资金”和“固定资金”栏内，法律对资金数额没有限制规定，但是资金数额应与其所从事的行业相适应。

⑧“主要工具、设备”一栏填写的工具、设备要与“固定资金”栏内所填项目对应。

⑨“经营场地”一栏内填写的“面积”和“经营场地产权归属”要与经营场所证明中的内容一致。

思考题

1. 资金筹措的基本形式有哪些？
2. 申请开办私营企业应提供哪些资料？
3. 你创业时，准备采用什么样的创业经营方式？
4. 个体工商户如何注册登记？
5. 简述法人代表的定义。
6. 自主经营指什么？
7. 家族经营的劣势是什么？

第五章 小型企业的管理

创业型小型企业管理是我国企业管理的重要组成部分，虽然小型企业的规模、产品数量都不大，但仍离不开科学管理。通过科学化管理合理组合各类资源、劳动力生产要素，不断提高生产质量，降低成本，获取更大的利润。大学毕业生从事创业活动，必须了解、掌握小型企业管理的科学方法，严格管理，依法经营，才能在激烈的市场竞争中求生存、求发展，使自己的小型企业发展壮大起来。

第一节 成本管理

成本则是实现利润的前提条件。只有准确地预测了成本，才能确定产品价格，保证获利。因此，成本管理至关重要。

一、成本的构成

小型企业的成本构成也存在着多样性。经营开始，成本的性质不完全一样。有些成本与所售产品的数量没有关系。比如一家商店，租金、税收以及人员开支都是相对固定的数字，无论是否卖出商品，这些都是必须支付的；另一方面，商店产品销售的成本则完全取决于销售数量，销售的越多，进货所花的成本也就越多。因此，必须首先确定销售的数量，才能将这两种类型的成本加起来。成本、销售数量、销售价格和利润都是联系在一起的，任何一种因素变化，都会影响其他因素发生变化。为了分析成本在不同条件下的变化情况，首先要对成本进行分类。从成本同产量的关系研究则可将其分为固定成本、变动成本、半变动成本。

（一）固定成本

固定成本是指在一定条件下，成本总额不受业务量变动影响而保持固定不变的成本（见图5－1）。

（二）变动成本

变动成本是指随着产量变动而变动的成本。如产品的原材料、包装材料、工人奖金、计件工资、销售佣金等。变动成本的重要特点是其上升或下降与产量的上升或下降成正比。我们可以画一张图来表示变动成本如何随着产量的变动而变动（见图5－2）。

（三）半变动成本

半变动成本是指成本随着产量的变动并不严格地保持正比例关系。如电话费、水电费、修理费等。对于这些半变动成本，应该区分它们的固定部分和变动部分。对大多数小企业来说，这是个相当简单的过程。虽然如此，也必须准确地来做这件事；否则，这种成本分析方法目的和好处就不存在了。

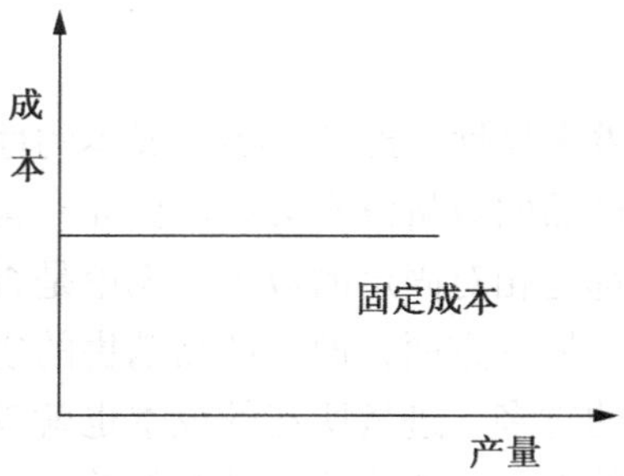

图5－1　固定成本与产量关系图

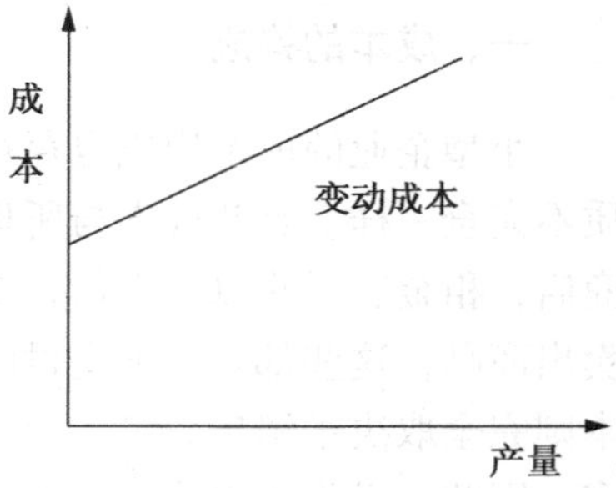

图5－2　变动成本与产量关系图

二、盈亏平衡点

把固定成本和变动成本这两种形态的成本模型放到一起，看看总成本是如何变化的。

从固定成本的高度开始画变动成本，得到一条线，它表示总成本，从总成本线上的任意一点画垂直线和水平线，就得到了所选的任一产品的总成本（见图5－3）。

正常情况是，不仅生产产品产生成本，而且还要销售产品并取得收入。当有销售收入发生的时候，可以在模型上再加一条销售收入线。销售收入线与总成本线的交点就是盈亏平衡点。在成本分析中，最重要的单项就是找到利润真正开始的点，也即盈亏平衡点，从盈亏平衡点垂直划一条线，得到达到盈亏平衡点所取得的销售产量。这就是说，当以某个价格销售一定数量的产品后所取得的收入刚好与成本相抵，如果超过这个数量，销售开始盈利（见图5－4）。

盈亏平衡点也可以通过公式求得。

$$\text{盈亏平衡点（数量）}=\frac{\text{固定成本}}{\text{单位产品价格}-\text{单位产品的变动成本}}$$

这个公式表明，在企业得到利润之前，必须先支付变动成

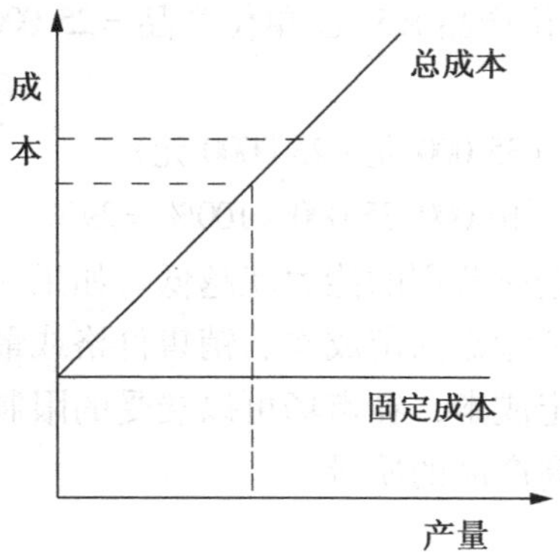

图 5-3　总成本与产量关系图

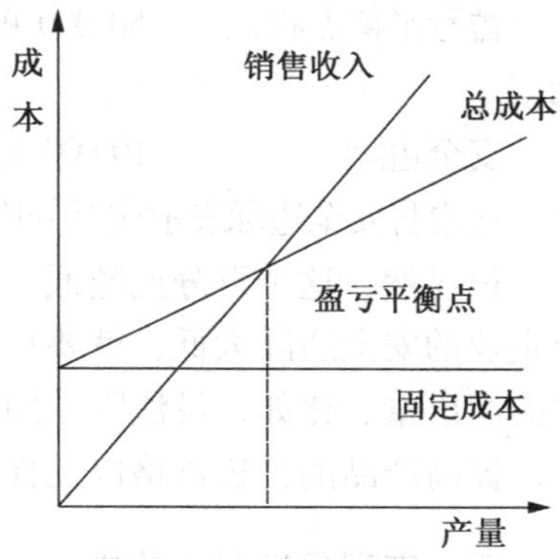

图 5-4　盈亏平衡状况示意图

本，也就是从单位产品售价中减去变动成本，剩下的部分用来补偿固定成本。一旦销售了足够的产品，销售的利润能够补偿这些固定成本，盈亏平衡点就达到了。

现在举个简单的例子来计算盈亏平衡点：

固定成本 =10 000 元

销售价格 =5 元/单位产品

变动成本 =3 元/单位产品

盈亏平衡点 =10 000/（5-3）=5 000 个单位

因此，我们必须以单位产品 5 元的价格销售 5 000 个单位的产品之后才有可能获利。假如我们最大的产出量是 7 000 个单位，则只剩下 2 000 个单位用来满足利润目标。很显然，在盈亏平衡点之后，销售的产品越多越好。

三、安全边际

通常用安全边际表示小企业的获利能力，一般可以用下列方式来计算。

总销售收入　　7 000 单位产品 ×5 元/单位产品 =35 000 元

盈亏平衡点收入　　50 000 单位产品 ×5 元/单位产品 =25 000 元

安全边际　　　　　10 000 元（35 000 元 −25 0000 元）

通常将安全边际表示成百分比　10 000/35 000 ×100% =29%

很显然，这个百分比越低，企业获利的能力就越低。如果一个企业的安全边际太低，就要重新考虑固定成本、销售价格或最大的产出量。比如，设法降低固定成本，在市场可以接受的限制下，提高产品的销售价格以及提高产品的质量。

四、实现目标利润的成本

加上目标利润这个最后的因素，就得到了一个完整的、可以帮助企业进行成本和价格决策的模型。假设在前面的例子中，企业必须取得 10 000 元的利润才能达到一个满意的投资资本回报率，那么目标利润平衡点的计算公式如下：

$$\text{目标利润平衡点}=\frac{\text{固定成本}+\text{利润目标}}{\text{单位产品价格}-\text{单位产品变动成本}}$$

把上例中的某些数字运用到这个公式中，利润目标为 10 000 元，就得到目标利润平衡点为

$$\frac{10\,000+10\,000}{5-3}=10\,000\text{（个单位）}$$

也就是说，在以上固定成本、变动成本以及销售价格下，企业要获得 10 000 元的利润需销售 10 000 个单位的产品。

其实这个模型公式可以改变一个因素来得到其他因素的结果，直到取得一个令人满意的利润。

比如，如果企业的销售量还不到 10 000 只，而只能达到 8 000只，那么要想获得 10 000 元的利润应该怎么办？从以上目标利润平衡点的计算公式来看有三点可以进行调整：①固定成本降低；②变动成本降低；③提高产品的销售价格。假设在固定成

本和变动成本都不变的情况下，企业应该将产品的价格提高多少才能获取10 000元的目标利润呢？根据公式计算：

$$8\,000=\frac{20\,000}{单价-3}$$

那么，

$$单价=5.5\text{（元）}$$

也就是说，如果变量只有8 000个单位的话，要完成10 000元的利润，则单价由5元提高到5.5元。如果市场接受了这个价格，这就是比较满意的结果；否则，就必须实验其他变量。企业必须找到降低固定成本或变动成本的方法，或是增加工厂的生产量，使其达到一个足够实现目标利润的产量。

五、确定企业的启动成本

通过调查发现，小企业过早失败的一个主要原因之一是把过多的创业资本用于购买固定资产。虽然有些设备在开业时是必须的，但其他的设备等则可暂缓购置。因为一旦购入，即计入了固定成本，成为固定成本的一部分，固定成本越高，达到盈亏平衡点并开始赢利的时间就越长。而时间对于小企业来说是至关重要的，它不得不尽快的获利；否则，企业将缺乏资金并走向破产。

通常可以通过一个简单的实例来看一看固定成本的投入对企业的经营所产生的影响。假设有两个小型企业甲和乙，它们制造和销售同样的产品，价格也一样，都为10元。甲计划在第一年销售10 000个产品，在开业之初就购买齐所有的设备，其固定成本是40 000元，是乙企业的两倍。这是由于，甲比乙企业多购买一辆运货车、较先进的新设备和一台电脑。这些东西大部分的时间会用不上。但现在的购买便节省一部分开支。这些额外的支出会使甲企业单位变动成本比乙企业要低。而乙企业的所有者却计划以极少的资金开业。只有20 000元用于固定成本，但是它的单位变动成本会很高，为4.5元。变动成本高的原因，例如，它不得不花费外租运货车的费用，而甲企业用自已的货车，只需支付汽油费即可，以下是两个企业的盈亏平衡模型图（图5-5、图5-6）以及有关数据计算（表5-5）：

表5-5 甲、乙两企业有关数据比较

项　目	甲	乙
单位变动成本/元	2.5	4.5
固定成本/元	40 000	20 000
变动成本/元	25 000	45 000
总成本/元	65 000	65 000
销售价格/元	10	10
盈亏平衡点/元	5 333	3 636
最大产量利润/元	35 000	35 000

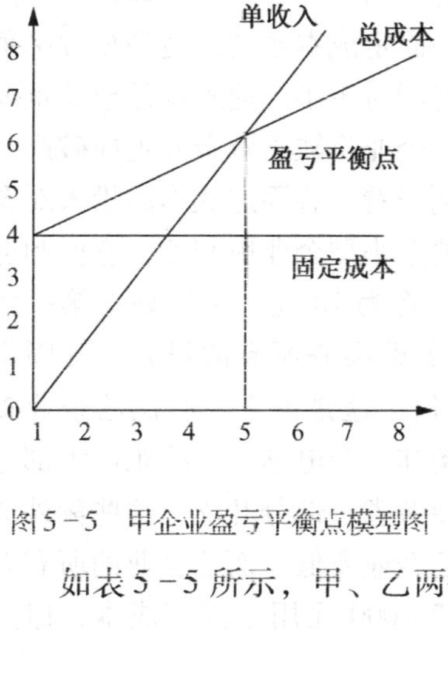

图5-5 甲企业盈亏平衡点模型图

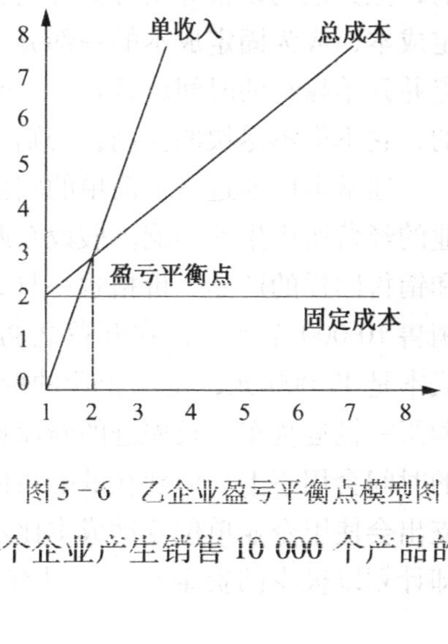

图5-6 乙企业盈亏平衡点模型图

如表5-5所示，甲、乙两个企业产生销售10 000个产品的总成本是一样的。如果这 10 000 个产品都卖出去，总利润也是一样的。两者关键的不同在于乙企业在卖出 3 636 个产品以后就开始盈利，而甲公司则不得不等到卖出 5 333 个产品以后才开始盈利。

小型企业过早被淘汰的另一个原因是与市场相关的。它们过高地估计其销售量，过低地估计其打开销售市场所需的时间。

因此，从两个原因以及把企业资金过多地投入到固定资产上的情况考虑，小企业应当把主要精力放在怎样使企业的固定成本保持在最低点上，以求降低风险，加速资金尽快回笼。

第二节 质量管理

为了利益，小型企业往往只重视生产率的提高和降低成本，而忽视产品的质量。它们会认为，如果提高了产品的质量，相应的成本就会增加。其实，这是非常错误的观念，越是较小的企业，越要通过其优质的产品吸引顾客，赚取利润。

一、质量的概念

质量是反映产品或服务，满足规定或潜在要求的特征和特性的总和。可用八个方面来衡量质量。

（1）运行是否正常。一个产品的基本运行特征，例如电视机的图像清晰度。

（2）功能是否齐全。产品基本功能特征的补充，例如电视机的画中画功能。

（3）可靠性。特定时间内正常发挥功能的可能性。

（4）合格性。产品设计和运用符合既定标准的程度。

（5）耐用性。产品寿命的长短。

（6）服务性。修理的速度与方便性。

(7) 美感。产品的外观、感觉、品位。

(8) 认知质量。顾客所认知的质量程度。

二、为什么实行质量管理

(一) 赢得竞争

实行质量管理最重要的原因是为了竞争。如果企业能持续地比竞争对手更好地满足或超越顾客的需要和期望，这些顾客就会被吸引住，产品的市场占有率水平越来越高，无论企业经营什么，他们都期望从那里得到更好的商品和服务。

(二) 提高生产率

在过去，许多人认为生产率与质量呈反相关，即：如果提高生产率，只能降低质量要求，而提高质量则要以牺牲生产率为代价。这种观念是根本站不住脚的。如果一个企业建立了一个有益的提高生产质量的计划，则会导致：①次品减少，顾客退货减少；②由于次品减少，用于返工的资源（材料、人力）也将下降；③由于操作工人对质量的负责，减少了质量检测工作量，减少了不必要的开支。

(三) 降低成本

提高质量可以降低成本。质量低劣导致了高退货、高保证成本。由于顾客抱怨，还会失去原来的市场。有质量问题的企业应该增加检测费用，以便及时发现次品，使企业能有更好的质量声誉。

三、采用何种质量管理方法

(一) 质量承诺

作为小型企业的所有者应当做出全面的质量承诺，把质量作为企业的一切行为的准绳，视质量为生命，并将质量作为企业孜孜追求的目标。

（二）改进工序

不合理的工序和工作方法会影响产品质量的提高，在产品质量管理中要认真考核每个工序的管理方法、每个工作环节对产品生产产生的作用，找出不合理性，优化生产方案，选择最佳的生产方式组织生产，用系统工程的方法衡量整个生产工艺，保证质量的稳定提高。

（三）提高全员质量意识

企业的员工，在每个岗位上进行操作和控制生产，他对产品质量最清楚，进行产品质量管理，必须使全体员工参与，每个员工都必须有很强的质量意识，都必须接受相应的质量教育和培训，使他们能严格按照质量标准进行工作，保证不出废品，保证产品质量。

（四）严把原材料的进货关

原材料的质量决定了产品的质量，原材料质量差，生产的产品质量就无法提高，所以，对采购人员也要进行质量意识的教育。同时，向供应商提出明确要求，严格审验进货的检验工作，决不能有任何的营私舞弊行为。

第三节 人力资源管理

在产供销各环节中，人是关键因素，处于核心地位。无论是经营活动还是管理过程，都需要人去掌握和推动，人才决定企业的前途。因此，对企业来说，人力资源管理是重中之重。

一、人力资源管理的依据

小型企业的经营管理原则，有效地开发和利用人力资源，发挥人才的作用，为小型企业的发展做出贡献，它的基本管理内容如下。

（一）控制协调关系

协调关系是把员工从心理上、感情上和思想上与企业认同和融合。员工之间相互认同、和睦共事。通常内容为：新员工的岗前教育、同员工的沟通、冲突的预防和解决、企业内人际关系的协调等。

控制的调整是对员工进行科学而合理的动态管理的过程。它的内容是：科学、合理地评价和考核员工的绩效和素质能力，相应地采取晋升、降级、调动、解雇、奖惩等措施。

（二）招聘员工

配备人力的过程是人力资源管理的先行职能。它主要包括：规划、分解工作和工作分析，人力资源的招聘、选择、录用和安置，以及日常管理等。

对所获得的人力资源进行知识、技能、品德、意识的开发，以提高员工的基本素质。它主要通过教育、培训、考核、奖励等环节进行。

采取恰当的措施进行激励，使他们安心本职工作，增加企业内部活力，其内容有：依据岗位分析和绩效考核，制定并执行公平合理的奖励、薪酬和福利等制度，为员工提供良好的服务，促进成长等。

二、人力资源管理的目的

（一）提高劳动生产率，降低成本

通过开发员工潜力、激励员工士气、满足员工需要等一系列措施，不断地调动员工的工作积极性，从而提高劳动生产率。

人力资源成为最具活力的资本。人力资源管理通过绩效考核，动态的统筹规则，晋升、调配和淘汰，合理地配置人力资源，避免人浮于事，使人力资源管理成为利润的核心。

（二）培养团队精神

在企业创业初期，一个人可能支撑得了，但不可能一个人永远做下去。你可能独自形成创业点子，可能在某些程度上由自己去实现，随着企业的发展，需要一些人直接参加生产、专注投资、经营管理和市场销售，这个时候必须有一个凝聚大家的精神，即团队精神。在这种精神的感召下，企业上下共同努力，将会使企业蓬勃发展。

三、人力资源管理的内容

（一）工作分析

工作分析是人力资源管理中一项十分重要的工作。工作分析是指确定一个工作的职责和技能要求，以及为该工作聘用合适人员提供依据的步骤。

1．工作分析在人力资源管理方面的职能

在人力资源管理方面，通过工作分析所获取的信息，可以使管理活动更具科学性。

（1）人才规划。通过对人力需求和供给的预测，制定人员补充计划、晋升计划、人员配置与调整计划、培训开发计划以及报酬计划等，以解决企业组织发展中的"人"与"工作"相互适应的关系。

（2）人员的选聘录用。通过工作所取得的信息可以明确工作职责及承担该项工作所需人员的特征，确定用人标准，以便迅速、准确、有效地招聘、选拔和录用符合工作需求的合格人员。

（3）绩效考核。工作分析的信息可以帮助我们确定每个工作的执行标准、评价标准等，从而减少考核中的主观随意性。

（4）报酬管理。通过工作分析，明确工作所需的技能、学历以及工作的难易程度等，从而判断每个工作的相对价值，以此作为薪酬管理的依据，制定公平合理的薪资政策。

（5）培训开发。有助于管理者设计有效的人员培训与开发的方案，通过工作分析，明确从事某项工作所需的技能、知识和素质等。依据这些条件和要求，对照任用人员的不同情况，有针对性地设计和安排培训内容与方法，提高员工的工作技能，从而提高工作效率。

2．工作分析收集的内容

（1）工作活动，包括所用的工艺和步骤，每个岗位的责任。

（2）所需的行为，包括采用什么运动方式、动作沟通联络。

（3）使用的机器工具或装备。

（4）完成每一工作所需时间、知识，制成产品和经销产品所做的服务。

（5）工作条件与工作环境。

（6）人员要求，包括教育培训工作所需经验。

3．收集工作分析信息的方法

（1）面谈。面谈是收集工作分析信息的一种相对简单而快速的方法。

（2）问卷调查。根据工作分析的目标，事先设计好问卷，由员工或管理员填写。

（3）现场观察。现场观察用于收集体力工作或手工操作等工作岗位的信息。

（二）人力资源规划

1．人力资源规划的意义

（1）保证企业在发展过程中对人力的需要。小型企业在发展过程中常处于不稳定的状态中，而人力资源的需求和供给不可能实现自动平衡，需要规划分析和调整需要实现人力资源合理配置。

（2）人力成本的控制。人力成本中最大的支出是工资，而工资总额很大程度上取决于人力资源的分布状况，即在不同职务、级别上的数量。

通过合理的规划，弄清人力资源的分布状况，实现人力资源的有效控制。

（3）调动员工的积极性。通过创设良好的工作氛围及制定晋升政策和报酬分配政策，调动员工的工作积极性，使他们看到自己的发展前景，积极努力地工作。

2. 人力资源规划的内容

（1）招聘计划。根据企业的经营任务，结合企业内部的结构，按岗位设计招聘计划。

（2）晋升计划。对企业来讲，有计划地晋升有能力的员工，在满足职务对人的需要的同时，形成激励机制。从员工个人来说，有计划地提升会促进员工的工作热情，使员工感到对自己的一种肯定。

（3）培训开发计划。为提高员工的素质，确保企业的发展和员工职务的晋升，工资支出总额也会上涨。确保人工成本不超过合理的支付限度，必须进行工资计划，在保证企业经营不受影响的前提下，通过合理地配置人员在各个职务、级别上分布的数量，实现一个合理的工资成本。

（三）人员招聘

人员招聘是根据经济目标、员工编制计划及企业对所需要员工的工作要求，进行征聘、考核与挑选的业务活动过程。

1. 制订方案

根据人力资源规划制订招聘政策和招聘计划。计划一般包括本企业所需要的部门和工种、所需员工的人数和岗位要求、雇员来源渠道和对应的招聘方式、制订实施招聘的具体方案。

2. 面试考核

在规定了应聘方式后，应聘者须提供个人资料进行书面或亲临企业面试报名。企业从应聘者中可以挑选适合自己要求的人选，并让他们准备参加面试和技能测试考核。采用面试考核的方法，通过面对面的交流信息，可以用来验证表达能力、判断分析能力、应变能力、思维的逻辑性、工作经验、个人修养以及其他背景资料，为录用提供准确的信息，也便于决策是否选用。

3. 体检拟录

通过面试、技能考核后，企业从中挑选最佳人选，办理录用手续，对一些需要体检的岗位，应聘者还必须到指定医院或防疫部门进行体检。对体检不合格者，可以不予以录用。

4. 签约上岗

在体检合格后，企业与雇员之间一定要订立劳动合同，建立正式的劳动关系。劳动合同必须符合国家有关的法令、法规，然后被选择人员方可上岗工作。

（四）受聘人员培训

接受培训是每位受聘人员必须进行的一次教育内容。小型企业员工培训，多数是对口上岗，多采用岗前培训和上岗后轮训等方式。采用何种形式培训主要看雇员对企业岗位要求的熟悉度根据这种熟悉度来决定培训内容的多少。

1. 培训计划的制定

（1）制定计划的大纲和期限。

（2）草拟培训课程表。

（3）制定学习形式。

（4）制定考评方法。

2. 授课内容

（1）企业概况：包括企业规模、设备和生产经营项目、管理形式、岗位设置等，使新员工对企业有一个全面了解。

（2）经营项目知识：包括企业形象的树立、生产经营管理知识、职业习惯和意识的养成等。

（3）生产知识：加强安全意识教育。

（4）学习《员工守则》和各种规章制度。

3．考评上岗

经过培训后，应通过口试或书面形式对员工培训的结果进行考评，并通过实际操作考核雇员的技能，达到要求者可上岗。

（五）绩效考核

绩效考核是人力资源管理的一项重要任务，是与企业激励机制密切相关的激励机制。考核的目的不是为了奖惩，员工的调任、升迁、加薪等重大决定都是依据考核的结果来制定的。绩效考核的质量直接反映人力资源管理的科学化程度和工作效能，体现管理水平。

1．绩效考核的内容

（1）考德。主要考核员工的思想、作风、社会道德和职业道德，包括是否实事求是、脚踏实地，是否遵纪守法，是否忠于职守、廉洁奉公、公正待人、以厂为家。

（2）考勤。主要考核员工的工作态度和积极性。一般包括出勤率、进取心、积极性和工作作风。

（3）考能。主要考核员工的基本能力和专业技能。基本能力包括身体条件、文化知识和心理素质，这是从事工作所必备的最基本的因素。专业技能包括员工的操作能力、协调能力、组织领导能力，考核员工是否胜任工作。

（4）考绩。主要考核员工的工作实绩。主要包括员工完成工作的质量和数量、效率和效益等。工作是否有成绩，是否为企业创造了财富。

对员工进行公正客观的绩效考核，正确评价每一位员工的表现，是保持员工工作热情的重要手段，这项任务的作用如下：

（1）制定报酬的依据。只有使员工的利益分配与其对工作所做的努力相称，才能使员工的心理平衡，激励员工多做贡献，体现多劳多得的原则。

（2）为员工晋职、晋级提供依据。只有通过考核，择优晋升，才能公平，才能让大家服气。

（3）为实施奖惩提供依据。激励是企业管理的一项基本职能，奖惩则是激励的一种重要手段，符合奖勤罚懒的原则。

（4）为员工培训提供依据。通过考核，可以发现员工目前的综合能力与企业发展要求之间的差距。针对差距，制定相应的培训教育计划，有的放矢，进行培训工作。

2．绩效考核的基本程序与方法

（1）确立考核目标和标准。绩效考核特定的目标，为加薪，或为晋升，或为奖励，或为培训等。不同的目标，考核的范围、内容、方法也不同。

考核标准的确定必须定性判断与定量判断相结合，具有可操作性，也便于操作。主要有：

①行为标准。规定从事工作的行为规范，如热情待客、不得与顾客吵架等。

②绩效标准。定量的标准，如完成的销售额、利润等。

③任职资格标准。即员工从事本工作所需的基本工作能力，如学历、技能等。

（2）搜集资料信息。即搜集考勤记录、生产记录、工作日记等，这是绩效考核的第一手资料，每一个管理分支部门都应该有这样的档案管理及累积。

（3）分析评价。这一环节运用已确定的考评方法，依据收集的资料信息，对员工的德、能、勤、绩等做出综合评价。最后用于表扬先进、鞭策后进，推动生产和企业的发展。

（4）考评结果运用。考评的目的是为了表扬先进、激励后进，以及找出工作中的不足和缺点加以改进，并拟订改进计划。

第四节 财务管理

每一位小型企业家都会把财务管理放在管理的重要位置，都会选择优秀的财务管理者从事这项工作。因为，财务管理是企业管理的核心，一个成功的企业经营者，一定会成为一位理财高手；经营者失败的原因大多是财务控制不力。所以，财务管理质量的高低直接影响到企业的生存。

一、概　念

财务是指企业为了达到既定目标进行的筹集、运用资金和收益分配的活动。财务管理是组织财务活动和处理财务活动中所发生的财务关系的一项经济活动，是企业管理的核心部分。

二、管理的目标和内容

（一）目　标

1．提高经济效益

财务管理是要把企业在经济活动中所取得的有效成果大于生产经营的消耗，做到企业占用或耗费尽可能少的资产，生产更多的商品，获得更多的利润。

2．实现财富最大化

通过财务管理使企业经营更加合理，使企业的总产值达到最大化，包括企业规模的扩张、企业的公共形象提升等，使企业的财富积累变为最大。

（二）内　容

1．投资决策

企业建立初期，必然解决的首要问题是投资问题，投资决策是否正确会给企业带来不同的结果，每个创业的企业都必须对项目进行科学、合理的选择，以抓住机遇，回避风险。投资决策根据各种分析决策的方法，对可能的投资方案进行评估和选择，达到企业价值的增值最大化。投资决策不仅要选择对企业最有利的项目，而且要对项目的投资预算进行安排，掌握投资进度，及时投资和完工投资，取得投资的最好效益。

2. 筹资决策

投资与筹资密不可分，投资需要企业以低代价、低风险和到位及时筹措所需的资金。筹资决策则必须测算各种资本的成本，研究最佳的资本结构，选择有利的资本期限及安排资本偿还计划。还要在分析研究资本市场状况的基础上，利用各种筹资工具（如股票、债券等），降低成本与风险。同时，筹资决策也要符合有关法律的规定。

企业经营开始的同时，营运资本管理也就产生了，而且每时每刻都将进行资本管理，面临合理分配营运资本到货币资金、原材料、在产品、产成品和应收账款等结算资金上。在保证企业既定生产规模的前提下，尽可能使各个环节所占资金量最低，并且加速运转，获得最大效益，这应成为营运资本管理的最终归宿。

三、财务规划

财务规划包括企业短期和长期的资金收支分析。财务规划最终目标是利润最佳化及资金的最佳使用。

（一）预测和预算

预测是财务规划的重要组成部分，是指一定时期内对收入、成本、费用的预测，是对整个企业财务需求的预期。

预算是企业财务经营的基准。预算本身是财务计划，是关于资方对收入的期望，以便在企业内部分配使用资金、设备、人力等，实现资金的有效利用。

（二）财务控制

财务控制是指实际收入、成本和费用要定期地检查与既定计划做比较，以期找出偏差并纠正。财务控制提供的反馈有助于揭示企业内部财务计划的偏离，然后调整财务管理，使其正常运营。

四、需求大量资金

维护企业的持续运转，需要大量增加资金，特别是在开发新产品或开拓新市场时，更需要增大资金。

（一）信用服务

在日益激烈的竞争环境中，企业需要提供赊购，赊购又会引起资金周转不灵，促使财务经理将注意力集中于有效的货款回收过程。如，对一定时间内付款者提供现金或数量折让。此外，财务经理审查新老信用享用者，视其是否有履行信用义务的良好历史。实际上，企业的信用政策反映其财务立场及其向新市场扩张的意向，是向新市场进军的需要。

（二）购置固定资产

为了发展和扩大生产规模而进行置地，购置厂房、设备，都需要有大量的资金作为后盾，保证生产的扩大和进一步发展。

（三）维持库存

为市场需要，企业必须保持库存，这可能会引起可观的资金支出。企业毕竟是通过销售预期收回投资，经过精心设计的库存政策有助于管理公司手中资金及获利最大化。如，冷饮点在夏季将其大量资金占用在库存上，原因很简单：冷饮需求在夏天上升，而在冬季就会下降，但也需一定的库存。

（四）日常运营

企业要有可取用的资金支付日常运转开支。例如定期的支薪、交税以及还款等。在不影响企业长期投资潜力条件下，日常现金支出需要得到满足。但是财务管理也总是试图使日常的现金支出保持在最低水平，以使资金用于获利。如试图使企业迟付欠款，义力图建立收款规程，以保证企业外欠尽快收回，保持良好的财务管理水平。

五、资金筹措

资金筹措是企业财务的一项职能。它为企业的投资决策和资金需求提供有力保障。资金筹措涉及的问题有三个方面。

（一）筹措渠道

小型企业有长期筹资、短期筹资两种需要。长期筹资是指经过一年以上特殊时期偿付的重大购置的资金需求。短期筹资是指一年之内偿付，用于当年运营的资金需要。小企业很少考虑长期筹措资金需要，更注重停留于有偿付能力的状态，更注重短期筹措资金。

1．长期筹措

长期筹措是指企业为了其长期目的和目标而用于购买固定资产的资金筹集方式。

（1）保留利润。企业长期资金的一个主要来源是其经营收入，在其收入中，要留出一定利润作为企业的长期发展资金，以防今后企业发展之急用。

（2）债务筹资。通过借贷或发行债券筹资。因借贷量大及归还期长，不易确定因素多，长期借贷比较昂贵，小型企业一般不采用这一方式筹措资金。

（3）所有者资本融资。所有者资本融资是指企业所有者出售企业所有权而产生的。一般是企业发展到一定规模，急于扩大规模和生产所采用的手段。小企业很少采用这一方式融资。

2．短期筹措

这种形式，可以采用商业信用的方式，也就是通常所说的赊购，即企业今日赊购，以后付款。这是小型企业建立在信用的基础上的融资方式。

（1）朋友借贷。短期资金一般需要短于一年，由于借贷期短，易于偿还，资金额度小。向朋友借贷较容易，如果小型企业的经营管理科学，财务管理科学，投资方向选择正确，就不会产生危险，否则也是有危险的，有时可能出现公司突然发现一些账单的同时如期而至而企业又无其他资金来源。所以，最好不要向朋友借，而向商业银行借。银行可以知晓风险并帮助分析企业的未来资金需要。如果从朋友借贷，您最好精于财务，合理安排，并且开始就约定，签订契约，按协议偿还。

（2）内部筹资。采用内部筹资是明智之举。内部筹资可做到快回收应收款，降低库存、成本、费用。发现内部资金来源，并将其释放出来，将外来资金的筹措限制在最低限度，挖潜，节支，增收。

（3）商业银行。经常与商业银行沟通并呈送报表，争取商业银行的支持。银行不会轻易放弃借钱给小企业。对于小企业，其职能是提供以抵押为支持的短期贷款。如果借贷者不能还贷，债权人可将抵押占为己有。抵押一般包括应收款、库存、其他财务，如建筑物、设备等。同商业银行建立联系，还会帮助小型企业了解掌握银行贷款信息及政策扶持方向。

（二）资本成本

资本成本是指使用资金的最低报酬率，也就是投资者所要求的投资回报。如果企业的赢利等于甚至低于这种资本成本，企业将无法扩大企业规模。

资本来源不同，具有不同的资本成本。企业运用股权筹集资本时，由于投资者无法将股金抽回，万一企业破产承担的风险最大，所以其要求的回报率最多。而短期借款、企业债券、租赁等资本成本较低，所以这是小型企业的首选。

在考虑筹集资金时，资本成本低是主要标准，但也要兼顾筹集的方便程度、控股和财务弹性等因素。企业所筹集的资本往往是从各种渠道取得的，这就存在着平均资本成本问题。从财务角度看，在一定时期内使平均资本成本最低的资本结构就是最佳结构，也是小型企业追求的首选目标之一。

六、财务报表与分析

(一) 财务报表

企业向有关各方面提供财务状况、经营成果及理财过程与结果等会计信息的总结性书面文件，也就是所谓的企业财务报表，它是企业会计核算的最终结果。我国企业的财务报表包括资产负债表、损益表、现金流量表和利润分配表等。

资产负债表是反映企业某一特定日期（如月、季末、年末）财物状况的会计报表。它可以反映出企业资产、负债和所有者权益的全貌。通过编制资产负债表，可以反映企业在某一日期所拥有的经济资源及其分布情况，分析企业资产的构成及其状况；可以反映企业在某一日期的负债总额及其结构，分析企业目前与未来的需要支付的债务数额；可以反映企业所有者权益情况，了解企业现有的投资者在企业资产总额。

损益表是反映企业一定期间经营成果的会计表。通过损益表可以从总体上了解企业的收入、成本和费用、净利润和亏损的实现及构成情况；同时通过损益表提供的不同时期的比较数字，可以分析企业的获利能力及利润的未来发展趋势，了解投资者投入资本的保值增值情况，反映出小型企业的经营管理水平。

利润分配表是反映企业利润分配情况和年末未分配利润节余情况的报表。通过利润分配表可以了解企业实现利润的分配和亏损弥补的情况，了解利润分配的水平，以及年末未分配利润的节余数额，为调整决策提供依据。

现金流量表从现金的流入和流出两方面反映一定期间内的经

营活动、投资活动和筹资活动所产生的现金流量。现金流量表能够说明企业一定期间内现金流入和流出的原因，反映企业的资金投向，能够掌握小型企业的资金的动态情况，易找出利润和亏损的一些原因。

（二）财务报表的分析

1. 企业营运能力分析

企业营运能力反映企业经营管理水平的高低，主要通过流动资产周转状况体现。主要指标有：

（1）账款周转率。应收账款周转率也称收账率，是指一定会计期间内主营业务收入净额占应收账款净额平均余款的比率，其计算公式为：

$$应收账款周转率=\frac{主营业务收入净额}{应收账款净额平均余额}\times 100\%$$

其中：

主营业务收入净额 = 销售收入 − 现销收入 − 销售退回、折扣、折让

$$\begin{array}{l}应收账款净余额\\平均余额\end{array}=\frac{年初应收账款净额+年末应收账款净额}{2}\times 100\%$$

应收账款周转率是考核应收账款变现能力的重要指标，表明了应收账款转化为货币的平均次数。用360/应收账款周转率，即是应收账款周转天数。

（2）存货周转率。存货周转率是指企业的销售成本占存货平均余额的比率，用于反映企业直接用于销售的存款变现能力，是衡量企业销售能力强弱和存货是否过量的一个重要指标。其计算公式为：

$$存货周转率=\frac{主营业务成本}{存款平均余额}$$

其中：

$$存款平均余额=\frac{期初存款+期末存款}{2}$$

用360/存款周期率，即为存款周期天数。

（3）营业周期。营业周期是指企业从取得存货开始到销售存货并收回货币为止所需时间，是衡量企业流动资金周转状况的一个重要指标。其计算公式为：

$$营业周期=存货周转天数+应收账款周转天数$$

（4）流动资金周转率。流动资金周转率是主营业务收入与全部流动资产平均余额的比率。它反映的是全部流动资产的利用效率。用时间表示流动资产平均周转一次所需时间，其计算公式为：

$$流动资产周转率=\frac{主营业务收入}{流动资产平均余额}$$

其中：

$$流动资产平均余额=\frac{年初流动资产+年末流动资产}{2}$$

2. 企业偿债能力的分析

（1）企业短期偿债能力分析。主要针对企业流动资产偿付流动负债的能力，它反映了企业经营的风险程度。主要指标有：

①营运资金：

$$营运资金=流动资产-流动负债$$

它反映的是可供企业经营周转使用的净流动资产。

②流动比率：

$$流动比率=\frac{流动资产}{流动负债}\times 100\%$$

流动比率越大，表明企业的偿还能力越强，但流动比率过大，说明企业的流动资金过多地滞留在流动资本上，产生了浪费，降低了资金使用效益，从而影响了企业的获益能力。流动比率一般应维持在2∶1左右。

③速动比率：

$$速动比率=\frac{流动资产}{流动负债}\times 100\%$$

速动资产是指流动资产减去存货和预付费用后的金额。其合理值为1∶1。

（2）企业长期偿债能力分析。长期偿债能力是指企业偿还债务本金和支付债务利息的能力。

①资产负债率：资产负债率是指企业的负债总额占资产总额的比率，小于1为理想。其计算公式为：

$$资产负债率=\frac{资产负债率}{资产总额}\times 100\%$$

②所有者权益比率：

$$资产负债率=\frac{所有者权益}{资产总额}\times 100\%$$

它反映的是投资人投入资金在企业全部资金中所占比重。

3. 企业赢利能力分析

赢利能力就是企业赚取利润的能力。通过对损益表及利润分配表进行的分析，利用衡量企业赢利能力的比率标准，反映企业的赢利状况。

（1）销售毛利率。销售毛利率是销售毛利与主营业务收入净额之比，其中销售毛利是主营业务成本的差价。其计算公式为：

$$销售利润率=\frac{销售毛利}{主营业务收入净额}\times 100\%$$

其中：

$$主营业务净额=主营业务收入-销售退回与折让$$

（2）销售利润率。销售利润率是利润总额占主营业务收入净额的百分比，表示每100元主营业务收入净额获取利润的能力。其计算公式为：

$$销售利润率=\frac{利润总额}{主营业务净额}\times 100\%$$

（3）总资产收益率。总资产收益率又称总资产报酬率，反映了公司利用全部经济资源的获利能力。其计算公式为：

$$总资产收益率=\frac{利润总额+利息}{总资产年均余额}\times 100\%$$

其中：

总资产年均余额＝（期初资产总额＋期末资产总额）/2

（4）股东权益收益率。股东权益收益率又称净资产收益率，它是净利润与平均股东权益的百分比。其计算公式为：

$$股东权宜收益率=\frac{净利润}{（期初股东权益+期末股东权益）/2}\times 100\%$$

（5）资本保值增值率。资本保值增值率是期末股东权益占期初股东权益的比例。它反映业主投资保值增值情况。其计算公式为：

$$资本保值增值率=\frac{期末股东权益}{期初股东权益}$$

赢利分析至关重要，因为它关系到所有者能否得到股东权利、所欠债权人的债务能否清偿，同时它也可以从一个侧面反映企业的保值增值情况。小型企业管理部门的业绩的考核也常以赢利能力为重要衡量标准。

思 考 题

1. 成本管理的关键在哪？
2. 怎样确定盈亏平衡点？
3. 什么是安全边际？
4. 人力资源的管理目标是什么？
5. 如何提高人力资源的管理质量？
6. 创业型小型企业管理质量是什么？
7. 创业型小型企业管理中什么是第一重要的？
8. 财务管理中的筹资方式有哪些？
9. 如何分析财务报表？

第六章
小型企业的营销

第一节　小型企业战略

一、小型企业战略制定

企业制定一个发展目标并不难，最为困难的是目标的合理性和可能性；制定目标不为其他要素所动，能够坚决的、一往无前的执著性。对于这种提法，我们认为，凡是称得上是目标的东西，就一定应该是合理的和可能的，否则就不应该称之为目标。

因为目标是你进行战略规划的前提和基础。假如你的企业的目标可以没有合理性和可能性，那么你的企业的发展战略规划就无从谈起，而没有成功的战略步骤作支撑，你的所谓“目标”是不能成为目标的，最后只能沦为一种意愿。

所以对于那些想成功择业的人来说，当你确定了企业的发展目标后，一定要论证这个企业的发展目标的合理性和可能性，它是否可能分解为一个一个具体的行动步骤，是否可以成为制定企业的战略规划的引领型指标，如果可行，便可以开始制定进行小型企业的战略。

（一）小型企业的战略

假如把企业的目标比做高楼，那么企业的战略就是上楼的梯子；假如把目标比做是河对岸的乐园，那么企业的战略就是过河的桥梁；假如把企业目标视为港口上的灯塔，那么企业的战略就相当于航道上的标杆。

当我们置身于中国这个大市场的时候，致富的机遇俯拾即是，可以说是五彩缤纷。企业应该正确选择和确定属于自己企业的发展机遇，企业的战略就是要干什么行业，希望把自己的企业办到什么样的规模，计划把人、财、物如何管理。

阿曼德·哈默，1921年，勇敢踏入“险地”苏联，在那片土地上投资几项大事业，导演了几出好戏，大发其财。哈默晚年，投资石油开采业，并成为举世闻名的石油创业者。20世纪70年代末期，他又不辞劳苦地到中国投资办企业，谱写生命最辉煌的乐章。杰出的创业者阿曼德·哈默，在世界上享有“万能博士”的美誉。

阿曼德·哈默出身于美国医生家庭。从小便显示出极高的经商天赋和创新精神。上高中期间，哈默曾做了有生以来“第一笔巨额交易”，坚定了他日后走经商之路的决心。

18岁时，哈默父亲经营的制药厂濒临破产，身患重病的父亲让哈默来接替制药厂的管理大权，但不让他辍学。

哈默接任后，大刀阔斧地对制药厂的经营方针和推销办法进行改革，在极短的时间内扭亏为盈，使药厂名声大振。哈默正在哥伦比亚大学医学院就读，成为全美惟一的创业者大学生。在学业上也取得了优异的成绩，被老师称为“最有前途的学生”。

23岁时，哈默获得学院授予的金质纪念章，被保送到有名的纽约医院当医生。

1921年6月，哈默的举止令人大吃一惊，他毅然决定前往当时世界惟一的社会主义国家苏联。哈默带领一所流动医院，包括一辆救护车和大批药品经过长途跋涉，同年8月终于抵达莫斯科。

当时，苏联正瘟疫流行，饥荒严重，他此行是尽一次人道主义的义务，将带去的价值10万美元的医疗设备赠与主人。

当哈默来到乌拉尔山考察时，看到饿殍遍野，白金、绿宝石应有尽有，各种矿产和皮毛堆积如山。“为什么不出口这些东西去换取粮食？美国粮食大丰收，价格大跌呀。若他们愿意，可以赊销给你们价值100万美元的小麦。”

这一条建议，改变了哈默的生涯。哈默成了当地的红人。列宁接见年仅23岁的美国创业者哈默。在克里姆林宫，两位东西方的天才的双手紧握在一起。

列宁对哈默说：“我们希望通过给外国人提供工业和商业方面特许权的方法来加速我们的经济建设。对你将是一个极好的机遇……随你选吧。”

偌大个国家，那无法估计的自然资源，被它的领袖展现在哈默面前，令他又惊又喜。年轻的哈默干劲十足，很快就办起了石棉厂，取得了西伯利亚开采石棉矿的许可证，成为第一个获取特许权的外国人。

1924年，列宁溘然去世，但这未影响哈默在苏联的活动，他联合美国企业促成了30多家美国企业与苏联的生意，成为美国福特汽车公司、橡胶公司、艾查机构设备公司、打字机公司等驻苏联的代表。

哈默的经营思想灵活，善于捕捉灵感。一次上街买铅笔，发现从德国进口铅笔要比从美国的价格贵10倍，由此说服了苏联有关经理人，办起了铅笔厂。

哈默从德国的法伯铅笔厂聘来了高级技术师，从荷兰引进先进设备，仅半年时间就投入生产，产量达1亿多支，出口十多个国家和地区。

1929年，苏联实行公司国有化，取消租让制，哈默的承租公司被政府收购，带着难言的遗憾，哈默和其俄国籍的妻子回到了美国纽约。

20世纪30年代的美国经济大萧条，哈默的生意不景气，他决定将自己在苏联收购的古董和艺术品拿到各大商场展销。

在圣路易斯一家企业展销的第一个星期，展厅平均每天接待2 000人，出售价高达几十万美元。接着，在各大城市举办了23次大展销，掀起了一阵又一阵艺术品拍卖的狂潮。

哈默在纽约和洛杉矶办起了艺术馆，一面展览一面从事文物买卖。短短3年，哈默成了一个古董商和文物鉴赏家，撰写了一部题为《罗曼诺夫王朝珍宝寻觅记》的畅销书，令同行目瞪口呆。

1956年，位于加州的西方石油公司摇摇欲坠，公司经理上门求援。年近花甲的哈默当上了石油公司的董事长，投资5万美元。经过他20多年苦心经营，西方石油公司成为美国第8大能源公司，第12大工业公司。1986年，公司收入达160亿美元，业务遍及五大洲，在全球50多个国家设有子公司，哈默又成为举世闻名的石油创业者。

阿曼德·哈默真是一位“万能创业者”。

美国人很会把握属于自己的机遇，因为他们有非常清醒的战略意识。

早在20世纪80年代初，可口可乐公司就算准了中国有几亿的城市人口，算准了五年之内会有上亿的中国人喝可口可乐。

于是，它无偿赠送几条生产线给中国政府，然后先供应需要可乐的在北京的中国人。它清醒地知道这些捐赠不会成为慈善事业，算准了几年之后就可以收回投资。果然，结果比它自己预料的还好。如今的中国人都很喜欢喝可口可乐了。

再说说美国柯达公司。前些年，柯达公司同时在27个国家推出大众化的“自动式”照相机。此照相机如它的广告所说：“柯达相机的专利，你的公司决不独占，我们允许所有厂家仿造。”对此人们十分费解。

一段时间后，随着“自动化”相机牢牢地占领了市场，“柯达”胶卷又后浪推前浪地席卷全球。这时，人们才慢慢悟出其中的道理：放弃相机的专利，目的就是拓宽照相机的使用市场，从而刺激柯达胶卷的销售。简而言之，就是“给你一盏灯，让你不断来买我的油”。

日本人对公司的战略规划比美国人还要精明，他们恨不得把投资回报周期计算到多少天后才稳稳地进军到别国市场。

当我们还在做着产品出口的美梦因而与日本合资建立庞大的彩色显像管厂时，日本却紧接着在与中国临近的诸如马来西亚这样的国家办起了同样的公司。总之让你的计划竹篮打水，产品只能就地消化。

在这样的环境里，我们都会不约而同地认识到公司的战略对公司生存的价值。

要深切体会“一步领先，步步领先”、“一步落后，步步落后”的深刻意义。

领先，意味着你有了一种意识，一种生存的警觉；而你一旦落后，就说明你丧失了一种生存的本领，你当然就只有步步落后于人的命运。

当你在致富机遇中确定一个机遇作为你和你的合伙人的致富切入点的时候，你其实就选定了自己公司的产品目标这是实现你们公司的共同理想的第一步。

香港富商李嘉诚先生就有一个超越别人的长处，那就是知道什么值得投资。他有时非常大胆，能大量地花钱，有时又能克制自己。在他事业的初年，他开设了一间专门生产玩具以及家庭用品的小型塑料厂。

20 世纪 50 年代后期，他在产品外销中发现，欧美市场兴起了塑料花热潮，便迅速转产塑料花，结果发了大财。接着他以敏锐的目光看到，在香港这个弹丸之地，随着经济的发展和人口的与日俱增，地产业必将前途无量。于是他毅然扭转经营方向，开始从事地产业。

1975～1976 年，他用低价购买了大量土地。到 1979 年，香港地价开始上升，他即减少购买土地，转向股票市场。在股票市场，只要有利可图，他就买进或卖出，犹豫不决。正是这种善断、敢断的卓越能力，使他在短短十几年里发展成为香港地产界的超级巨富。

记住，永远要去生产那些社会最容易认可的产品，被社会认可的产品就是第一流的产品；而第一流的产品的获得必须依赖于精良的技术，勤俭、谨慎的管理。之后，你就得想方设法让公众知道你们公司的产品是一流的产品，要实现这一点，最好的选择是着眼于所服务的社区，使社区成为公司产品的主要用户基地。

（二）小型企业的战略内容

确定社会所需要的产品方向；保持产品的一流水平；让所有社区公众始终记住，你的产品是一流的产品。

做到了这三点，公司的产品就一定会在市场上大行其道，公司的利润回报也一定十分丰厚。

不同的择业者在制定自己公司的战略的时候，具体的方法千差万别，这方面的书籍已经汗牛充栋，相信手持我们这本书的朋友也一定看过不少这方面的书。但是有用的内容到底有多少，恐怕只有经历过公司的战略制定的人才才有切身的体会。

在我们看来，若不分企业种类，就最一般的企业的战略制定方法来说，德鲁克的建议较有参考价值。

（1）必须根据已有的资源、现有的能力、投资情况和市场占有率来正确了解你的公司的处境。

（2）对公司外部环境进行研究。应该掌握诸如购买者需求的动向、公司间竞争的动向、本产业的技术水平、一般经济界的动向以及法律限制的动向等方面的情报和知识。

（3）要分析关于环境的情报：将来环境如何演变——理想的环境会是怎样，不理想的环境又会是怎样？为创造对你的公司最理想的环境，需要哪些条件？实现这些条件的可能如何？

（4）像上述那样对公司的地位和环境进行个别的或相互联系的分析、研究和预测，再以积极的姿态考虑：目前你的公司存在什么问题？对公司有哪些要求？公司面临着哪些威胁？发展的方向和机遇如何？有哪些限制条件？

（5）对于公司存在的问题，不是消极的对待，而是积极的提出来求得解决。大概可以说，这是一个被看做是公司基本职能的有关销售、革新以至综合的经营战略上的设想，是公司试图对市场进行的挑战。

在制定公司的战略时，是按以上的五个步骤或五个方面来考虑公司战略问题的，那么相信不仅能有效预见顺应市场中各种潜在的机遇，而且还能够积极地变革市场、制造市场。

可以卓有成效地把对市场的挑战与公司的特殊性结合起来，据此确定“现在该做什么”，即确定公司的经营目标和经营战略。

可见，制定公司的战略的工作是复杂的、艰苦的，是不能单凭经验和一时的热情草率行事的。

二、企业资金运转

（一）筹资计划案

创业时期的创业者融资时遇到的困难比成功的创业者多得多，创业时期的创业者没有时间和能力寻找可能的财源，更谈不上寻求最佳的贷款条件。

融资不足是创业时期的创业者失败的重要原因，创业时期的创业者无论是刚刚开始营业或者是扩大经营，若没有足够的资金很难达到目的。

对于创业时期的创业者总是有一种乐观的想象：开始资金较少的经营，困难时惨淡经营存活下来，后来终于成功。但事情并不总是这样。

错误融资与融资不足一样有害。因为财务状况估计的错误，使创业者一般发生错误融资——过多融资或融资不足、筹到的资金与公司的需求不匹配、低估资金成本。

在融资前，创业者需要事先计划好所需资金的数量、时间和期限，决策是内部融资还是发行股票或是发行债券。有关这类问题，可以从律师、会计师或银行家那里得到咨询。

设计需求计划时，创业者需要考虑如下问题：

（1）筹资用途。开办或购买公司，增加营运资本，为季节性销售购买新设备或新设施，扩大销售等。

（2）资金数额。创业者在决定需要多少资金时，必须考虑公司的类型、发展的阶段、增加营运资金还是固定资产因素。

（3）融资还贷。融资的类型将规定如何及何时归还所借资金。若新建公司需要长期融资以购买新设备，则利用新设备所赢利润来归还所借资金。

为应付季节性营业变化，创业时期的创业者需要短期融资，当存货售完、销售旺季过后可归还所借资金。

(4) 资金成本。所融资金带来的收入要超过其成本。

许多人在融资时并未考虑过以上问题，应防止在最后一分钟仓促寻找资金。

建立新公司或促进公司增长均应制定非常细致的融资计划，经理人员应起草一份营业计划，它描述公司的各方面（如生产、销售、分配、未来几年如何经营等）。

依据营业计划，可做出资本开支预算、损益计划等。资本开支预算列支出如租金、工资、存货、广告及根据总销售推算出的销售成本。往往以月为基础计算损益，再进行年度总评。

损益上利润意味着公司资金充足，亏损意味着公司要增加销售、加强管理、减少开支，或寻求外借资金。

依据预测，每个时期现金盈余或短缺的现金流量规划（现金预算）显示预测现金的状况或流动性。

损益表列出现销、赊销及所有应支付项目，现金流量表则列出某期间的实际现金收入和实际现金支出。

现金流量规划预计的现金短缺意味着公司要筹措资金来应付这一短缺，与供应商商量赊货或减少开支以渡过难关。

在营业开始时，公司规模急剧扩大，要求仔细审查融资，融资规划应按月记录。

在此以后要按季编制损益表和现金流量表。此外要编制一张资产负债表，这样公司可以朝着理想的资产负债方向努力。在现金流量规划的帮助下使公司更快发展。

我们分析一下公司应用了哪些筹资计划：有多少筹集营运资金和投资所需的资金？资金需要来源于公司的内部积累、权益、债务还是这几方面的组合？

财务决策的过程：分析目前的情况，分析它的原动力；确定为实现公司目标将来所需的资金；确定筹措所需资金的最佳做法。

（二）资金筹措

创业者能通过适当的资产管理、负债和收益，从公司内部节余出资金，就资产管理来说，可加速应收账款的回收，加快存货的周转。负债管理可延迟对供货商的款项支付，拉长银行借款的到期日，亦可增加资金。资金可通过提高价格或降低费用、增加利润的方式来筹措。若减少股利支付或推迟其支付，则会留下更多的利润供公司使用。

创业者取得资金的外部来源，主要是负债、自有资本或两者混合的公司债券。

债务分长期、中期、短期三种，债务可以有优先权，可根据合同规定对现金流量和资产具有第一要求权；或是附属的，即有第二要求权。债务是协商的，创业者要试图签订债权人能接受同时对公司最有利的合同协议。

在 MBA 中用一种叫 FRICT 的分析方法来分析在某一特定条件下各种筹资工具的潜力，以确定在几年内进行财务决策的战略。

FRICT 的具体含意是：Flexibility——灵活性；Risk——风险；Income——收益；Control——控制；Timing——时间选择。

从上述五个因素的角度，结合公司的目标和战略、目前的财务状况、目标资本结构和将来的资金需求等情况，分析筹资工具和筹资来源。

在 FRICT 方法下，筹资工具比较合适时，考虑上述各个因素的下列问题：

Flexibility——要为将来保留多少种理财选择？就公司的信用来说，债券市场是否是可行的选择？可凭借市场筹集权益资金吗？这种资金来源是否比别的来源更合适？选择资金来源，较之其他竞争对手，对公司财务上的灵活性产生何种影响？

Risk——针对营业风险、经营战略、资产和收益的状况等一系列问题，公司应冒多大的财务风险？

Income——每种筹资方式会对收益、每股盈余、利息、股利分配和现金流量产生什么影响？与公司的竞争对手比，其对市场盈利和股票价格的影响多大？当这些资金到期时，是否需要履行义务？

Control——在考虑债务时，应看其所需求的合同条款是否严厉？在现在的合同条款下，违约是否会使债权人失去对公司的控制？目前的所有者权益会被冲淡到什么程度？

Timing——筹资工具是否使目前的资本结构更接近于目标资本结构？依据目前的经济情况和资本市场情况，什么资金来源比其他来源更具吸引力？对未来的利率变动的预期可能使何种筹资工具比其他工具更优良？是否有某一特定的筹资工具、某一筹资来源特别流行？银行对限制较少的借款合同要加收多少费用？可利用的一种筹资来源是否在将来变得不容易取得？

(三) 创业者的投资决策

从两个方面来帮助创业者分析各备选的项目和投资：①从战略的角度提出的投资项目是否符合公司的整体战略和目标？②从技术或数量的角度，投资会带给公司多少收入？在扣除费用之后能否有足够的收益？

1. 投资战略分析

对于投资战略，用一则例子来说明：一家现金充足的保险公司，考虑购买一家电视台。这家保险公司的战略是保持其行业中最好的销售能力，将生产成本降至最低。

该公司不做广告，虽然电视台对其他公司来说可能是一种有利的投资，但不适合于保险公司，对电视台的经营无太大价值。

较之其他可能的投资来说，如购买计算机使保险记录和索赔程序自动化，或发展新产品以增加销售能力等，购买电视台是一项很差的投资项目。

2．投资资本分析

投资资本分析的方法是预计出某项目在其有效期间的现金流量，把这些未来现金流入量的现价与目前完成该项目的成本相比较。

这个比较中较为复杂的是，项目所产生的所有现金流量，包括将来很多分期投入的现金流量，需要转化为现值，以消除货币的时间价值的影响。

现金流量必须贴现。有关怎样正确地计算贴现有诸多争论，但目前采用的贴现率是一种叫加权平均资本成本的概念。

3．对最好资本结构的设想

资本，是为公司提供的长期资金。高级管理人员必须在资本的基础上确定他们所需的负债比率，所认为的最合适的负债与自有资本的比例是目标资本结构。

常见的确定公司目标资本结构的方法是：

详细考察尽可能多的竞争对手的资本结构，弄清他们在资本结构中负债和自有资本所占的比重。经理为公司确立认为最适合竞争的理想资本结构。

他们依据公司是否能承担更高的债务所带来的风险来调整他们的判断，保持较低的债务水平。

一些很稳定的行业中的公司，像公用事业公司等，倾向于在其目标资本结构中有多于自有资本的负债。像计算机公司这种有很大的销售变动和破产风险的公司，其目标资本结构中自有资本占较大比例。

一家公司的负债和自有资本的比重结构常常变动，目标资本结构仅是一个目标，被作为计划怎样和何时筹资的一个标准点，也是进行经营分析的标准点。

4．收购谈判与估价

模拟收购谈判，能使枯燥的概念生动起来，潜在购买者试图确定目标公司预期现金流量的现值，目标公司试图就自身对收购公司的价值做出同样的判断，不接受少于该价值的价格。

第二节　市场机遇

一、产业的选择

（一）新兴产业分析

随着产业结构调整而呈现出的新兴产业都隐藏着大量的机遇。

需要指出的是，创业绝不是无论做什么，只要努力去做，就会获得财富。事实上很多事业，再努力也不能获得财富。

当选择进入某个产业后，可能迈向的是天堂之门，也可能是鬼门关。

所以，千万要找准新兴产业中的赚钱行业，以利用该产业的勃勃生机为自己创造滚滚财源。21 世纪初，适合创业的、容易获得财富的产业大致有如下几种。

1．租赁业

在谈租赁业之前，先让我们简单回顾一下它的历史。

中国的租赁业起步于 20 世纪 80 年代初，目前中国已经成为世界第八大租赁市场，而其他国家发展租赁业的经验为中国提供了很好的借鉴。

中国已建立高效的监管体系，为租赁业的健康发展提供了有利条件。政府的决策层也将对租赁业给予充分的重视和扶持，这将使租赁业迅速地发展。同时还在财税方面采取优惠政策，以鼓励公司利用融资租赁方式融通资金，引进先进设备，使租赁业在中国取得长足发展。

2. 典当业

20 世纪 80 年代后期，中国经济发展进入调整期，国家在金融政策上实施宏观调控、适度从紧的方针。这给一些急需资金的个体和集团公司出了一道难题。一些地区瞅准这一特殊机遇，以解一些公司或个人急需流动资金这一燃眉之急为名，亮出了自己的“当”字旗。

1987 年，在一片喧闹声中，第一家当铺在四川省成都市开业了，即“成都华茂典当服务商行”正式对外营业。

一年后，在上海南京路上，被誉为“沪上第一当”的恒源当铺也喜迎第一批客户。

北京素以稳重著称。它的第一家当铺是 1992 年 12 月成立的金保典当行，坐落在京城黄金地段西单。

接着，北京市物资回收公司在北礼士路开张了第二家当铺。之后，第三家、第四家……如雨后春笋般涌现。

如今，典当已经是现代经济生活的一种补充，在未来的经济生活中，它必将扮演愈来愈不可或缺的重要角色。

广州典当服务业的一位经理说：今日的当铺和过去当铺的最大区别在于，过去是穷人生活濒临绝境才被迫倾家典当，而今天则“有钱人多”，这些“有钱人”来当铺，主要是为了融通资金。

3. 环境保护业

据专家预测，环保市场将成为世界经济四大新市场之一，环保贸易将进入世界十大贸易行列。

在环境保护意识深入人心、拒绝污染观念日益普及的今天，环保产业无疑是名副其实的“朝阳产业”。

中国已把环保产业列入优先发展的领域。中国环境保护的目标是：环境污染基本得到控制，重点城市的环境质量有所提高，自然生态恶化有所减缓，逐步使环境与经济和社会的发展相协调，实现中国生态环境的良性循环，为城市环境清洁、优美、宁静的远景目标打下基础。

可以肯定，环保产业将成为中国发展最快的产业之一，你投身于环保产业一定会大有作为的。

4. 中介服务

“事无巨细，无所不能”，这是中国传统观念中对“全才”的基本要求。然而，时至今日，这一要求在现代人的眼中则是“十分过分”的。对于生活在市场经济时代的现代人来说，“术业有专攻”才是更为合理的。中介服务业也正是在此基础上兴起的。

事实证明，市场经济的发展必然离不开中介服务业的发达、壮大。尽管从事中介服务业的人只是“市场经济的第三者”，但却是市场经济不可缺少的有益的补充。

随着中国向市场经济体制的挺进，中介服务业必将越来越繁荣。“机不可失，时不我待”，必须要认真去考虑和准备。

5. 信息产业

世界上的许多富豪都是在信息产业中诞生的，其中最著名的就是微软总裁比尔·盖茨。现在比尔·盖茨不仅拥有世界上最多的个人财富，而且也是最年轻的世界首富。

20 世纪 90 年代初，全世界信息服务业产值已达 2 030 亿美元，到 21 世纪可达 9 000 亿美元以上，这将使信息产业成为世界第一产业。

这说明，人类已经进入了全面信息化的时代。

与其他产业不同，信息业是生产非物质形态和各种信息符号的产业，它不仅与农业和工业迥然相异，而且与第三产业也有所不同。因此，许多经济学家把信息业称之为“第四产业”。

中国的信息业相对落后，因为落后曾吃过很多苦头。1992 年，云南省 80 多家糖厂，因为一条“白糖供过于求”的不实信息，竞相压价售糖，等到这些糖厂使尽浑身解数将各自库存白糖低价抛完之后，谁知糖价反而回升。结果，云南全省的制糖业在那一年减少了近6亿元的收入。

这样的教训意味着，中国的信息业在未来的时期内必须适应经济发展需求迅猛发展。

（二）文化传媒业

1. 广告业

中国已成为世界上广告业发展最快的国家。

广告业是集技术、知识、人才密集型为一体的产业，近年来它在中国以前所未有的速度发展。广告公司平均以每年40%的速度递增，总营业额平均每年增长率高达60%。全国广告营业额在1996年突破300亿元人民币，是1990年的14.6倍。

2. 报业

内地报业人士肯定地说，尽管与国外传媒集团相比中国新兴报业集团仍很有限，但中国报业走向产业化、集团化的发展道路无疑已成大势所趋。

1978年，中国还仅有报纸186种，总印数127亿份。但改革开放以来，报业迅速发展，1995年初，报纸总数已达2 108种，增长10倍多，总印数也增长了1倍多，平均每三天诞生一份新报纸。

3. 书画拍卖业

随着经济的繁荣、文化水平不断提高和拍卖行在竞争中步入正轨，中国的书画艺术市场将逐步发展壮大，并与海外市场接轨。

中国的书画拍卖业是近两年才悄然兴起的，但刚一起步就掀起了公司争相参与、新闻传媒大力吹捧的热潮。

有很多书画家及从业人士认为：书画拍卖业在封闭数十年后又面临一个新的发展契机。

4. 古旧图书业

在美、英、日、法等发达国家，古旧书业早已成为传统的获得财富的产业。

如今，中国回收销售礼品、旧货等闲置物品的调剂店随处可见，以保护、交流古旧图书为目的的古旧书店也必将乘有利之势迅速发展起来。

5．职业培训业

中国要发展现代化，必须有大批精通现代化技术的员工，这又给职业培训业提供了一个良好的契机。

中国大城市中随处可见招收各类学员的广告，这就预示着，职业培训业正悄悄地走红。

随着物质生活水平的不断提高，人们对精神生活的需要也越来越强烈。文化传媒市场的繁荣正是与经济发展的水平相应而生的。文化传媒业的浪潮已经席卷中华大地，其气势汹汹，不可阻挡，许多人都是靠它发迹、靠它成功的。

6．旅游业

旅游业是一个创汇型的经济产业，也是具有极大发展潜力的产业。

旅游业的兴起，促进了产品经济信息、建设资金、科技和各类人才的流动，推动了交通、电讯、建筑、金融、公司、外贸以及饮食服务业的发展。

旅游业被称之为“无烟”工业，它正以极快的速度和良好的前景在中国迅速发展。随着中国人均收入的提高，旅游收入和旅游人数都保持了25%的年增长率。

当前，中国旅游业拥有170万人，固定资产400多亿元，每年创汇30亿美元，接待500万海外游客和3亿中国游客，营业收入达300多亿元。

中国具有巨大的旅游资源，灿烂悠久的历史文化和绚丽多姿的山河风光吸引了众多国内外游客。你何不在此一显身手呢？

7. 保健业

目前的中国每万人中就有5位医生，但部分地区仍有就医难的现象，所以中国目前从事有关心理咨询的热线电话、热线电台、热线广播和报刊设立的读者信箱的人越来越多，这正是中国人越来越重视生活质量的反映。

随着社会的进步和生活水平的普遍提高，人们越来越关心生活的质量。不仅注重个人作用的发挥以及吃、穿、玩、身体健康、家庭和睦幸福等，而且更注重心理健康。

健康包括身体健康和心理健康，这一观念亦深入人心，成为人们的共识。因此，保健业也就应运而生。

由于社会前进节奏加快，人们工作的频率尤其是脑力工作的频率也相应加快，心理疾病也随之增加。每一个患有心理疾病的人都渴望在强大的物质条件下加强健康保护的力度。

中国人，面对的将是一个老龄化的社会。所以，积极投身于健康产业，创业的前途将是非常远大的。

（三）捕捉市场机遇

乔·阿玛尼是饮誉世界的服装设计大师，是意大利的骄傲，同意大利的白松露、糕点和歌剧一样有名。

他之所以如此杰出，是因为他在女装男性化上的改革引起了轰动，影响了人们穿衣服的观念。

最初，乔·阿玛尼注意到女人逐渐从家里走向社会，妇女解放的思想正越来越深入人心，她们一方面要求柔美多姿，一方面也追求潇洒精干、合身贴切。

这样，乔·阿玛尼就大胆地把某些部位收小的男装式样移植到女装上去，过去从未有人尝试过。刚开始时，他曾经遭到许多人的反对和诋毁，但他坚持说人们的审美观点变了，这种服装有强大的生命力，并设计了更多的这种时装。

现在所有的人都理解了这种式样，广大妇女也喜欢这种式样，许多服装设计师也开始设计这种男性化女装。但乔·阿玛尼却抢先了一步，他的全球年收入近两亿美元。

这就是市场时机。

市场是购买者的市场，创业者在运营一个公司之前，首先必须评估市场机遇，其评估值越接近实际，取胜的把握也就越大。

捕捉市场机遇的办法有以下几种：

（1）市场规模评估。就市场规模来说，一个好的市场，其规模越大越好。假如市场规模不够大，从生产经济的角度来说，你的产品平均成本与零售价必然变得很高，购买者的购买意愿必然低落。

譬如：平面壁挂式电视机十几年前就已问世，但其投入的大量研发成本使1台售价达20万美元，全世界买得起的人没有几个。

10年前的彩色复印机也一样，价格很高，购买需求极低，但公司仔细评估，认为它有市场潜力，就不断改进，终于使它成为一种普遍性的产品。

在进行市场规模评估时，产品价格能否为购买者所接受，是一定要事先认真评估的。

（2）市场潜力评估。一般来说，当产品的市场处在导入与增长期的阶段，这个市场对你来说是一个相对有吸引力的市场。

你如果要确定市场是否在增长，可以把过去3~5年的购买需求量标示在平面上，横坐标为时间，这样你就可以粗略看出市场大约是处在何种状况。

除客观的销售数值外，你还要考虑其他重要的要素，譬如科技的要素、消费倾向的变化等，因为这些要素对购买需求的影响与冲击相当大，但这些冲击不一定能从你的销售数字推断出来。

尤其是一些生命周期短、流行与文化导向的产品，你如不能赶在第一波的峰线上，最好不要贸然追赶末波的潮流。

所以你对市场潜力的判断一定要谨慎，不要被短期现象所诱惑，必须透过现象分析购买需求的趋势变化。

(3) 评估竞争者。对每个创业者来说，当然是竞争者的数目越少越好。

假如市场中的竞争者只有一两个，而消费需求的替代性又很低，你即使躺着干，也很容易有饭吃。反之，市场中竞争者很多，则你要混饭吃就比较困难了。

(4) 评估市场细分。对你来说，市场细分的程度越低越好。“细分”可以说是你营销战略的一个重要手段，细分的基础是购买者或产品。

从购买者的层面看，性别、年龄、所得、价值观、生活形态等都可以成为市场区隔的变数。产品的属性，如材质、功能等，也可以成为细分的要素。

细分与定位是现代营销最重要的理念，必须在此理念指导下开展竞争。

(5) 评估市场进入的特殊要件。市场进入的特殊要件与公司本身的条件相匹配。

假如一个市场的进入没有任何技术与资金的障碍，则这个市场的竞争就会比较激烈，你要先想清楚自己凭什么进入这个市场。

许多个案表明，许多创业者盲目地进入看好的市场，结果却面临着经营上的困境，其中多数原因是因为进入一个本身不熟悉的产业所致。

基本上，一个公司的经营要素是人才、资金与技术。资金有时可以买到人才、买到技术，人才也有时可以创造技术，但这并不意味着没有风险。这一点你必须清楚。

(6) 评估购买需求被满足的程度。当购买者对市场中产品的满足度低时，相对来说，这个市场的潜力与机遇就比较大。

电视机的市场品牌众多，产品差异不大，购买者对产品的满意度较高，所以电视机市场是一个较为艰难的市场。

假如你的调研显示，不少购买者对某产品不满，则表明这个市场具有很大的潜力。

第三节　市场策划

一、市场定位

（一）高效益产业的认定

紧紧抓住获得财富的产业能使你减少很多不必要的烦恼，我们认为如下产业的高效益是值得投入并创业的产业。

1. 保险经纪人

保险经纪人是指基于投保人利益，为投保人与保险人订合同提供中介服务，并依法收取佣金的有限责任公司。按中国保险业的发展速度，这项新兴产业将是你大有作为的领域。

2. 信息产业

计算机软件开发、网络集成、硬件维护、通讯器材销售等，将是21世纪需求极大的产业。假如你有一定实力，可参与这些获得财富产业的竞争。

3. 金融、房地产、信息咨询产业

虽然前两者的有关政策目前还不成熟，但创业者应予以足够重视，前期准备工作必不可少。信息咨询业投资不是很大，但市场现实的潜在需求极大，假如你赶快参与其事，定能获取成功。技术密集型的第三产业是发展经济的重点。

目前，许多产业已相对饱和，能给你提供的机遇十分有限。因此，只有发掘新的购买需求，才能为失业人员创造新天地。

4. 花卉医生

近年来，喜爱花卉的人日渐增多，许多过去鲜见的绿色植物也快步进入了寻常百姓家。现在有卖花人、养花人，却偏偏少有医花人。

当初，宠物热的兴起带动了一大批相关产业的发展，“宠物医生”也成了获利颇丰的行业。如今，花卉热没准儿会造出一个“花卉医生”这样能获得财富的产业。

针对这一需求，你不妨抓紧学习花卉养护知识，投身于“花卉医生”的新产业。

5. 公共餐具消毒服务

卖早点的摊子不必买碗、不用洗碗，每天都能用上清洁卫生的碗筷，这一设想，已在一些城市成为现实。

1997 年初，武汉市出现了第一家“餐具消毒公司”，其主要业务是：每日定时向餐饮户提供贴有该公司标志、经大型消毒洗碗机清洗消毒过的碗具。

每次每只碗的收费为 0.1 ~ 0.2 元，这笔费用打入成本，由购买者承担。由于这些餐具有卫生保障，让人放心，所以深受购买者欢迎。

对你来说，这一行业投资不多，操作也容易。

6. 电话机消毒服务

在机关、学校，使用电话的人很多，但却缺乏必要的专门消毒措施，很容易给电话使用者带来健康隐患。

电话机消毒服务的内容对你说来非常简单。一般说来，每个月，一部电话需消毒三四次，主要工作是将话筒消毒，更换新的塑料套筒和除菌滤片。

（二）洞察、掌握市场

创业，很重要的一点是必须不断洞察市场的变化，掌握市场的时机。

为掌握市场，你必须达到下列的要求：①洞察未来的变化，掌握时机；②组织整体运作的应变能力，以对付市场竞争带来的变动；③对市场的竞争，以快速动作取胜。

市场上竞争愈剧烈，变化亦愈大，机遇与风险都在相对增加。想要取得市场竞争优势，你必须充分掌握以下营销攻势的新方式。

1．未来营销开发的重点

公司的竞争力，使公司本身的运作方式愈来愈接近社会大众，成为大众关心的主题，进而影响到对品牌的选择。

产品人性化：在产品（含包装）本身原计划及表现上，表现得更有个性存在。

2．步　骤

（1）重视市场富有价值的情报。

量的情报：由销售量追踪到消费量的演变过程，以及关键要素。譬如，对产品本身、流通系统以及传播体系等做一个系统的研究。

质的情报：对消费心理的深入研究。

（2）充分运用营销资源。使公司内部的资源成为市场有效的竞争力（产品、包装、价格、品牌形象、流通、广告、促销等）。

吸收国际营销经验，使之成为自己在市场发展的指引，进一步运用世界资源。

掌握切入销售对象的生活体系和生活资源。

强化自己在市场的应变能力。

（3）公司动力的强化。保持旺盛的工作精神，是公司不断成长的源泉，亦是公司动力的核心。

培养一流的战略人员，具有面对挑战、善于沟通以及创造文化的特质。

导入新的营销系统。包括：①重视交易现场的现场营销，争取产品的最佳表现；②运用社会活动，进行事件营销；③追求产品本身的价值感，提升战略人员对直觉质感的接触层次，以导入形象营销；④塑造社会大众对产品公司的认同作用，建立完整的公司识别系统；⑤重视社会团体发展的价值体系，建立良好的新关系，也就是公共关系。

（4）执行力的强化与扩大运作。运用系统化、组织化的运作，产生扩大效果。

建立整体的营销系统，将每个作战单位训练成营销者，使运作权力加大。

（三）营销产品提案

1. 描述自己的产品

（1）分析产品的特点、优势和益处。

（2）分析产品与同产业产品的关系（互斥或互补等）。

（3）分析产品的技术项目。

（4）分析产品的独一无二的优势。

（5）分析产品的应用。

2. 关于产品适用性的问题

（1）分析产品宗旨（是否与公司经营宗旨相吻合）。

（2）分析产品战略。

（3）分析生产或经营某种产品所需的各种条件。

（4）分析公司是否具备必需的各种条件。

（5）分析公司有无生产相关产品的历史。

3. 产品是否适应市场需求

（1）对市场进行分析的内容：①分析市场规模和增长情况；②分析市场划分（包括地理区域、分销渠道、进入壁垒、退出壁垒、政府限制、公众态度、消费习惯）；③分析市场持续性（包括替代技术、发展趋势和中国外销代表机构的变化）；④分析市场结构（公众组成、竞争状况、市场决策者、各种渠道）；⑤分析购买者的技术要求。

（2）竞争情况分析内容：①分析与其他产品比较的优缺点；

②分析与其他公司比较的优缺点；③分析主要竞争对手与潜在竞争对手。

（3）市场定位及取得的地位：①价格与利润率；②预计销售情况分析。

4．投资回收情况的调查

（1）分析成本测算的内容：①分析市场调查及费用；②分析购置固定资产；③分析生产过程耗费；④分析销售及促销活动成本；⑤分析人员报酬。

（2）分析预期回收（根据预计的价格、利润和销量测算）。

（3）分析提留办法。

5．关于产品销售

（1）分析主要创业者。

（2）分析分销计划、物流计划。

（3）分析促销、广告活动。

（4）分析时间安排。

（四）吸引购买者

让购买者知道，多么了解他们的问题和需要，如此可以抓住他们的注意力。

要坦白地向他们表示，你们的目标相同，皆在为改善、提高购买者的生活质量而努力。

如此一来，就可以接近购买者，进一步抓住他们的注意力，因为销售的是满足感，假如介绍能使购买者满足，自然就可以抓住他们的注意力。

可以运用想像力有计划地让购买者参与。向他们介绍产品时，应该提供一份书面说明书，至于说明书的内容，应该事先做个调查，看看购买者想要知道的信息。还有，还可以送给他们一个样品、手册或新产品的研究报告。

譬如玉兰油现在就成立了会员组织，定期向会员邮寄产品信息及一些美容常识，这样，当会员收到宣传资料时就了解了最新产品情况。假如购买者有这方面的需要，自然会先想到购买玉兰油产品，这样玉兰油所属的宝洁公司就达到了大量营销占有市场的目的。

还有，要让购买者知道产品供不应求，促使他们尽快购买，就像现在商场盛行的“×日~×日全场五折，过时不候”一样，假如成功地让购买者光临商场，那就赢得了取胜的先机。

同时，要给购买者提供简便的付款办法，如分期付款、信用卡之类，同时还要告诉他们省钱的方法。

让购买者了解公司、产品、服务。在首次接触购买者的时候，应简单地介绍公司，让他们知道服务的公司信誉卓著，非常可靠。尽快地让购买者知道，公司已研究过他们对产品或服务的需求，相信自己可以满足这些需求。

利用数字或事实，让他们知道产品物美价廉。

假如产品的售价与别家相同，要让他们知道你还能提供别家公司所没有的服务。

千万不要和购买者争论，即使他们不同意你的提法也要平心静气地将话题转移，使他们觉得双方的兴趣相同而产生好感，从而有利于产品的出售。

告诉购买者产品或服务的价格，这并不表示价格低廉，而是显示你很关心对方的经济情况，假如购买一定数量的产品有折扣优待，也要告诉他们。

能提供训练或营销服务，也要加以说明，让客户知道他可以享有额外的服务。

知道对手能提供价廉的产品，就该准备好，以便回答购买者这方面的问题。

可以找出你的产品更值钱的理由，或许是品质较好、寿命较长，让购买者觉得值得购买，这样才会成交。

许多创业者都喜欢用批评或贬低对方的方式来抓住购买者的注意力。他们攻击对方的产品、服务，其实他们已犯下严重的错误，因为购买者很可能并未记住你的评论，只记住了对手的名称。

可以充当购买者的顾问持续提供服务，此做法可有效抓住购买者的注意力。譬如说，假如购买者是经销商，你可以提供营销方法和营销地点、产品使用方式等建议。如此一来，购买者就会觉得创业有安全感。

将产品展现在购买者面前。假如产品太大，无法拿给购买者看，而购买者又无法到公司参观，那么用照片介绍亦未尝不可。

还有，可以送给购买者参考的物品，如资料、产品模型等。

为了抓住购买者的注意力，当出示这些物品时，可以问他们有无问题要问。假如购买者提出，应该尽可能地回答好，即使不知答案，也应该立即向上司请示，然后再回答购买者。

一旦产品说明书已展示过，购买者的问题你也全部回答完了，接着你就要抓紧时机请购买者签订购买条约，此时切忌犹豫不决，否则一旦时机错过，买卖就泡汤了，前面所做的工作和努力也将前功尽弃。

许多营销部门都爱用花招来吸引购买者的注意，如抽奖、全场七折等。

虽然这样做，或许能在一定时期内吸引购买者的注意力，然而却无法达到他们营销的真正目的。只有当你所营销的产品与你所做的宣传有紧密关联时才能取得令你满意的效果。

二、营销原则

（一）产品畅销的技巧

下面让我们从几个方面来着重探讨一下使产品畅销的技巧。

（1）让购买者方便。这是产品畅销的最关键方面。

从购买者的立场出发，你的产品定价要合理，而且在购买者需要的时候就可以不太费力地从附近商店买到。

（2）产品的名声和图案计划。产品不要让人感到不舒服和腻烦。图案过于简单或过分华丽的产品都不会长期畅销。

产品和公司的名字应简单易记。许多饮誉世界的大公司在选定公司名字上却煞费苦心。

索尼公司在日本以至在世界电子工业市场上都有较大影响。索尼产品营销各地，主要是靠优质赢得的信誉，但也与公司的名字不无关系。当初他们公司为选择理想、恰当的名字曾苦心求索，每天都写下许多可能使用的名字，一有时间就进行讨论。他们做了几十次试验，查阅各种字典，终于定名为“SONY（索尼）”，这个名字蕴含有乐观意义、声音响亮、任何语言都能拼读、可以在世界范围内通用。

（3）广告宣传要质朴可信。要避免过分的广告宣传或词藻过分华丽的广告，让广告自然地、逐渐地深入用户的心。做注意沟通与购买者之间交流的广告宣传是一件很重要的事情。

（4）出售产品要满足购买者的需求。因时间、地区和客户的不同，产品销售办法应该有所不同。

（5）公司形象必须稳定。购买者对生产某种产品的公司持什么看法，在购买者选购产品时起很大的决定作用。

即使公司名气再大也是远远不够的，关键在于公司给人的印象。譬如：产品发生问题时，是就事论事，还是以此为借鉴采取相应的改进措施。

畅销的产品是指多数购买者在长时间内经常购买的产品，但并不是说产品畅销收益就高。尽管如此，有些畅销的产品还是深入到了购买者的生活当中，已成为购买者不可缺少的生活必需品。

（6）任何一个产品都有荣枯盛衰的时候，没有永远畅销的产品。消费观念日益变化，趋向成熟。随着消费生活水平的提高，人们的价值观念和意识也在逐渐变化。与过去相比，现在的很多购买者不再像以前那么注重耐用性，而更喜欢不断更新的产品。

现在的购买者很容易受广告和其他宣传的影响。在某种意义上说，购买者在不断寻求新的产品。

随着购买者价值观和意识的日益多样化，各厂家不得不采取少量而多品种的生产战略。

（二）营销的六大要素

要探讨营销的要素，创业者可大抵从以下六大领域着手。

（1）人口要素。人口总数的变动或是结构的变动对营销战略会造成立即性的影响。老年人口的增加使老人产品市场大为蓬勃。人口的教育水准提升及家庭形态改变也对市场产生冲击。

（2）经济要素。所得代表购买力。所得的增减，如最近国家机关普遍涨了工资、所得的分配形态、通货膨胀率，以及本币值对外国币值的升贬等，都会对营销活动产生影响。

（3）生态要素。人类对于生活环境品质的关心度已经随着环境保护运动的崛起而提高。而政府在生态保护中也日渐扮演积极角色，这也影响到营销。

（4）科技要素。科技的进步一日千里，而这些进步大都能够很快反映在产品上，使得新产品的推出速度加快，造成产品寿命周期的缩短。一种科技上的创造足以使所在的市场产生革命性的变化。

（5）政治要素。政府通过立法和政策可以左右营销活动，而且其影响力往往是牵一发而动全身。

（6）文化要素。购买者的价值观念会因时代以及社会的变迁而变化。特别是年轻的购买者，更容易在传播媒介的影响下塑造出新的价值尺度和人生观。

在新的文化冲击下，营销活动必须采取相应的措施。

一个航行于茫茫大海中的船长，必须要了解每一处险滩和暗礁．也要辨识每一个迎面而来的浪头。同样，一个营销舵手也要了解每一个环境变数，这样才能安然航行于浩瀚的经济海洋，平安地顺风而行！

（三）营销方法

1. 诱导购买法

这种方式的具体内容，就其事业的角度讲，是指一个创业者如何把购买者的购买欲转到自己营销的产品上，使购买者对创业者所营销的产品产生兴趣，从而促使购买者采取购买行动。

该方式主要有四个内容：

（1）引起购买者注意。在营销活动中，引起购买者的注意，需要动人的言词和百折不挠的诚恳态度。

购买者对产品的态度，一般分为随意注意和不随意注意两类。前者是购买者在主观上能主动地对营销产品发生注意，后者是指购买者不由自主地对营销产品产生注意。

在营销活动中，要使购买者对营销发生注意，就必须造就营销与消费息息相关的营销环境。还要千方百计地把购买者放到营销的中心位置，并在巧妙地突出购买者地位的同时宣传营销品，只有这样才能有效地使购买者注意力集中到营销活动中来，从而达到营销产品的目的。

（2）诱导人们产生兴趣。兴趣，是指一个人对一定事物所抱有的积极态度。从营销者角度看，兴趣就是购买者对营销的产品所抱有的积极购买态度。

兴趣与注意有密切的内在联系，在购买过程中购买者对产品注意的产生往往以一定的兴趣为先决条件，而购买者购买兴趣的大小又常常被注意的程度所左右。

从购买活动过程来看，购买者对营销的兴趣都是以他们各自的需要为前提的。因此，要想有效地诱导人们产生购买产品的兴趣，就必须深入仔细地分析购买者的各种需求。

诱导购买者购买热情的关键是让他们看到购买所能带来的利

益。要利用各种促销手段向购买者证实产品的优越性和可靠性，以此激起他们的购买欲。一般说来，效果最好的是让员工给购买者示范和表演。

（3）激发购买者的购买愿望。购买愿望是指购买者想通过购买某种产品给自己带来某种特定利益的一种需求。

一般说来，购买者对产品产生兴趣后，就会权衡买与不买的利益得失，对是否购买处于犹豫之中。

这时，员工就必须从需要、感情和理智方面入手，根据购买者的习惯、气质、性格等个性特征，采用多种方法和技巧，促使购买者购买产品。

（4）促成购买行动的发生。促成买卖交易是创业者运用一定的成交技巧，敦促消费者采取购买行动。

有一些购买者在产生了购买愿望之后，往往不需要任何外部要素会自己做出购买决策。但也有一些购买者，往往会处于犹豫的状态。这时，应该掌握有利时机，运用一定的成交技巧来施加影响，以促成购买者尽快做出购买决策，保证营销成功。

2．好奇接近法

好奇接近法是指利用购买者的好奇心理而接近购买者的方法。

在营销活动中，可以首先唤起购买者的好奇心，引起购买者的注意和兴趣，然后再引出营销产品的利益，迅速转入面谈阶段。

这里面的主要奥秘是如何吸引购买者的注意和询问，首先吸引住购买者。

3．震惊销售法

此方法是指利用某种令人吃惊或震撼人心的事物来引起购买者的注意和兴趣，从而转入面谈的营销工作。

在实际营销活动中，一句话，一个动作，都可能令人震惊，引起购买者的注意和兴趣。

在实际生活中，存在着许多令人吃惊但不为人所知的客观事物。

也有人明知客观事实的存在却毫不在乎，看不到问题的严重性。

因此，如果运用震惊营销方法，有可能一下子就使购买者认识到某些问题。

4．馈赠吸引法

此法也叫附赠接近法，是指利用产品附赠的礼品来吸引购买者的购物兴趣。

在营销工作中，可以向购买者馈赠一些价值极小的礼品作为接近购买者的见面礼，譬如一支钢笔、一束鲜花、一张年历片等。送上小小礼品，不但能加深与购买者之间的感情，更能做好营销产品的工作。

5．迪伯达方式

这一方式比较适用于指导向批发商、公司和零售商营销各种工业品等。

迪伯达方式把营销全过程分为六个阶段，即：①准确地发现并指出购买者有哪些需求；②把购买者的需要与营销产品结合起来；③证实营销品是购买者所需的产品；④促使购买者接受你的产品；⑤刺激购买者的购买愿望；⑥促使购买者采取购买行动。

6．埃德帕方式

这种方式适用于有着明确的购买愿望和购买目标的购买者，是零售营销适用的方式。应用这种方式时不必去发现和指出购买者的需要，而是直接提示哪些产品符合购买者的购买目标。

埃德帕方式把营销全过程分为5个阶段，即：①向购买者展示合适的产品；②把营销品与购买者希望结合起来；③淘汰次品；④通过营销证实购买者的正确选择；⑤促使购买者购买产品。

7．吉姆方式

吉姆方式是一种对培养创业者的自信心、提高其说服力极有帮助的方式。

其关键是“相信”二字，即一定要相信自己所营销的产品，相信自己所代表的公司，相信自己。营销业务的成交是产品、公司和创业者三要素综合作用的结果。

8. 连锁介绍法

连锁介绍法就是创业者请求现有的购买者介绍其他购买者的方法。

具体方法是，通过现有的购买者连锁介绍未来的购买者，一个介绍一个，由购买者 A 到购买者 B，由购买者 B 再到购买者 C 和 D，以至无穷。

这种方法在西方被认为是最有实效的寻找消费的方法之一，有人把它称之为“营销王牌”。

9. 中心开花法

中心开花法也叫“有力人士利用法”，是指创业者在某一特定的营销范围里发展一些具有影响力的中心人物，并且在这些中心人物的协助下，把该范围个人或组织都变成创业者的准购买者。

一般说来，这些中心人物可能是购买者，也可能是创业者的朋友，前提是这些中心人物愿意合作。

利用中心开花法寻找购买者，关键是要取得信任和合作，使对方了解自己的工作，使他相信创业者的人格和产品，从而给予积极的支持。

（四）改善产品营销状况的办法

要改善产品营销的状况，要点是从购买者口中获取真实的情况。应采用下列办法：

（1）假如有一家客户转而向你的竞争者购买但结果不良时，你应该小心劝他们回心转意。你如方法不适当，可能会使他再度向你的另一竞争者购买。因此你在重新接洽这个业务时，要让他仍旧保留机灵的形象。

（2）客户发生错误时，有时会对产品有所怨言，而实际上那是由于他自己没有按照说明书使用而发生的错误。你不要强迫他承认错误，客户常常不愿对这个问题负责。你要有点同情心，帮助他寻找答案。

（3）少用贸易术语、型号或简称做产品展示。客户在要求解释时，会觉得不自在甚至产生卖家蒙人的感觉。记住，重要的是让客户容易明白，而不是卖家自求方便和节省时间。

（4）营业额暴跌的原因，经常是由于你不自觉地改变自己的售货方式。你逐渐偏离根源，在过程中失去重点。有经验的人尤其常犯自己虽对产品充分了解却忽略购买者并不熟悉产品优点的错误。

（5）假如客户在听完你介绍产品之后决定不买了，你也别灰心。你可请他另外介绍些购买者。他可能会迟疑一会儿，但他往往会给你一些较可能购买的客户的名字。

（6）在每次产品展示完之后，要以信函或电话跟进。客户对一项交易真正热心起来，或是从反感中回心转意，通常都需要几天的时间。

（7）在开始议价，或需要另外的交换前，先别谈到公司提供给客户的免费服务。

你将服务计入成本中，但是要让他们感到没吃亏，反而是占了便宜。

思 考 题

1. 制定企业战略的意义、步骤是什么？
2. FRICT 的分析方法是什么？
3. 新兴产业有哪些？其特点是什么？
4. 如何估计市场潜力？
5. 对市场分析的内容是什么？
6. 营销有几大要素，各起什么作用？
7. 营销方法有几种，如何运用？

第七章 择业新观念的建立

第一节 职业选择与自我发展

一、职业分类

（一）概　念

职业是人们在社会分工条件下从事社会劳动的具体形式。

社会分工是职业产生的基础，同时也是职业划分的主要依据。社会分工的发展决定着职业的发展，尤其是科学技术的进步、劳动工具的改进，使手工操作向机械化、自动化、智能化发展，它促进了生产的社会化，使社会分工越来越细、专业化程度越来越高，从而使职业的种类越来越多。

早在我国古代就有过职业分类。据古书《周礼·考工记》记载，古时国有六职，即王公、士大夫、百工、商旅、农夫与妇功。现在人们常说的所谓“三百六十行”，源于古时的《清稗类钞·农商类》一书，此书曰：“三十六行，倍之为七十二行，十之则为三百六十行。”我国唐代的“三百六十行”是指肉肆行、宫粉行、海味行、鲜鱼行、文房用具行、汤店行、药肆行、扎作行、陶土行、仵作行、茶行、竹木行、酒米行、铁器行、顾绣行、针线行、巫行、馆本行、皮革行、故旧行、酱料行、柴行、网罟行、花纱行、杂耍行、彩舆行、鼓乐行、花果行等行业。美国早在1850年就进行了专门的职业普查，将当时美国社会行业划分为商业、手工业、制造业、机械和采矿业、农业、农牧业、军事界、河海航行、法律、医务、神学、教育、政府文职、家庭佣仆、其他行业十五个大行业，共列出323种职业。

（二）分　类

我国比较完整的职业分类是1986年由原国家标准局、国家统计局组织制定的《职业分类和代码》，它将全国的职业划分为8个大类63个中类和303个小类。8个大类为：①各类专业技术人员；②国家机关、党群组织、企事业单位负责人；③办事人员和有关人员；④商业工作人员；⑤服务性工作人员；⑥农林牧渔劳动者；⑦生产工人、运输工人和有关人员；⑧军人及不便分类的其他从业人员。1992年12月，我国劳动部颁布的《中华人民共和国工种分类目录》又将职业按46个行业分为4 700多个工种。

（三）变化特点

职业种类的变化是由社会分工的变化引起的。随着生产力的发展，社会的劳动分工模式和职业结构必然发生变革，不断有新的职业诞生，同时也有旧的职业萎缩和消亡。从日本的发展情况看，20世纪60年代以来，社会劳动分工变化巨大，在新技术产业革命的推动下，电器与机械制造技术人员、应用技术开发研制人员的数量激增，他们所生产的产品又极大地丰富了人民的物质文化生活，人们对科学知识、高雅艺术有了更高的追求，教师、艺术家随之增多；相反，有些传统的职业逐渐消失，如典当行等日见衰败。

职业的种类与国家一定时期的社会政治制度、政策有关。比如，一些资本主义国家允许赌博、色情等职业存在，而在我们社会主义国家里这些是坚决取缔的职业。我国改革开放之前不允许存在的个体经济现在已成为国民经济发展的重要组成部分。此外，不同国家还有反映民族特点的职业，像我国的针灸师、武术师等。

职业的种类还与一个国家的经济发展、社会生产力水平有关。从美国、加拿大等发达国家的统计资料来看，职业已达三万多种。不同的职业意味着不同的岗位、不同的职务、不同的收入、不同的社会地位和声誉。随着我国经济的发展，特别是加入世界贸易组织后，职业种类也将不断增加，这为中等职业学校学生未来择业、就业和创业提供了更多选择的机会和更大的发展空间。

二、产业、行业与职业

（一）产　业

1. 概　念

产业是国家经济部门按照国民经济的产业结构进行划分的。

2. 分　类

通常分为三大产业部门，即第一产业、第二产业和第三产业。在产业之下划分为行业。

第一产业包括农业、林业、畜牧业、渔业和水利业，是人们衣、食的主要来源，是人类生存之本。农业主要是指种植业和生产农产品的生产行业，包括粮食作物、经济作物、蔬菜瓜果、特种作物的种植及其加工服务业等；渔业是捕捞和养殖水生经济动植物的生产行业，包括水产养殖业和水产捕捞业；水利业是防止水害、利用水资源的行业。

我国农业是国民经济的基础。民以食为天。农业经济的发展直接影响到人们生活水平的提高，影响工业、国防、教育文化事业的发展。自改革开放以来，我国农业取得了很大的发展，在占世界7%的耕地上，解决了约占世界1/4人口的温饱问题，取得了举世公认的成就。我国有12亿多人口，其中农民就有8亿多，他们大部分是第一产业的劳动者，从事着农、林、牧、副、渔业的生产劳动，只有一小部分从事着乡镇企业的劳动。目前，我国的农村经济还比较落后，农业生产仍处于科技含量不高、粗放经营为主、劳动生产率较低的状态。提高第一产业的科技含量，由粗放经营转向集约化经营，大力发展生态农业、立体农业、优质农业、高效农业、高产农业，是实现我国农业现代化的重要途径。

第二产业包括工业和建筑业。工业是从事自然资源的开采和对原材料进行加工的国民经济部门，主要包括采掘业、制造业、自来水业、电力等。工业在我国国民经济中起着主导作用，它不仅给人们提供消费品，而且还给生产部门提供技术装备。按照产品的经济用途可将工业分为两大类：以生产生产资料为主的工业和以生产生活资料为主的工业。前者称“重工业”，包括机械制造、冶金、电力、煤炭、石油、燃料、化工、建筑材料等生产部门；后者称“轻工业”，包括纺织、造纸、食品、制药、皮革、服装、家具等生产部门。随着生产的发展和科学技术的进步，工业部门分工越分越细，新的工业部门还将不断出现。比如，电子工业是从机械工业分离出来的；高分子合成工业是从石油、化学工业中分离出来的。工业部门之间必须保持一定的比例关系，才能使整个工业协调迅速发展。

建筑业是从事建筑安装工程施工的国民经济部门，它为社会和人民生活提供物质条件。

第三产业指第一、第二产业以外的流通和服务两大部门。它包括四大部分：①流通部门，包括商业、饮食业、交通运输业、邮电通讯业、物质供销和仓储业等；②为生产和生活服务的部门，包括金融保险、房地产业、物业、旅游业等；③为提高科学文化水平和素质服务的部门，包括教育、文化、广播电视事业、科学研究事业、卫生体育事业、社会福利事业等；④为社会公共需要服务的部门，包括国家机关、党政机关、社会团体、军队和公安机关等。

第三产业虽然不直接从事物质生产，但它可以促进整个社会和经济的发展。尤其像我国这样的发展中国家，目前，70%左右的人口在农村，长期以来，由于偏重生产建设、轻视服务，致使我国劳动者主要分布在第一产业和第二产业，第三产业处于落后状态，影响了工农业生产的发展和人民生活水平的提高。第三产业的发展规模是衡量一个国家经济发展水平的标志之一。在发达的工业国家，第一产业的比例一般都很低，而第三产业的比例相对较高，有些国家的第三产业甚至占整个国民经济收入的50%以上。自改革开放以来，我国的产业结构开始发生变化，第一产业劳动者比例下降，第三产业的发展加快，而且保持持续快速发展的势头。由于第三产业的发展，使这一领域的就业机会也在不断扩大。比如，广告装潢服务业、咨询服务业、旅游服务业、信息服务业、美容健身等新兴行业的崛起，给人们提供了更多的职业机会。

（二）行业和职业

行业是根据单位所使用加工的原料、所生产的物品或提供的服务不同来表示的社会分工类别。每一个国民经济部门或产业包括许多行业。比如，第三产业中典型的行业有：①商业，是专门组织商品流通的经济部门，分对外贸易和国内商业；②交通运输业，是使用各种工具设备，通过各种方式，使货物或旅客在区域之间实现位置移动的部门；③邮电通讯业，是传递信息、办理通讯业务的部门；④服务业，是以提供劳务为特性的部门；⑤金融保险业，是货币流通的调节和信用活动的部门。各种行业在社会分工体系中都有其自身特定的涵义、范围和地位，不同行业之间在职责内容上既有明确的界限，同时也存在密切的联系。

我国1984年颁布的《国民经济行业分类和代码》中把国民经济的行业共分为十三个门类：①农、林、牧、渔、水利业；②工业；③地质普查和勘探业；④建筑业；⑤交通运输、邮电通讯业；⑥商业、公共饮食、物资供销和仓储业；⑦房地产管理、公用事业、居民服务业和咨询服务业；⑧卫生、体育和社会福利事业；⑨教育、文化艺术和广播电视事业；⑩科学研究和综合技术服务事业；⑪金融、保险业；⑫国家机关、党政机关和社会团体；⑬其他行业。

职业与行业之间是相互交叉的。一种职业主要存在于一个基本行业之中，而不同的行业可以含有相同的职业，如汽车司机这一职业，既存在于交通运输业，也存在于工业、农业、商业、机关团体等行业内。

三、职业的功能与特点

（一）职业的功能

职业的功能是指职业劳动者从事职业活动对个人、对社会的作用及影响。它包括以下几方面。

1. 职业是人谋生的一种途径

人们的生活离不开衣、食、住、行和学习，否则生命就无法维持。要生存就必须通过劳动来取得生活资料。马克思指出：

"任何一个民族，如果停止了劳动，不用说一年，就是几个星期，也要灭亡，这是每个小孩都知道的。"只有通过劳动，才能创造社会财富，人们才能有生活来源。而在现代社会中，人们要劳动，就必须通过职业途径。职业活动为人的物质生活资料提供了经济来源，也节省了社会财富。

2. 职业是个人发展的平台

劳动创造了人，也提高和完善了人。人具有主观能动性，一般情况下，每个人都有自己的特长和才能，利用自身的特长或才能进行创造性劳动是一种人所共有的心理需求。人们通过接受教育和培训所获得的知识与能力，只有通过在职业岗位上的应用，即通过劳动，才能发挥出来，并产生积极的社会作用。人们在一定职业岗位上劳动，一方面改变着自然界，另一方面也改变着社会和人类自身。也就是说，人们在改变自然界和社会的同时，人们自身的体力、智力、知识、技术水平也得到了发展和完善，通过这个平台，人的才能才会得到充分展现。

3. 职业不喜欢广泛的兴趣

兴趣是一个人热衷于认识某种事物或积极进行某种活动的心理倾向。它是由于人的需要而产生，并在其社会实践中逐渐培养和发展起来的。这就是职业可能对兴趣产生较大影响的基本原因。如画家对色彩感兴趣，地质工作与石头打交道不感到厌烦。所以，人的兴趣决定人的职业性质。

4. 职业束缚个性

个性是一种稳定并起核心作用的心理特征。一个人的个性，虽然也有其生物基础，要受高级神经活动类型的影响，但对其形成和发展，社会环境因素的影响往往更重要。个性由活动方式和处事原则两方面构成。每一种职业要求角色承担者掌握与此相关的特定的知识，便决定了其活动方式的特殊性。每一种职业特有的操作规则和职业道德会要求其角色承担者具有特殊的处事原则，长期从事某种职业人的个性，要受职业的影响可谓理所当然。诸如运动员职业容易让人养成顽强的个性、军队生活可以让人变得更勇敢等更体现人的个性特点。

5. 职业不能让人全面发展

能力是一个人完成某种活动所需要的并且能够影响其效果和效率的心理特征。能力是在个人遗传素质的基础上通过社会实践形成和发展起来的，除先天性残疾人及先天性智能低下者外，对大多数正常人来说与能力有关的遗传素质相差并不是很大。个人之间的能力差异主要是后天影响的结果，尤其是所从事的职业对其能力的影响极大。如教师职业能发展个人的口头表达能力、数学家职业能强化个人的抽象思维能力等。

6. 职业改变生活方式

生活方式主要指的是人们的劳动方式、工作方式和其他日常言谈举止的方式。不同的职业要求其就业者必须掌握不同的知识，遵守不同的职业规范，由此便决定了不同职业有不同的劳动方式和工作方式。人们日常的言谈举止的方式要受职业的影响，在社会上也是处处可见。如军人的吃饭方式大多与机关工作人员有别，科技工作者的生活习惯很难与农民一样。如果一个人在较长的时期从事某种职业，那么已经形成的职业生活模式将会改变以后的生活方式，可能改变一切生活方式。

7. 职业决定社会地位

一个人社会地位的高低主要取决于：①经济收入的多少。不同的职业、职位的就业者的经济收入显然存在差异。②社会权力的大小。不同职业、职位能给就业带来大小不同的权力。③社会声望的高低。经济收入和社会权力对职业的社会声望有一定的影响，但不能完全决定其高低。影响职业或职位声望高低的因素还有晋级提升的机会、职业声誉、劳动环境条件、安全感和历史传统等。一个家庭的社会地位又取决于该家庭中已就业者的社会地位，职业性质好，个人地位就越高。

8．职业促进社会经济发展

人类社会由科技、教育和经济等诸方面构成，人类社会的发展要靠这些方面的发展去推动。如科技的发展主要由专职科技工作者来推动，教师是推动教育发展的动力，经济的发展离不开以工为业、以农为业和以商为业的工人、农民、商业服务人员。在当今社会里，每一项主要的工作，每一种重要的劳动以及社会活动，都有与之相应的职业，如音乐成了职业，家务劳动成了职业。职业还成了个人为社会做出贡献及实现自我价值的主要方式。职业的分类使社会分工更细、更合理、更有利于社会经济的发展。

（二）职业的特点

职业是一种连续的相对稳定的社会劳动，是人类社会发展的产物，因此，职业具有目的性、社会性和稳定性。除此之外，职业还随科学技术的发展而发生变化，要受社会经济发展、地域环境所制约。主要具有以下几个方面的特点。

1．职业的技术性

职业追踪人类社会的进步而产生。随着科学技术的发展而发展，职业发展相应发生变化。在我国古代，随着印刷业的发明，出现专门从事雕刻印刷的职业；随着活字排版术的发明，又出现活字排版印刷的职业。到了20世纪70年代，由于激光照排的发明，相应的电脑打印、激光照排职业随即诞生。在20世纪末，由于计算机的迅速发展，给人们的生产、生活带来了巨大的变化，出现了电脑画像、电脑诊病、电脑设计、计算机网络等职业。科学技术发展越快，职业变化也越频繁。21世纪是技术创新的世纪，科学技术发展速度是空前的，人一生中面临的职业变化也会更多。据联合国教科文组织统计，当今发达国家，每个人一生平均有4~5次的职业转换。美国的产业工人一生中岗位流动平均达到17次之多，日本人一生中职业转换平均也达到6次以上，我国目前就业人员的职业转换平均为3～4次。这就说明职业既有稳定性、连续性，也有变化性。作为21世纪的青年学生要做好多次选择职业的准备，从现在起就要打下牢固的文化基础和专业基础，树立终身学习和不断学习新技术、新知识的思想，为可能出现的职业转换做好准备、积累智能。

2．职业的经济性

经济发展速度制约着人们的劳动方式，制约着人们的生活水平和生活质量。早在小农经济时代，专门从事农业劳动的人，他们满足于衣食自给，劳动规律性较强，其职业较为稳定，但生活水平较低。到了商品经济时代，农业劳动者一方面是产品的生产者，另一方面又是产品的销售者，有些甚至由纯粹的职业农民转变为商人，职业发生了变化。当社会进入到市场经济时代，商品由卖方市场转向买方市场，从事商品营销、运输业的人越来越多，原来从事种植业的农民相当一部分进城开店、办厂或转入乡镇企业从事加工业。在经济结构调整、企业改组过程中，企业实行“减员增效、下岗分流”，一部分原来的工人也要转换职业，有些人经商，有些人从事运输业，也有的人下乡承包果园成为职业果农，还有的人进入服务行业等。当经济发展速度加快，人们生活水准向较高层次发展，生活节奏加快，生活方式发生变化时，社会向人们提供的职业领域和就业岗位也会名目繁多。可见，职业是随着经济的发展而变化。在知识经济条件下，以运作知识、信息、科学技术等的现代职业也将迅速发展。大学生要善于把握就业机会，积极争取新的职业岗位。

3．职业的地域性

地域性使人们所从事的职业有所不同。很多的工作岗位证明职业具有地域性。张家界是世界著名的风景区，为了满足人们旅游观光的需要，当地从事旅游服务的人越来越多，或开旅店、餐馆，或销售风景区的纪念品，或当导游。湖南隆回县滩头镇能出产一种很细的岩浆，将这种岩浆加工后涂在喷有香水的纸上，可以做成化妆品——香粉纸。该镇几乎家家户户制作香粉纸和其他的色纸，开作坊做纸便成了这个镇的普遍职业。改革开放以来，各种各样的市场应运而生，每建成一个市场、每培养一个专业户、每培植一个专业村，就为一批人提供了谋生的职业，农村中种植、养殖、加工业的专业户也星罗棋布；靠海边的人多以捕捞为职业，靠山的人多以种植药材和经济作物为职业。工业城市的人多在企事业单位工作，商业城市的人多以商品流通为职业。大学生在今后的职业选择中，要充分考虑职业的地域性，依据现实社会的具体条件决定择业地点，这对自己的发展是非常必要的。

第二节　树立新型就业观

在我国由计划经济体制向市场经济体制转轨的过程中，产业结构和用人制度发生了很大变化，人们的就业观念也在转变。竞争上岗、下岗分流、转岗再就业等已成为人们生活和工作中的普遍现象，一个崭新的就业制度正在我国逐步建立和完善。

新中国成立之初，国家对城镇的复员转业军人、大中专毕业生、城镇未升学的中小学生都统一安置就业，形成了“国家包揽、行政隶属、身份差别、终身固定”的劳动体制。这种体制的特点：一是国家统一招工、统一分配，解决就业问题；二是一次性分配定终身，职工流动非常困难；三是企业和劳动者个人没有自主权，企业不能自主招工，劳动者不能自主求职择业；四是企业办社会，包揽了职工医疗、住房、子女读书就业等一系列生活福利问题。这种劳动就业制度和社会福利保障高度统一的制度，使职工形成了依赖心理和“铁饭碗”、“终身制”、“高福利”三位一体的就业格局。长期以来，依赖观念使职工不担心工资问题、生活福利问题，职工不用担心子女前途问题，这在一定程度上使职工的进取精神和风险意识降低，使职业之间竞争力下降。

随着我国的改革开放及经济建设速度的进一步加快，产业格局发生了变化，这种统一安置就业的弊端逐渐暴露出来。主要体现在劳动效率低下；企业吃国家的大锅饭，职工吃企业的大锅饭；人浮于事，干好干坏一个样，政绩业绩不与工资待遇挂钩，只与工龄挂钩。事实证明，这种就业管理体制严重束缚了生产力的发展。

为了改变这种状况，1980 年中共中央召开全国劳动就业工作会议，提出了实行“三结合”的就业方针。20 世纪 80 年代末和 90 年代初，我国经济结构发生了巨大变化：乡镇企业异军突起，个体私营企业蓬勃发展，第三产业比例上升，非公有制经济吸纳劳动力就业的能力大大增加。至 1994 年，我国形成了新的就业形势，人们的就业观念也发生了变化，不再一味地等国家的安排，一味地进国有单位、大型企业和事业单位。到了 1997 年，劳动部又根据新的经济形势提出了新的就业方针。将“三结合”就业方针改为“劳动者自主就业、市场调节就业、政府促进就业”的方针，目前，这种就业格局正在逐步完善和发展。

一、21 世纪劳动就业市场观念

在我国劳动就业管理体制改革不断深入的形势下，人们的就业观念也开始发生转变。从终身制到合同制临时工；从“铁饭碗”到辞职下海；从高福利企业办社会到自己解决一切生活福利问题；从国家分配到完全自主择业；从全民所有制的固定工到四处跳槽炒老板的“鱿鱼”；从终身制到多次选择职业；从被动接受培训到主动学习科学文化知识。这种历史性的转变，认识上质的飞跃，使劳动者的个性差异得以充分展示，积极性和创造性空前激发出来，大大地解放了生产力，使劳动生产率迅速提高，从而促进了经济持续、快速发展。21 世纪的大学生是经济建设的主力军，新时代要求大学毕业生，树立就业市场化的观念，用该观念指导自己的择业与就业。

（一）自主就业观

自主就业已经成为就业的大趋势，国家已经完全取消包分配就业的政策，要自己到劳动力市场或社会上寻求自己的职业岗位。大学毕业生应早做准备，不断储备自主就业的能量。只有自己具有较高的素质、较全面的知识、较丰富的经验和过硬的专业技能，积极参与市场竞争，敢于进行就业市场竞争、实现自主就业。

（二）再次就业观

社会岗位对各类人才的需求是动态的、不断变化的。随着我国经济体制改革的不断深入，以及知识经济的到来，科技进步周期的不断缩短和传统产业结构的调整，必将引发劳动者工作岗位的流动与职业的变换。企业的兴衰、岗位的增减和人员调整都会引起就业情况的变化。由于科技和经济的发展引起产业格局的不断变化，各种生产岗位对劳动者的素质、知识和技术要求也将发生变化。当劳动者原有的素质水平、知识和技术不适应岗位需要时，用人单位可以将其辞退，而劳动力市场重新招聘新的谋职人员。只有再接受新的知识、新的科技培训，求职者才能适应新的形势，寻求新的就业岗位。所以，大学毕业生必须树立终身学习和多次就业的观念。

（三）多渠道就业观

现在，大学毕业生的就业正面临着就业难的严峻形势。大学毕业生要解决就业问题，必须从多渠道、多门路入手。要树立无论是进国有企业、国家机关、事业单位还是到外资、私营、个体企业，无论从事脑力劳动还是从事体力劳动，无论从事工程技术工作还是从事社会服务工作，不论什么行业、什么工作、什么地方，只要通过付出自己的知识、技术和劳动能力获得劳动报酬，成为自食其力的劳动者，就是光荣的。在市场经济条件下，劳动只与经济利益挂钩，只与社会价值挂钩，不与贵贱相连，不与个人的地位、权力相关。那种非等到什么工作岗位、非进某某单位、非搞技术工作等思想是错误的，应学会让社会选择自己。

（四）创业谋职观

在经济体制改革和产业结构调整的时候，非国有经济在整个国民经济中占有越来越大的比重。非国有经济不但已经成为毕业生的一条重要渠道，而且也为他们创业提供了广阔的发展空间。青年学生应该立创业之志，走创业之路，建创业之功，树立创业谋职观。通过自主创业来解决就业将是一种发展趋势。

二、21世纪劳动就业市场机遇

（一）21世纪劳动者的基本素质和技能

新世纪需要高素质的劳动者和专门人才，这些人的特点是：高尚的情操、良好的心理素质、创造性的智能。同时他们还需要掌握以下基本技能。

1. 语言能力

包括外语能力和汉语能力。我国对外开放的不断扩大，对外交流越来越多，外语的作用越来越大，外语已经成为今后工作和生活中必备的基本技能。在对外交往中，大学生还要提高汉语能力，没有这种能力，是体现不出深厚的文化底蕴的。

2. 计算机能力

在未来的工作中，甚至在家庭生活中，不会操作电脑的人相当于文盲。或者说，21世纪的文盲，不再是不认字的人，而是不懂电脑的人。必须努力具备较强的计算机能力，这也是职业的要求。

3. 法制观念

社会主义市场经济是法制经济，今后的社会将是一个法制非常健全的社会。在市场经济条件下，市场竞争越来越激烈，法律也会越来越健全，所有的职业劳动和社会活动都与法律息息相关。因此，必须掌握法律武器来保护自己的政治权益和经济利益，要有法制观念才能做到正确运用法律武器，进行职业的保护。

4. 驾驶技术

今天汽车将会进入大多数人的家庭，作为21世纪的劳动者必须学会开车，具备驾驶技术。

（二）现代的就业机遇

现代的就业机遇主要有以下几种。

1. 我国加入世贸组织带来的就业机遇

我国加入世贸组织后，意味着我国经济与世界经济形成一体化，一些产品将加入世界竞争。这样一来，对产品质量、产业结构会提出更高的要求，企业也随之对劳动者的素质和技术提出更高的要求。当劳动者不适应这种高要求时就会被淘汰，企业会重新招聘劳动者，这给大学的毕业生提供了就业机会。同时，随着对外贸易活动的频繁，境外业务往来增多，劳务输出、境外就业的机会也将愈来愈多。我国从1979年开始往境外输出劳动力，先后与100多个国家和地区签订了劳动合同。1980年至1990年，平均每年输出10万左右的劳动力，近几年已扩大到每年30万。加入世贸组织后，境外就业的机会将会更多，但是对大学毕业生求职的要求也会增大。

2. 西部大开发战略提供优秀人才就业

我国西部地域宽广、资源丰富、人口密度较小、技术力量缺乏，实施西部大开发战略，必定像当年开发建设深圳、珠海等沿海城市一样，会吸引更多的人力、物力、财力。青年学生应把握机遇，积极投身到西部大开发战略中去，贡献自己的才华，寻找人生的职业岗位，人才的竞争在西部将更突出。

3. 产业结构的进一步调整将提供更多的职业岗位，东北老工业基地改造也会产生更多的职业

改革开放以后，通过国家宏观调控，第三产业发展加快。随着社会的进步，人们追求高质量生活、高水平健康、高档次消费的趋势必然促进第三产业的蓬勃发展。与之相应的社会服务行业、旅游业、家政家教服务业等会有较大发展，也会相继出现如美容美发师、体形设计师、皮肤护理师、旅游经纪人、儿童保育员、老人护理员、营养师、健美师等新兴职业。随着知识经济的到来，计算机软件编程、操作、维修及信息管理和信息咨询等的职业面也会扩大，与此同时，一些电脑和机器人难以替代的职业将欢迎有一技之长的大学毕业生加盟。东北老工业基地改造将为大学毕业生施展才华、提升工作质量提供新的视角、新的就业机遇。

4. 解决“三农”问题需要大量的科技型职业劳动者

首要任务是大力发展农业和农村经济，努力增加农民的收入。大力发展农业，首先要树立大农业观念，要全面发展农、林、牧、副、渔业，推行种植、养殖、加工一体化，农业、贸易、工业一条龙等新的生产组织形式。要提高农业的工业化程度和商品化含量，只有运用高科技发展高产、优质、高效和创汇农业，才能使农产品的数量、质量、品种适应全国人民小康生活水平和国际市场的需要。这样，就需要大量的懂科技、会经营、能运用现代农业科技的劳动者去从事生产、加工、销售业。目前，我国农业的科技含量较低，提高农业生产的科技含量大有前途。农村“三农”问题是2004年政府重要工作，这将为大学生提供更为重要的职业。

5. 某些区域，为大学毕业生提供的就业机遇

（1）北京——加大非京生源调控力度。2004年北京市将加

大对非北京生源本科毕业生进京就业的宏观调控力度。2004年北京市用人单位将需求毕业生48 890人，其中需求毕业生人数最多的十大专业依次为计算机、机械、市场营销、数学、英语、临床医学、建筑、会计、企业管理、护理，这十大专业非京生源毕业生可优先进京。据了解，2004年北京市属各单位对应届毕业生的需求比上年增加8 000多人，增幅达20%。在学科需求上，对工科毕业生需求量最大，占46%，增幅为5%。北京市高校就业指导中心主任任占忠在接受记者采访时说，北京市明年的需求状况良好。决定需求状况的主要是经济社会发展状况。北京市高新技术产业发展、申奥成功、加入世贸组织等，都带动了北京比较好的发展势头。同时北京又是文化中心，无论是教育、科研、新闻出版等都需要人才。从近两年来看，北京市的人才需求相对平稳，受非典的影响，许多用人单位在2003年缩减了用人计划，2004年会追加一定的计划。但是需求增加的幅度比不上毕业生的增加幅度，2004年北京毕业生总人数将达13万人，其中研究生人数将达2.7万人，比今年增加5 000人，本科生将达7.6万人，增幅为29.3%，增幅最大的为高职毕业生，毕业生人数将达2.4万，增幅为91%。因此对于一般专业的毕业生而言，就业难度还是会增加，这主要由供需关系决定。表现在现实的工作岗位，无论是数量还是质量，都与毕业生心中所渴望的有些距离。

（2）长三角——人才开发一体化，大学生就业实现联动。2003年4月份，江、浙、沪三地19个城市在上海共同发表了《长江三角洲人才开发一体化共同宣言》，迈出了长三角人才开发一体化的步伐。2003年底，三地又签署了“长三角高校毕业生就业工作合作组织合作协议书”，江、浙、沪毕业生就业实现三地联动。具体有：三地高校毕业生就业政策一致。三地常设机构受理本地区高校毕业生到其他两省市就业的各类手续，一方毕业生到其他两省市就业可以保留原户籍，享受就业所在地户籍高校毕业生的有关待遇。三地共建待就业毕业生登记制度，互通信息，互相为对方输送当地急需的各类人才，根据对方要求代为招聘各类高校毕业生，分别建立培训基地代为培训。建立三地高校毕业生签证、鉴定机制，互相为对方所需的高校毕业生进行诚信鉴定、学历文凭认定。

据调查，长三角地区比较稀缺的人才有：

上海市：法律、商贸旅游、现代服务业与服务贸易、高级管理人才、同声传译、IT、审计师、稀缺小语种、物流等。

杭州市：旅游、通信设备制造、医药、电气机械及器材、动画设计、高分子材料、物流、汽车、农林、园林园艺。

宁波市：稀缺小语种、外贸、高级计算机人才、机械、化工、模具设计、企业管理。

苏州市：2003 年到 2010 年将吸纳 30 万人才，构建人才新格局。目前，高校人才已占苏州引进人才的 70% 以上。其中苏州高新区连续多年成为录用应届大中专毕业生最多的区域，区内企业 2003 年吸纳应届毕业生3 600多名，涉及 440 个学校 500 多个专业，高端研发人才，应用型、技能型人才成为各企业“抢购”的重点。预计 2004 年吸纳的毕业生人数将超过5 000人。

（3）中西部——需求潜力不容忽视。尽管我国的用人需求大头在东部，但是有资料显示，中西部地区就业岗位的递增速度要快得多。在进行统计调查的 28 个省区市中，按增长速度排序，增长最快的 10 个省区市依次为四川、湖北、湖南、云南、内蒙古、贵州、宁夏、黑龙江、山东、河南、重庆，其中大部分在中西部地区。其中：

拉萨市重点引进的人才类型是：未来产业发展和全市急需的企业经营管理人才、学科学术带头人、科研技术应用与开发人才、旅游资源开发人才、工程技术人才、信息网络应用与开发人才、城市规定与设计人才、项目规划与管理人才、医疗卫生以及教育系统所需的各类适用人才。

陕西省的重点支柱产业有军工、机械、电子、煤炭、电力、纺织、食品、化工等。具体来说，西安市是省会城市，需要各方面的专门人才；宝鸡市是一个工业城市，需要机械类、电子类等专业专门人才；咸阳市是轻工、纺织、食品、电子比较集中的城市，对轻工、纺织、食品、电子类等各专业毕业生需求较大；铜川市是煤炭基地，对采矿工程、矿井通风、矿山安全、通信等专业需求较大；汉中市是国防工业的基地，对机械、航空、电子类等专业的毕业生需求量较大；安康是全省丝绸工业的主要基地，需要服装、印染、丝绸专业类的毕业生较多；商洛是以农业、林业为主的城市，对林产加工、药材等专业毕业生需求较多；延安市对旅游石油、化工类毕业生需求较多；榆林市对煤炭、石油化工、天然气等开采、深加工类专业毕业生需求量较多；杨凌是我国惟一的农业高新技术示范区，对农林类高科技人才以及与之配套的各类人才需求量较大。

甘肃省对农科、卫生和教育师资方面的基层人才需求量大。此外，甘肃提出了工业强者，然而目前省内正规的本科理工高校毕业生很少，因此需要从全国各地引进大量工业企业中的技术人才和管理人才。

四川省总体上讲，对具有良好专业水平、英语和计算机水平，特别是具有较高综合素质能力以及爱岗敬业、团结协作、吃苦耐劳、求实创新精神的专业人才需求较大。

云南省对于教育、卫生和农科技术人员需求比较大。

（4）东北——人才结构有待调整，高新技术人才紧缺。东北老工业基地复兴，急需提升人力资本。经调查，未来 5 ~ 10 年内，包括吉林在内的东北老工业基地预计将短缺 4 类人才：有创造性的党政领导干部、企业家、大技工和“能人”、国际人才。

目前东北老工业基地存在人才“结构错位”的难题。人才结构与经济结构不相匹配，文科人才较多，企业家与工程师少，基础性学科人才多，应用型人才少，生产管理型人才多，经营、营销类人才少。吉林省政府发展研究中心调查，全省制造业占工业比重为89%，制造业人才只占工业人才的24%。吉林省人事厅统计，全省88%的专业技术人才集中在教育、卫生等行业，农业、生物化学、医药等吉林省优势或支柱产业的专业技术人才不足5%，特别是信息、计算机、高新技术、新材料等高级专业技术人才严重紧缺，到2010年，需要各类人才200多万人，其中企业和工程技术人员约有100万人的缺口。

三、个性化在择业上的体现

日前，社会上的职业多达3万多种，如何选择适合自己的职业，值得认真研究与探索。美国教授帕森斯提出的“人职匹配”理论可以作为我们选择职业的参考。人职匹配理论指出，选择职业有三个步骤：第一，应清楚地了解自己的态度、能力、兴趣、智慧、局限性和其他特性；第二，了解成功的条件及所学的知识，在不同工作岗位上所占的优势、机会和前景；第三，实现上述两条件的平衡。也就是说，每个人都有自己的性格特征与能力特点，选择职业就是要尽量寻求与自身特性相一致的职业。

在选择职业时，首先应认识自我，其次是了解职业。认识自我就是了解自己的兴趣、气质、性格、能力、身心素质、知识结构和职业适应性，目的在于发现自己最适合干什么工作。了解职业，就是要了解职业活动内容、职业特点、职业环境、职业报酬和职业对求职者的身心素质要求，目的在于增加求职的针对性，减少盲目性。下面我们从人的个性差异与职业的关系来探讨如何进行职业选择。

（一）职业与兴趣

在诸多因素中，兴趣对职业的影响作用最大。所谓兴趣是指力求认识、掌握某种事物，并经常参与该种活动的心理倾向或喜好的情绪。通俗而言，兴趣是你积极探究某种事物的认识倾向。你对某种职业感兴趣，就会对该种职业活动表现出肯定的态度，并积极思考、探索和追求。所以，兴趣是职业选择的重要依据，并且可以增强人对职业适应能力，可以提高工作效率。研究表明：人从事自己感兴趣的职业，则能发挥全部才能的 80% ~ 90%；而对工作没有兴趣，则只能发挥人全部才能的 20% ~ 30%。兴趣还可促进人的工作的满意度和稳定性。下面列出可供参考的 10 种兴趣爱好者适应的职业范围。

（1）喜欢同具体事物打交道，而不喜欢与人打交道的，可以选择制图、工程技术、建筑设计、机器制造等工作岗位。

（2）喜欢与人交往，对销售、采访、演讲、传递信息一类活动感兴趣的，则可选择记者、推销员、服务员、教师、演员、公关人员、导游、商品经营、行政管理人员等职业。

（3）爱好有规律的工作，特别喜欢按常规、有秩序地进行活动，习惯于在预先安排好的程序下工作，可选择的工作岗位是邮件分类、图书管理、办公室工作和打字、统计等。

（4）乐于助人，喜欢从事社会福利和助人工作的人，可选择的相应工作岗位是律师、咨询员、医生、护士、家政和家教服务等。

（5）喜欢掌握一些权力，希望受到众人尊敬和获得声望，则可考虑充任行政官员、企业管理干部、学校班主任或辅导员等。

（6）对人的行为举止和心理状态感兴趣，喜欢研究人的行为，谈论人的问题，那么可选择的相应职业应该是心理学、政治学、人类学等研究工作及教育和行政管理工作。

（7）喜欢从事科学技术事业，对分析、推理、测试等活动感兴趣，长于理论分析和独立地解决问题，也喜欢通过试验获取新发现，那么相应的职业应该是生物、化学、工程学、物理学、地质学的研究及探讨等工作，以及各行各业科研和新技术引进等工作。

（8）喜欢抽象的创造性的工作，对需要想像力和创造力的工作感兴趣；对自己的学识和才能颇为自信，长于解决抽象的问题，而且喜欢了解周围世界，可选择的相应职业是社会调查、经济分析、各类科学研究，以及化验、新产品开发、农业科技推广和运用等工作。

（9）对运用一定的技能去操作各种机械设备及对制造新产品等感兴趣，喜欢具体的而不是抽象的东西。例如，喜欢使用工具、机械等，特别是喜欢大型的、先进的设备，可选择的相应职业是各种机动车驾驶员、机器操作与维修、建筑施工、石油和煤矿开采等工作。

（10）喜欢从事具体工作，希望能很快看到自己的劳动成果，愿意做能看得见、摸得着的产品制作，相应的职业则是室内装饰、美术设计、美容美发、手工制作、种植业、养殖业、畜牧兽医、花卉园艺等工作。

一般而言，兴趣越广泛的人适应的职业范围就越广泛。在产业结构不断调整变化、知识和技术更新不断加快的今天，具有广泛的兴趣，可以使你获得更广博的职业知识，掌握更多的职业技能，在职业选择过程中才能有更强的竞争力。

（二）职业与性格

职业的适应性与人的性格有密切的联系。所谓性格是指人对客观现实事物比较稳固的认识，并在行动中形成的与之相适应的习惯化了的行为方式。性格可分为外向型、内向型和中间型。外向型的性格感情外露，开朗活泼，不拘小节，善于交际，活动能力强，但有时较轻率；内向型性格处事谨慎，深思熟虑，不善于交际，反应慢；中间型性格既有外向型又有内向型特征，并有所侧重，绝大多数人属于中间型性格。与职业相关的性格类型是职业性格，职业性格是个人在长期特定的职业活动中所形成的同职业性质相关的性格。职业性格可分为如下类型。

（1）变化型。喜欢新的工作环境和工作内容，喜欢有压力的工作，善于转移自己的注意力，能适应不断变化的工作，并在其中得到快乐。具备这种职业性格的人适合于从事记音、演员、导游等职业。

（2）重复型。喜欢按部就班、重复性大、标准性强、有规律的工作，能连续不断地从事同一工作。具备这种职业性格的人适合于从事机械工、装配工、油漆工、纺织工等职业。

（3）服从型。喜欢非决策性的工作，愿意配合他人或按照他人的指示工作。具备这种职业性格的人适合于从事办事员、秘书等职业。

（4）独立型。喜欢决策性工作，善于安排自己的活动和指导他人的活动，喜欢独立承担职责的工作。具备这种职业性格的人适合于从事行政管理、律师、警察等职业。

（5）协作型。喜欢与他人协调工作，善于引导、协调他人的工作，并能与同事和睦相处。具备这种职业性格的人适合于从事社会工作、咨询人员等职业。

（6）劝服型。善于劝服、教育、开导他人，乐于设法使他人接受自己的观点，善于判断他人的反应。具备这种职业性格的人适合于从事作家、教育工作者、公关人员等职业。

（7）机智型。喜欢冒险性的工作，自我控制力强，在紧张、危险性的意外情况下都能出色完成任务，处事不惊，心情稳定性强。具备这种职业性格的人适合于从事飞行员、宇航员、消防员、潜水员和驾驶员等职业。

（8）表现型。喜欢表现自己的工作，表达自己的思想。具备这种职业性格的人适合于从事演员、模特、画家、音乐家、节目主持人、播音员等职业。

(9) 严谨型。喜欢精细性的工作，能长期自觉、严格、认真地工作。善于按一定的规律和步骤进行细致的工作。具备这种职业性格的人适合于从事会计员、统计员、图书管理员、档案管理员、打字员等职业。

虽然社会的职业种类繁多，但大部分职业都分别与几种职业类型特点相似，每个人往往同时具有几种职业性格的特点。青年学生可以依据职业的要求和自己的兴趣来培养和发展自己的性格特点。在选择职业时，要兼顾职业的性格特点对从业者的要求与个人的职业性格特点尽量合理匹配，避免机械地照搬。

(三) 职业与能力

职业选择与能力大小有着直接的关系。能力是指顺利完成某种活动所必需的并直接影响活动效率的个性心理特征。一个人能力的大小与其所掌握的知识与技能的多少有关，但不能认为是等同的。能力与知识技能之间既有联系，又有区别。知识是人类有关自然的和社会历史经验的总结；技能是经过个体练习获得规范化的动作行为方式；而能力则是为顺利完成活动而在个体身上经常、稳定地表现出来的心理特征。能力的培养和发展是在掌握和运用知识、技能的过程中完成的，离开学习和训练，就谈不上能力的提高和发展。同时，掌握知识与技能又是以一定的能力为前提的，能力在一定程度上决定一个人运用知识和技能取得的成就。知识、技能和能力的发展是相辅相成的，但也不完全一致。有些学生学习成绩好，由于缺少技能，所以在工作岗位上发挥不出水平，而有些学生学习成绩一般，但技术和能力较强，工作干得有声有色。许多职业侧重对某种能力的要求，并非希望有太高的学历。

职业能力是在一般能力的基础上，通过职业实践活动的不断磨炼而形成和发展的。职业能力不仅包括所有职业必备的观察能力、注意能力、记忆能力、想象能力和思维能力等基本能力，还包括每种职业所要求的专门的能力，如厂长、经理的管理能力，教师的语言表达能力，作家的写作能力，等等。下面列出几种职业能力供参考：

（1）服务型职业能力。服务型职业能力主要包括敏锐的社会知觉能力和洞察顾客心理、满足顾客需要的能力。服务业、商业、旅游业等行业的从业人员必须具备这种职业能力。

（2）操作型职业能力。操作型职业能力是以操作能力为主的职业能力，从业人员主要通过运用专业知识、技术和技能操作某些器械、工具等完成工作任务。汽车司机、计算机录入员、工厂的操作工人都必须具备操作型职业能力。

（3）艺术型职业能力。艺术型职业能力是指运用艺术方法、技巧反应社会生活和塑造某种典型艺术形象的能力。它包括艺术表现和鉴赏能力，等等。如演员、作家、画家及相应职业的从业人员都要具备这种职业能力。

（4）教育型职业能力。教育型职业能力是指用教育手段和方法传播人类科学文化知识，培育人们具有良好思想品德，使人获得知识、增长才干、发展个性等方面的能力。它的核心是语言表达能力、书写能力。保育员、教师等必须具备这种职业能力。

（5）科研型职业能力。研究型职业能力是指运用资料查询、社会调查及实验研究等手段，进行革新改造、创作发明、开发新产品等综合能力。它是以创造能力为核心，凡是需要科学研究的职业领域，都需要具备这种职业能力。

（6）管理型职业能力。管理型职业能力是指综合运用计划，组织、指挥、协调与控制的管理职业的能力，其核心是决策能力。机关工作人员、企事业单位的管理者必须具备这种能力。

青年学生能否胜任某种职业，关键是取决于你的职业能力，而职业能力又建立在良好的素质基础上。良好的听觉和发音是音乐能力形成和发展的基础；强壮的身体是运动能力形成和发展的基础；有色盲的人，成为画家很困难；视力太差的人难以胜任与驾驶有关的职业。人的素质要经过发育、成熟与衰退三个阶段。青年学生正处于素质的发育阶段，要把握时机，努力提高自己的素质，培养自己的综合职业能力。

（四）职业与气质

职业选择还与人的气质有关。心理学把人的气质分为四种，即多血质型、粘液质型、胆汁质型、抑郁质型。

多血质型的人由于比较好动、善于交际、反应迅速、兴趣广泛、适应性强，因而适合于从事外事、公关、驾驶员、新闻工作者、演员、服务等职业；粘液质型的人由于缓慢沉着、态度持重、不易激动、情绪不易外露、自我控制力强，因而适合于从事医师、法官、财会、统计、播音员等职业；胆汁质型的人往往好冲动、反应迅速、行动敏捷，具有坚忍不拔的毅力，因而适合于从事导游、推销员、节目主持人等职业；抑郁质型的人由于有很强的感受性，情绪体验深刻而细腻，处事谨慎，多愁善感，因而适合于从事人事档案管理、机要员、秘书、保管、化验等职业。

气质具有互补性，多数人的气质具有综合性，择业时应区别对待。

思考题

1. 我国职业分类有几种？
2. 职业的功能和特点是什么？
3. 新型就业观的主要内容是什么？
4. 个性化选择的内容是什么？
5. 你属于哪一种职业个性？
6. 你认为哪一种职业能力最重要？

第八章 择业政策与法律法规

第一节 择业政策

择业政策是党和政府在一定的历史条件和历史阶段，为促进经济发展和社会进步，为劳动者创造就业条件、扩大就业机会所制定的行为准则。大学毕业生就业政策是党和国家就业政策的一个重要组成部分，对指导毕业生就业工作具有重要意义和指导作用。

一、当前择业政策概述

（一）有关毕业生就业的方针、原则

（1）按照《中国教育改革和发展纲要》的规定，对国家任务计划招收的学生，原则上仍由国家负责在一定范围内安排就业，实行“供需见面”和“双向选择”的办法，落实毕业生就业方案。

（2）贯彻统筹安排，合理使用，加强重点，兼顾一般和面向基层，充实生产、科研、教育第一线的方针。在保证国家需要的前提下，贯彻学以致用、人尽其才的原则。

（3）国家采取措施，鼓励和引导毕业生到边远省区工作。对于边远省区的高校毕业生，只要是边远省区急需的，原则上回来源省就业。

（4）依据目前国民经济和社会发展的需求，优先保证国防、军工、国有大中型企业、重点科研和教学单位的需要。

（5）国家教委直属高校的毕业生面向全国就业；国务院其他部委学校的毕业生主要面向本系统、本行业就业。

（6）定向生、委培生、公寓生、收费委培生，毕业后按合同规定派回原定向、委培单位（地区）工作。自费生毕业后应通过多种渠道、多种方式自主择业。“并轨”招收的学生毕业后，在国家就业方针政策指导下，在一定范围内自主择业。单招定向生毕业后回来源地所在县，安排到乡镇一级农业技术推广、农村经济管理、乡镇企业合作经济组织、职业技术教育等岗位工作（其中本科生也可安排到县一级农村推广部门工作）。

（7）毕业研究生主要面向高等学校，全民所有制的科研单位、国有大中型企业，由财政拨款的文化、医药卫生等公益事业单位、人民解放军及党政机关就业。按自筹经费方式招收的毕业研究生，由学校负责推荐就业。

（8）师范类毕业生由教育行政部门安排在教育系统内的教学、教育岗位上就业。

（9）国家计划内招收的地方职业大学毕业生和电大普通专科毕业生，主要面向生源所在地、面向基层、面向中小企业自主择业，就业后享受普通高校毕业生同等待遇。

（10）坚持男女平等的原则，用人单位对毕业生择业不得做出有性别歧视的规定。

（二）调配派遣规定

（1）调配派遣对象为：国家计划招收的非在职毕业研究生（博士研究生、硕士研究生、研究生班和结业研究生、肄业研究生）；国家计划招收的普通高等学校毕业生和结业生；国家计划招收的普通中等专业学校毕业生以及国家计划招收的为地方培养的军队院校毕业生。

（2）地方主管毕业生调配部门和高等学校按照国家下达的就业计划派遣毕业生。派遣毕业生统一使用《全国普通高等学校毕业生就业派遣报到证》和《全国毕业研究生就业派遣报到证》（以下简称《报到证》）。《报到证》由国家教委授权地方主管毕业生就业调配部门审核签发。省级普通高校中非师范类毕业生和毕业研究生的《报到证》由所在省人事厅统一签发，师范类毕业生由省教育厅统一签发。

（3）学校要根据毕业就业计划、协议，结合毕业生的具体情况，认真拟定毕业生派遣方案。派遣方案经省毕业生分配部门批准后方能实施。

（4）截至学校上报派遣方案时，对尚未落实工作单位的国家任务计划招收的高校毕业生，派回其家庭所在地市、县，由当地政府人事部门负责，帮助其继续落实工作单位。

（5）对修业期满、未取得毕业资格的研究生、本专科生，国家不负责安排工作，本年度内落实接收单位的，可予派遣，但必须在《报到证》上注明“结业生”的字样。

（6）攻读硕士、博士学位，因故未完成学业的肄业研究生，自学校批准退学之日起，半年内落实接收单位的，可申请予以派遣，超过半年没有接收单位的，由学校按学籍管理的有关规定处理。

（7）报批毕业生派遣方案之前，学校须对学生能否取得毕业资格做出确认，同时应对毕业生进行认真的健康检查，对在校期间曾患慢性疾病的，要做专科检查。对有病不能坚持正常工作的毕业生不得派遣，让其回家休养。对患精神病、麻风病、癫痫病、癔病等病的学生要按学籍管理规定及时处理。一年内治愈的（须经学校指定县级以上医院证明能坚持正常工作的），可以随着下一届毕业生就业；一年后仍未治愈或无用人单位接收的，落户关系和档案材料转至家庭所在地，按社会待业人员办理。

（8）毕业生派遣后，符合下列情形之一的，可以进行调整：①因家庭发生不可预知的困难、需照顾回家庭所在地就业的；②符合国家、省有关就业政策导向，流向合理的；③国家政策照顾对象，情况发生变化的；④接收单位因不可抗拒原因，无法接收毕业生的；⑤毕业生就业主管部门下达调整分配计划的；⑥用人单位因情况发生变化，致使毕业生不能学以致用的；⑦其他经批准的。

（9）对因原定向、委培单位倒闭、撤销、被兼并和本人家庭发生特殊困难等个别特殊情况，不能回原定向、委培地区、单位工作的毕业生，经省毕业生就业主管部门批准，在征得原定向、委培地区、单位同意并按规定交清培养费后，按自费生处理，就业范围原则上在原定向、委培单位所在地或家庭所在地。从苏南志愿去苏北、大中城市志愿去县以下（含县）和志愿去艰苦行业基层就业的定向、委培毕业生，须征得原定向、委培地区、单位同意，报省毕业生就业主管部门批准。

（10）各市毕业生就业主管部门负责本市管理范围内的调整；跨市、跨省调整的毕业生，凭有关证明材料，报省毕业生调配部门办理改派手续。

二、特殊择业保障政策

国家对劳动者中的特殊群体的就业规定了一些特殊的保障措施，这实质上也是公平就业的体现。

（一）妇女就业保障

我国《劳动法》规定：在就业渠道上，妇女享有与男子平等的就业权利。在录用职工时，除国家规定的不适合妇女的工种或岗位外，不得以性别为由拒绝录用妇女或提高对妇女的录用标准。《妇女权益保障法》、《女职工劳动保护规定》等法律、法规中，除上述内容外，还规定各单位不得以妇女已婚、怀孕、生育、哺乳等理由拒绝招用女职工，不得在女职工的孕期、产期和哺乳期降低其基本工资或解除劳动合同。

（二）残疾人就业保障

《残疾人保障法》对残疾人就业设专章作了规定，包括国家对残疾人就业所采取的方针，职工在录用、晋级、劳动报酬、生活福利等方面不受歧视的规定，以及用人单位应当为残疾职工提供适合其特点的劳动条件和劳动保护等规定。

（三）未成年人就业保障

我国《劳动法》规定：禁止用人单位招用未满 16 周岁的未成年人。文艺、体育和特种工艺单位招用未满 16 同岁的未成年人，必须依照国家的有关规定，履行审批手续并保障其接受义务教育的权利。《未成年人保护法》规定：任何组织和个人依照国家有关规定招收已满 16 周岁不满 18 周岁的未成年人的，应当在工种、劳动时间、劳动强度和保护措施等方面执行国家的有关规定，不得安排其从事过重、有毒、有害的劳动或者危险作业。

三、地域择业政策

我国当前正处在社会经济结构转轨、经济生活转型的变革时期，新的制度还没有完全建立起来，旧的制度仍在起作用，在这种新旧体制同时发生作用的时候，毕业生现行的就业政策就呈现出现实需要和未来要求相结合的特点。此外，各地区、各部门、各行业根据本地区、本部门、本行业的需要，在不违背国家法律法规的前提下，制定了一些适用于本地区、本行业和本部门的毕业生就业政策，如北京、上海、广州等。

（一）北京市2003年接收普通高等学校非北京生源应届毕业生的有关政策

1．接受条件

（1）各用人单位应在规定院校和市人事局确定的紧缺专业目录范围内引进本科学历应届毕业生。

（2）各用人单位按照学用一致、专业对口的原则接收非北京生源毕业研究生（含双学士）和获得省部级荣誉称号的本科毕业生。

（3）接收非外语专业毕业生，其英语水平最低应通过国家四级水平考试（其他语种暂不作规定）；对于体育及艺术类毕业生的英语水平暂不作规定。

2．工作程序

（1）市人事局根据各用人单位的需求与2003年北京生源毕业生专业和数量情况，确定接收非北京生源本科毕业生的专业和数量。中关村科技园区内的高新技术企业接收非北京生源高校毕业生，按照北京市人民政府令第71号《中关村科技园区接收非北京生源高校毕业生办法》的有关规定办理。

（2）用人单位与毕业生达成就业意向后，填写《非北京生源毕业生进京审批表》（一式两份），通过其主管部门向市人事局申报。

（3）市人事局批准后，向有关高校（培养单位）出具“接收函”，用人单位方可与毕业生签订就业协议。

3．所需材料

（1）申报接收非北京生源毕业研究生（含双学士）所需材料：①《非北京生源高校毕业生进京审批表》（一式两份）。②学校毕业生就业工作主管部门出具的推荐表。③学校教育部门出具的已修全部课程的成绩单。

（2）申报接收非北京生源本科毕业生所需材料：①《非北

京生源毕业生进京审批表》（一式两份）。②学校毕业生就业工作主管部门出具的推荐表。③学校教务部门出具的已修全部课程的成绩单。④国家英语水平考试四级以上（含）证书的复印件。

另外，如申报接收省部级荣誉称号的本科毕业生，需附有关证书及复印件。

4. 审批时间

2003 年非北京生源毕业生进京就业审批时间为：春季毕业生从 2 月 1 日开始，暑期毕业生从 4 月 1 日开始，截止时间为 7 月 31 日。由主管部门向市人事局报送材料，5 个工作日后，领取审批结果。

5. 几个具体问题

（1）申报单位一般应有集体户口，具备住宿条件。如没有集体户口的，北京市毕业生就业服务中心将协助其落实集体户口。

（2）对于家庭有实际困难毕业生的进京审批办法，仍按照《关于接收家庭有实际困难非北京生源毕业生有关问题的通知》（京人发「2000」6 号）执行。

（3）非北京生源毕业生报到后，各用人单位要按照《关于高等学校、中等专业学校毕业生办理入户手续的通知》（京人学「1995」318 号）的有关规定，及时办理有关手续。

（二）非上海生源毕业生在上海市就业的相关政策

1. 申请条件

非上海生源毕业生是指入学前户口是非上海市常住户口，包括在上海参加高考的非上海市户口、读书期间父母一方户口迁回上海的学生。

《上海普通高等学校学生就业工作管理办法》第三十四条规定：进沪就业的非上海生源毕业生，应品行端正，学习成绩优良，身心健康，在沪已有接收单位，一般应具有本科（含本科）

以上学历，并具有下列条件之一，国家教育部所属院校和国家部委所属重点院校的毕业生优先：

（1）曾荣获校级以上（含校级）优秀学生或优秀学生干部称号。

（2）所学属本市高校缺门专业。

（3）所学属本市重点工程、高新技术产业、支柱产业、艰苦行业急需紧缺专业。

（4）父母有一方由上海支边或常住户口已迁入上海。

（5）有其他特殊条件和原因。

2. 非上海生源毕业生在上海市就业的政策申请条件

非上海生源毕业生进沪就业按下列程序申请：

（1）毕业生向已达成就业意向的用人单位索取《非上海生源高校毕业生进沪就业申请表》（以下简称《申请表》），根据要求如实填写个人资料栏目。

（2）用人单位根据要求如实填写本单位资料栏目，把《申请表》交毕业生。

（3）毕业生持《申请表》到学校就业办公室办理签约推荐手续，就业办根据《申请表》的要求对学生提供的材料进行审核，并在《申请表》上盖章签字，同时签订三方就业协议书。学校主要审核以下内容：毕业生递交的材料是否属实；毕业生在校期间的奖惩情况。

（4）毕业生将经学校就业办审核盖章的《非上海生源高校毕业生进沪就业申请表》、就业协议书、个人推荐表原件和在校期间的获奖证书、外语和计算机等级证书的复印件以及有关材料交用人单位审核；用人单位在确认毕业生递交材料齐全和符合要求后签字盖章，有上级主管部门的送上级主管部门审核。

（5）用人单位把全部材料报送上海市毕业生就业指导中心，报上海市高校毕业生就业办公室审批。

（6）上海市高校毕业生就业办公室审批同意后，批复给用人单位。用人单位将《关于同意接收非上海生源高校毕业生的批复》第二联寄给学校就业办公室，或由毕业生本人送交学校就业办公室。

3. 审批程序

（1）上海市高校毕业生就业指导中心收到用人单位提交的申请材料后，登记编号，交上海市高校毕业生就业办公室。

（2）上海市高校毕业生就业办公室成员对申请材料进行初审。

（3）上海市毕业生就业办公室正、副主任对申请材料进行复审。

（4）上海市高校毕业生就业办公室签发《同意非上海生源高校毕业生进沪就业申请的批复》。

（5）未通过审批的申请书将书面通知用人单位，申报材料不予退回。

（6）申请递交20个工作日后没有答复的，毕业生和用人单位可以到上海市高校毕业生就业指导中心查询。

（7）本专科毕业生办理申请的时间：每年2月1日~5月30日。

（8）有下列情况者，一经查实，取消非上海生源毕业生进沪就业资格或取消用人单位提出非上海生源毕业生进沪就业申请资格：①毕业生同时与两个（含两个）以上用人单位签订就业协议的。②毕业生有伪造、涂改上报材料行为的。③用人单位虚报用人情况的。④用人单位录用本市严重供过于求专业高校毕业生的。⑤用人单位尚不具备用人权利的。⑥上报申请材料已过申报时间的。⑦有其他严重违法违纪行为的。

（三）深圳市2004年接收高等院校毕业生的有关政策

1. 接收条件

接收深圳市外高等院校毕业生的范围和条件：主要是国家教

育部直属、其他部委所属和部分省属院校（主要院校名单附后、硕士研究生及以上学历和本市生源毕业生不受此名单限制）本科以上并取得大学英语四级以上（含四级）合格证书的财经类、理工类及我市社会经济发展急需的其他专业的毕业生。各用人单位必须在我局审批同意后方可与毕业生签订就业协议，未经我局审批同意不得擅自向有关院校发出毕业生接收函件。

从市外商调人才的条件按深圳市人民政府（深府［2002］5号）《关于引进国内人才来深工作若干规定》、深圳市人事局（深人发［2002］53号）《〈关于引进国内人才若干规定〉的实施办法》执行。

2. 认真做好本市院校和生源毕业生的接收工作

2004年我市大中专院校和深圳生源的市外院校毕业生数量为10 194名。这些毕业生是我市自主培养和输送市外培养的符合深圳社会经济发展需要的人才。各用人单位要积极主动与本市院校联系，切实做好接收本市院校毕业生和深圳生源的市外院校毕业生的工作，把它作为维护我市社会稳定、充分开发利用市内人才资源的一项重要工作来抓紧抓好。单位在岗位空缺的情况下，接收毕业生的专业与我市毕业生专业相同或相近的，应优先接收安排深圳生源的市外院校毕业生或本市院校毕业生。

3. 充分发挥市场配置作用，采取多种形式招揽人才

各用人单位可以在今年年底或明年年初主动到市内外高等院校挑选毕业生，踊跃参加国家重点院校的校园招聘会，选招优秀的毕业生，主动到长三角、珠三角及沿海经济比较发达地区挑选、引进优秀人才。二是要积极参加我市毕业生就业招聘会。三是充分利用现代化的信息手段，进行网上招聘。为拓宽吸纳人才渠道，减轻毕业生和用人单位双向选择成本，推进人才择业手段的现代化，我局将继续在互联网上通过深圳市人事局网址，公布用人单位的需求信息，另一方面，可通过互联网积极寻聘人才。

此外，我局还将编印毕业生供给和需求信息册，为用人单位选择人才和毕业生择业提供便利。各用人单位根据自身需要，还可自行到市、区人才市场设点招聘毕业生。

4. 加强宏观调控

各用人单位要根据本单位已有人才和人才需求的实际情况，利用人才引进申报系统向我局申报用人计划和人才统计。市教育局、各区人事局、南山开发集团、南油集团、华侨城建设指挥部等单位分别负责汇总所辖单位的用人计划和人才统计向我局汇报。各单位的用人计划（包括接收毕业生计划和商调人才计划）要根据实际需求申报，人才统计等数据必须根据实际情况及时更新，否则不予受理。满编单位虽无增人计划，但也要做好人才统计数据的更新工作如期申报。为方便申报，提高时效，我局从2003年10月15日起开通网上申报用人计划和人才统计，各单位可直接在网站上下载和升级人才引进系统，接收毕业生和商调人才可在网站实现网上申报。

2004年度接收毕业生指标和商调人才指标将优先保证高新技术企业（项目）、重点建设项目、经济效益好的单位的需要，对效益差和失业（下岗）人员较多的单位，要从严从紧控制从市外引进人员。市、区财政拨款的党政机关和事业单位，应根据本单位的实际编制数，在确实有空编的情况下，根据有关规定安排增人计划，公开招考工作人员。市区各级人事部门要建立完善引进人才监管预警系统，既要为用人单位引进人才提供优质服务，又要对其加强监管和调控。

5. 确保引进人才的质量

引进人才要严格执行《深圳市市外引进人才专业目录(2004年)》。通过引进高层次人才，补充急需人才，优化人才结构，提高人才素质。各用人单位要按照我市接收毕业生和引进人才的规定以及专业目录的要求，严格按规定和要求选拔人才，确保引进人才的质量。对我市紧缺急需的专业人才要大力引进；对市内较饱和的行政、文秘等专业人员的引进要严格控制，确因工作需要的，可从当年我市计划安置的军队转业干部和夫妻两地分居人员中解决。

（四）哈尔滨市大中专毕业生就业政策

（1）按照国家、省的有关文件精神，研究生、本科毕业生面向全市就业；专科毕业生（含自费、电大、高职）主要面向生源地区就业；中专毕业生主要面向本行业、本系统就业或在生源地区自主择业；委托、定向毕业生按合同就业。

（2）从2001年开始，放宽大中专毕业生择业期限。当年未落实就业单位的毕业生，在三年内找到工作单位的，市毕业生就业主管部门按照有关规定继续予以办理就业派遣手续。

（3）哈市生源毕业生，经过双向选择，落实就业单位的，持《就业报到证》和用人单位接收证明到市毕业生就业主管部门办理就业及落户手续；未落实就业单位的，可由各级毕业生就业主管部门帮助推荐就业或自主联系单位；需要落户的，可随时持《就业报到证》到市毕业生就业主管部门办理落户手续。

（4）非哈籍生源大学专科以上应届毕业生有接收单位的，到市就业主管部门办理有关审批手续，可在哈就业。

（5）鼓励和引导毕业生到农村和农业生产第一线就业。各区、县（市）要结合农村人才资源开发工作，进一步落实各项优惠政策，积极吸引专业对口的毕业生到农村从事农业生产和技术推广工作，不断壮大农村技术推广队伍。对自愿到县以下农村工作的毕业生，在工资、职称、奖励等方面要给予政策倾斜，其户口可留在城镇。

（6）鼓励和支持毕业生到“三资”、集体、乡镇、民营企业等非国有单位就业。凡到非国有单位就业的毕业生，由各级人才交流中心负责人事代理。积极引导、鼓励毕业生自主创业，毕业生自主创业的，可享受以下优惠政策：

①毕业生创办从事咨询（包括科研、法律、会计、审计、税务等）、信息、技术服务的独立核算企业或经营单位的，自开办之日起，免征企业所得税两年。

②毕业生创办从事交通运输业、邮电通讯业的独立核算企业或经营单位的，自开办之日起，第一年免征企业所得税，第二年减半征收企业所得税。

③毕业生创办从事公用事业、商业、物资业、对外贸易业、旅游业、仓储业、居民服务业、饮食业的独立核算企业或经营单位的，自开办之日起，可减征或免征企业所得税一年。

（7）简化办事程序，方便用人单位和毕业生。凡市属十二县（市）生源回本地就业的和哈市生源到市人才交流中心的大中专毕业生，由市人事局直接在《就业报到证》上签署意见后，到上述单位办理就业手续。

（8）根据事业单位机构改革的要求，从2001年开始，大中专毕业生进事业单位，实行聘任合同制，具体要求和程序按哈人字［2001］3号文件要求办理。

（9）根据省政府办公厅黑政办［2001］22号文件规定，高等职业教育和专科毕业生实行国家统一的就业政策。

①允许非师范类国家任务计划和自费计划招收的毕业生自谋职业。对本省要求自谋职业的毕业生（不含毕业研究生），由学校审核后报毕业生就业主管部门备案，不再办理派遣手续，其中国家任务计划招收的毕业生不再收取培养费。学校要及时帮助其迁转户粮等关系。

②对截至年底尚未落实工作单位的毕业生，学校将其户粮关系转至家庭所在街道或乡镇（入学前为农业户口的，保留其非农业户口），由当地毕业生就业主管部门按待业人员有关规定管理。毕业生应在户口所在的市县通过多种形式、多种渠道自主择业，

落实单位后可以录用，也可以聘用。对在次年底前落实单位并需要办理派遣手续的毕业生，可由市、县人事部门报省人事厅办理。

③毕业生就业后，其工资标准和福利待遇按国家有关规定执行，工龄从报到之日计算。到非公有制单位就业的毕业生，工资待遇由毕业生与用人单位协商确定，但工资标准原则上应不低于国家规定。

④申请自费出国（境）留学的毕业生，在学校规定的时间内提出申请，经学校批准并按规定办理有关手续，报省毕业生调配部门备案，国家不再负责为其安排工作。派遣时未获准出国（境）的，毕业生应向家庭所在地县以上人才流动机构申请办理委托管理档案手续，学校凭此办理档案寄送和户粮迁移手续。

⑤按规定招收的残疾毕业生，由学校负责推荐，各级毕业生就业指导机构和民政部门共同协助，帮助他们顺利就业。

⑥去艰苦地区国家重点单位工作、自愿去边远省区工作的毕业生，学校要给予精神和物质鼓励，接受贷款的毕业生可以免还贷款。同时用人单位也要给予一定的奖励。

第二节　相关法律法规

一、劳动法

（一）*劳动法的概念*

劳动法是调整劳动关系以及与劳动关系密切相关的社会关系的法律规范的总称。这里所说的劳动关系，就是劳动者与用人单位之间的关系。与劳动关系密切相关的社会关系主要有：劳动力管理关系、劳动保险关系、劳动争议关系、劳动监督关系。这里所说的劳动法包括《中华人民共和国劳动法》以及《工会法》、《妇女权益保障法》等相关法规中的劳动法规范。此外，还包括国务院颁布的劳动行政法规（如《企业劳动争议处理条例》、《女职工劳动保护规定》等）。

（二）劳动法的基本原则

劳动法的基本原则是指调整劳动关系和劳动关系密切相关的其他社会关系时必须遵循的基本原则。具体来说，劳动法有以下基本原则。

1. 保护劳动者合法权益的原则

劳动法的基本任务就是要通过各种法律的手段和措施有效地保证劳动者的合法权益得以实现。根据劳动法规定，劳动者在劳动方面的合法权益主要有以下几个方面：劳动者享有平等就业和选择职业的权利；取得劳动报酬的权利；休息休假的权利；获得劳动安全卫生保护的权利；接受职业技能培训的权利；享受社会保险和福利的权利；依法参加和组织工会的权利；提请劳动争议处理的权利；依法参加企业民主管理的权利。

劳动法保障劳动者享受充分劳动权益，同时也要求劳动者履行必需的劳动义务。根据规定，劳动者应当完成劳动任务，提高职业技能，执行劳动安全卫生规程，遵守劳动纪律和职业道德，保守用人单位的商业机密。

2. 按劳分配的原则

按劳分配是我国进行社会财富分配的主要方式，是我国经济制度的重要内容，它主要体现在以下三个方面：一是劳动者按照劳动的数量和质量获得劳动报酬；二是劳动者不分性别、年龄、种族而对等量劳动取得等量报酬；三是劳动用工者应当在发展生产基础上不断提高劳动者的劳动报酬，改善劳动者的物质和文化生活。

3. 促进生产力发展的原则

劳动法的作用就在于建立市场经济条件下的劳动力市场，建立和健全保护劳动者合法权益的法律机制，合理配置劳动力资源，使每一个劳动者都能在适合自己的岗位上发挥其才能，充分调动劳动者的积极性和创造性，提高其劳动生产率，促进生产力发展。

二、劳动合同

（一）劳动合同的概念

劳动合同是劳动者与用人单位确立的劳动合同关系，明确双方权利和义务的协议。也可以说劳动合同是建立劳动关系的凭证，是确立劳动关系的法律形式，是调整劳动关系的手段，也是处理劳动争议的重要依据。

（二）劳动合同的特殊性

作为合同的一种，劳动合同具有合同的一般特征，但又不同于其他合同，其特殊性表现在以下几个方面。

1. 合同主体是特殊主体

劳动合同的一方当事人是用人单位，另一方当事人则为劳动者。

2. 劳动者单方解除劳动合同

劳动者单方解除劳动合同，应当提前30日以书面形式通知用人单位。有下列情形之一的，劳动者可以随时通知用人单位解除劳动合同：①在试用期内。②用人单位以暴力威胁或者非法限制人身自由的手段强迫劳动的。③用人单位未按劳动合同约定支付劳动报酬或者提供劳动条件的。

3. 劳动合同的终止

有下列情形之一的劳动合同可终止：①劳动合同期限届满。②企业宣告破产或撤销。③劳动者达到法定退休年龄。④劳动者完全丧失劳动能力或死亡。⑤法律法规规定的其他情况。

三、社会保障和福利

（一）社会保险

社会保险是指劳动者因年老、患病、伤残、生育等原因而丧失劳动能力或失去劳动机会时，由国家和社会给与物质帮助和补偿的一种社会保障制度。劳动者享受社会保险待遇是劳动报酬的延伸补充，是社会发展成果的另一种分配形式。因此，参加社会保险、缴纳社会保险又是劳动者的义务。

社会保险主要有以下几个种类。

1．养老保险

养老保险是指劳动者在退休、离休后定期领取生活费用（即养老金）的一种社会保险制度。在这种制度中，养老金由社会保险承办机构从养老保险统筹基金和个人账户储存额中开支，一般按月发给，直到死亡；但对于连续工龄或缴费工龄较短者，应在退休时一次性发给。被保险人死亡后，其个人账户中的余额可由其供养亲属或其他法定继承人依法继承。

2．工伤保险

工伤保险是指保障职工因公受伤、致残和死亡时获得经济赔偿和物质帮助的一种社会保险制度。工伤保险包括下列三种情况：

（1）工伤医疗期间待遇。工商医疗期间根据伤情或职业病的不同情况一般时间为 1～24 个月，最长不超过 36 个月，这期间治疗工伤和职业病所需的住院费、医疗费、药费等费用按规定报销，享受工伤津贴，并与本单位其他职工享有同等福利待遇。

（2）致残待遇。职工因公全残的终止劳动关系，按规定按月发给抚恤金，一次性发给补助金；未全残的，由用人单位安排适当工作，并享受相应待遇，如补助金、伤残抚恤金等。

（3）因公死亡待遇。其遗嘱享受丧葬补助金、抚恤金。

3．疾病保险

疾病保险是指劳动者因公患病、负伤时，由国家和社会提供必要的医疗服务和物质帮助的一种保险制度。

（1）医疗期间待遇。医疗期间享受医疗保险和疾病津贴。

（2）致残待遇。职工患病或非因工致残，医疗期满后不能从事原工作被解除劳动合同的，由用人单位按规定予以经济补偿。

4. 死亡保险

死亡保险是指保障劳动者生前供养的亲属在劳动者死亡后获得物质帮助的一种社会保险待遇。死亡保险待遇包括丧葬费、对供养亲属按月发给抚恤金（直到失去受供养条件为止）。

5. 生育保险

生育保险是保障女职工因生育而获得物质帮助的一种社会保险制度。女职工在遵守国家有关计划生育法规和政策的前提下享受产假90天；在法定产假期间，按日从生育保险基金中支付生育津贴；生育的检查费、接生费、手术费等由生育保险基金支付。

6. 失业保险

失业保险是指为保障劳动者在失业期间的基本生活而给与物质帮助的一种社会保险制度。这里的物质帮助包括失业劳动者领取失业保险救济金、医疗费、丧葬费、供养亲属的抚恤费、救济费，以及再就业而进行的转岗培训费等。

享受失业保险应具备下列条件：

（1）失业者原来是职工而且是非自愿失业；无正当理由两次不接受职业介绍机构介绍的工作，不享受社会保险待遇。

（2）失业者必须到原单位所在地失业保险机构办理失业登记。

（3）失业者仍具有被介绍就业的条件。失业者如果丧失劳动能力或由于其他原因不能被介绍就业的，不能领取失业保障金。

有下列情形之一的，不享受失业保障待遇：①参军或出国定居的；②被劳动教养或被判刑的；③失业者具备离休、退休条件的。

（二）职工福利

职工福利是指用人单位和有关社会服务机构为保证劳动者定的生活水平和尽可能提高生活质量而向劳动者提供的一种社会保障制度，包括职工集体福利和职工个人福利两种。

1．职工集体福利

职工集体福利是指用人单位和有关社会服务机构举办的为职工提供物质生活和精神生活的福利性设施和服务。主要项目有：①职工食堂；②卫生设施，如职工医疗设备、浴室、休息室等；③托儿所、幼儿园；④文娱体育设施，如图书馆、俱乐部等。

2．职工个人福利

职工个人福利是指为解决职工生活困难和提高职工生活水平，有职工福利基金中以货币形式支付给职工的福利待遇。主要有以下几个方面：①职工生活困难补助。职工家庭人均收入低于规定标准，为保证其基本生活需要，职工向所在工会提出申请，工会核实后根据情况予以补助；②职工上下班交通费补贴；③职工探亲补贴；④职工冬季取暖补贴；⑤其他福利补贴，如独生子女补贴等。

四、劳动争议的处理与法律责任

劳动争议又称劳动纠纷，是指劳动关系双方当事人之间，在实现劳动过程中，就劳动权利和义务而发生的纠纷。劳动争议的当事人一方是劳动用工单位，另一方是劳动者个人，他们之间因劳动权利义务关系发生的争议，才构成劳动争议。

（一）劳动争议的内容

（1）因开除、除名、辞退和劳动者辞职、自动离职而发生的争议。

（2）因执行国家有关工作时间、休息休假、工资、社会保险和福利以及劳动安全卫生方面的规定而发生的争议。

（3）因职工调动、职业技术培训等而发生的争议。

（二）劳动争议的预防

对待劳动争议要以预防为主。为了预防劳动争议的发生，除应加快劳动立法步伐，加强对劳动法规、政策的完善外，企业经营者和职工应当认真学习《劳动法》及其他劳动法规和政策，逐步提高依法办事、遵纪守法的自觉性，学会依法保护自己的合法权益。

企业经营者应当充分认识到，把劳动法规、政策交给广大职工，是保持企业稳定和搞好经营管理的需要。为此，要自觉建立并完善企业劳动制度，要自觉建立并完善厂规厂纪，结合企业的实际情况，把国家的劳动法律、法规和政策具体化。要遵循平等、自愿、协商一致的原则与职工签订劳动合同，并履行合同；要自觉依法行使主权，尤其要依法处理违纪职工，避免感情用事。

职工应当充分认识到，作为劳动者，不仅享有权利，也应当承担义务。为此。要自觉遵纪守法，服从企业行政的管理；要学会依法与企业签订劳动合同，并严格履行合同；要自觉刻苦地学习文化技术，全面提高自身素质，以完成生产（工作）任务；要爱护公共财产，保守企业的生产（商业）秘密；要自觉依法处理与企业管理人员的矛盾，发现自己的合法权益受到侵害，应依靠法律、通过法律手段维护合法权益。

（三）劳动争议的处理

1. 劳动争议的处理原则

《劳动法》第 78 条规定，解决劳动争议，应当根据合法、公正、及时处理的原则，依法维护劳动争议双方当事人的合法权益。

2. 劳动争议的处理程序

劳动争议处理程序是指劳动争议发生后，当事人依照法律规定提出申请，可以向本企业劳动争议调解委员会申请调解；调解不成的可以向劳动争议仲裁委员会申请仲裁；对仲裁裁决不服的，可以向人民法院起诉。《劳动法》规定，劳动争议发生后，当事人可以依法申请调解、仲裁和提起诉讼。

（1）调解。这里所说的调解是指企业劳动争议调解委员会对劳动争议双方当事人进行的调解，不包括劳动争议在仲裁或诉讼程序中的调解活动。劳动争议发生后，当事人双方不愿协商或者协商不成的，可以向本单位劳动争议调解委员会申请调解，调解委员会收到申请后应当征询对方当事人的意见，如果对方也同意调解，应在30日内结束调解，经调解达成协议的，制作调解协议书。调解协议书具有法律的约束力，双方当事人应当自觉履行。双方当事人不能达成调解协议以及调解委员会未能在规定的期限内结束调解的，视为调解不成，当事人在规定的期限内，可以向劳动争议仲裁委员会申请仲裁。

（2）仲裁。劳动争议仲裁是劳动争议仲裁机构根据劳动争议当事人的请求，对劳动争议依法做出的公正判断和裁决的行为。劳动争议经调解委员会调解不成的，双方当事人可以向仲裁委员会申请仲裁，劳动争议当事人应当从劳动争议发生之日起60日内以书面形式向仲裁委员会申请仲裁。仲裁裁决一般应在受到仲裁申请之日起60日内做出。当事人自收到仲裁裁决之日起15日内，不向法院起诉的，裁决书即发生法律效力，当事人必须履行。

（3）诉讼。劳动争议诉讼是劳动争议当事人不服劳动争议仲裁委员会的裁决，依法向人民法院提起诉讼，由人民法院依法审理的处理劳动争议的方式。当事人对仲裁裁决不服的，可以自收到仲裁裁决书之日起15日内向人民法院起诉。一方当事人在法定期限内不起诉而又不履行仲裁裁决的，另一方当事人可以申请人民法院强制执行。人民法院经依法审理做出判决后，当事人如不服，可在法定期限内提出上诉，逾期不上诉的，判决即发生法律效力，当事人必须执行。一方不执行的，另一方可请求人民法院强制执行。

另外，因签订集体合同发生争议，当事人协商解决不成的，当地劳动行政部门可以组织有关各方协商处理。因履行集体合同发生争议，当事人协商解决不成的，可以向劳动争议仲裁委员会申请仲裁；对仲裁裁决不服的，可以自收到仲裁裁决书之日起15日内向人民法院提起诉讼。

（四）违反劳动法的法律责任

1. 用人单位违反劳动法的法律责任

（1）用人单位制定的劳动规章制度违反劳动法律法规的，由劳动行政部门给予警告，责令改正，处以罚款；对劳动者造成的损害应当承担赔偿责任。

（2）用人单位的劳动安全设施和劳动卫生条件不符合国家规定或者未向劳动者提供必要的劳动防护用品和劳动保护设施的，依法追究行政责任；情节严重的，提请县级以上人民政府决定责令停产整顿；对事故隐患不采取措施，致使发生重大事故，造成劳动者生命和财产损失的，对责任人员依法追究刑事责任。

（3）用人单位强令劳动者违章冒险作业，发生重大伤亡事故，造成严重后果的，对责任人员依法追究刑事责任；用人单位非法招用未满16周岁的未成年人或者违反对未成年工和女职工的保护规定，侵害其合法权益、造成损害的，应依法承担刑事责任、民事责任。

（4）用人单位违反规定，延长劳动者工作时间，或以暴力、威胁等非法限制人身自由的手段强迫劳动或者侮辱、体罚、殴打、非法搜查和拘禁劳动者的，由公安机关对责任人员处以15日以下拘留、罚款或者警告；情节严重的，依法追究刑事责任。

（5）用人单位招用尚未解除劳动合同的劳动者，对其原用人单位造成经济损失，或因用人单位的原因订立的劳动合同被确认无效，对劳动者造成损害的，应当依法承担赔偿责任。

（6）用人单位无理阻挠劳动行政部门，有关部门以及工作人员行使监督检查权，打击报复举报人的，依法承担行政责任；

构成犯罪的，依法追究刑事责任。

2. 劳动者违反劳动法的法律责任

（1）劳动者违反规定的条件解除劳动合同或者在没有解除原用人单位的劳动合同又同其他单位订立劳动合同，给原用人单位造成损失的，应承担赔偿责任。

（2）劳动者违反劳动合同中约定的保密事项，给用人单位造成损失的，应当依法承担赔偿责任。

3. 劳动法主体违反劳动法的责任

劳动行政部门或者有关部门的工作人员滥用职权、玩忽职守、徇私舞弊构成犯罪的，依法追究刑事责任；不构成犯罪的，给予行政处分。

思考题

1. 当前国家对大学毕业生就业的原则是什么？
2. 可调配派遣的条件是什么？
3. 北京接受非北京生源应届毕业生的条件是什么？
4. 劳动合同终止的条件是什么？
5. 用人单位违反劳动法的法律责任有哪些？
6. 劳动者违反劳动法的法律责任有哪些？

第九章 培养职业素质

第一节 职业素质的性质

面对充满着机遇和挑战的时代，不断进行职业素质培养，不断学习每个人生存和发展所必需的新知识，不断更新与完善自我，是成功把握机遇迎接挑战的前提。不断提高职业素质已成为我们将来立业创业的关键。

一、概 念

职业素质是指以人们从事的某种职业所需要的知识技能为核心，通过学习和实践而形成的、在职业活动中经常发挥作用的基本品质。

专业知识和专业技能是职业素质的核

心内容。人们从事着职责各异、形式不同的职业，不论从事何种职业，从事不同职业的人，对其所应具备的专业知识和技能均有着特定的要求，如画家要求有不同于一般人的颜色辨别能力和空间想象能力；教师要有广博的知识和高尚的人格；作家要有敏锐的感受力和较强的语言表达能力等。人的职业素质是以专业知识、技能为核心，由多种因素构成，它是人的身体素质、心理素质、社会文化素质等根据不同的职业要求有机结合而成的。

人的素质是人所应具备的基本品质，人的职业素质则是人在职业活动领域中所应具备的品质，它是在某些职业活动中具体体现出来的。职业素质是在人的素质的基础上发展起来的，职业素质的发展，促进人的素质以及综合素质全面提高。

二、性　质

（一）内在性

职业素质的内在性是指一个人对所从事的职业要求的专业知识的内化，它一经形成就以潜能的形式存在，只有在职业活动中才能充分的展现出来。有件发生在 1974 年的趣事很能说明这个问题：山东大学的知名教授高兰去医院看望一位朋友，他发现那位朋友的床上有一双千补百衲的线袜，他劝朋友说："一双袜子何苦费这么大神去补呢？就是要俭省，又何至于此呢？"这位朋友解释说："可是我没有许多布票去买袜子。"高先生有些奇怪地说："那你何不去买双尼龙袜子呢？这种袜子既不用布票也不用补底，还十分耐穿哪！"没想到这位朋友惊奇地反问道："难道有这种袜子？"这个在 20 世纪 70 年代还不知道尼龙袜子为何物的人，可不是个孤陋寡闻的人，他就是 30 年代初就留学法国并获文学博士学位的山东大学一级教授、副校长冯沅君先生。他以诲人不倦的精神、博大精深的学识、严肃认真的治学态度在学术界享有崇高的声誉。冯沅君先生的职业素质，是无法从他日常生活中的某些表现去判定的。由此可见，职业素质与人的职业活动密不可分，职业实践活动是人们职业素质外化的纽带。

（二）稳定性

著名的经济学家孙冶方在“文化大革命”中被扣上“中国经济学界最大的修正主义分子”的帽子投进了监狱。他在狱中不仅没有放弃自己正确的学术观点，而且开始了《社会主义经济论》一书的艰难写作。狱中既没有纸，也没有笔，于是他就在心里不停地打腹稿。一章一节，一字一句，经过严密的推理论证后，都印刻在脑子里，并不时地反复默记。这部书共 22 章 183 节，他打腹稿多达 85 次，每个月还要对全书回忆一次，修改一番。出狱后，他凭着记忆，一挥而就，一部极有学术价值的专著就这样问世了。孙冶方的经历说明，一个人的职业素质一经形成，就成为一种心理特征，往往经常地、稳固地在人们的职业实践中表现出来。只有那些稳定的、在不同情况下都表现出来的基本品质才能称之为职业素质，而那些偶发的、没有经过内化的、只在某种特定的条件下才会偶有表现的言论和行为并不是人们的职业素质。

（三）专业性

职业是指个人在社会中所从事的作为主要生活来源的工作。在当今社会，要从事某职业，必须经过专门的职业训练，这个训练过程也就是职业素质的养成过程。所以，一个人的职业素质是针对某一职业而言的，具有很强的专业性。大凡在职业领域中有所建树的人，都具有很强的专业知识和技能。比如，李嘉诚是地产专家，邵逸夫对电影了如指掌，而包玉刚简直就是一部航运百科全书。现代社会分工日趋精细，人们职业活动的对象和范围有着很大的不同，各行各业对从业人员的职业素质要求有很大的差异，某些职业素质对从事该职业的人员来说有十分重要的意义，但对从事其他职业的人员来说并不重要。一项工作，需要有这项工作所特有的职业素质，这就是专业性的最大体现。

（四）发展性

职业素质的稳定性并不意味着职业素质本身是恒定不变的。实际上，人的职业素质的形成既包括生物进化过程中所获得的特性，也是接受和掌握人类社会历史发展成就的结果。因而在不同社会历史发展时期的人，通过职业实践所积淀的职业素质是不同的。客观上，不同的时代总对人的职业素质提出不同的要求。在人类历史发展的长河中，已经历了农业经济时代、工业经济时代，而在新的世纪人类社会又即将进入一个以知识和高科技为支撑的知识经济时代。未来的知识经济时代明显不同于以往任何时代的特征，对人们的职业素质提出了特殊的要求。知识经济时代是以知识为基础的时代，一个人没掌握符合这个时代要求的语言和技能就有可能失业。一个人不仅要掌握本民族通用语言，也要掌握外语、计算机语言；不仅要掌握专业技能，而且要掌握网络技术；否则，个人的活动和交往将受到语言和技术的制约。一个人职业素质的形成既受自身条件的制约，又受时代发展的影响，要从时代发展的需要出发，发展、提高自己的职业素质，还要经常充实职业素质，这样才能做好工作。

三、意　义

（一）良好的职业素质是人生存的需要

生存是人的第一需求，它是人们维持和发展生命的首要条件。人类这一需求的满足总是同一定的物质条件相联系，在不同发展阶段人们对生存的要求是不同的。职业是人们解决生存需求的重要手段。在社会主义市场经济初步确立的今天，良好的职业素质已经成为人们维持生存和提高生存质量的根本。这主要是基于以下因素。

1. 就业难度增大，需要提高职业素质

我国走市场经济的道路是历史的、必然的选择，市场经济已经渗透到每一个家庭、每一个人生活的方方面面，它好像是一只无形的大手在操纵着每一个人。市场经济使我们可以自由选择学校，选择职业，选择单位；可以自主立业创业；可以通过竞争上岗担任国家公务员和领导干部；可以炒上级主管的"鱿鱼"；等等。然而，市场经济也使人失去或正在失去长期禁锢个人自由发展的单位所有制、部门所有制、职务和职业终身制、劳动就业的计划分配制、住房无偿分配制、医疗公费制，等等。因此，市场经济带给我们的不仅仅是个性发展的自由，更多的是生存的压力与发展的竞争。

我国在进入20世纪90年代以后，经济进入了调整时期，进而开始了一个新的发展阶段。同时以"服务市场经济，提高办事效率"为宗旨的政府机构改革也逐渐开始。这一些都使得就业形势更为严峻。

就业形势尽管如此严峻，但是机遇和挑战也从来就是一对孪生兄弟，人们只有根据市场经济的要求调整和充实自己，不断提高自身素质，提高自己谋生的本领，才能实现个性化的发展，才能生活得更好。因此，优良的职业素质是我们生存的根本。

2. 建设小康社会，需要提高职业素质

建设小康，需要高科技成果和新的经济，以知识的生产、传播和使用为基础的新的经济，已显示出勃勃生机。这种新的经济已经引起了发达国家产业结构的变化，劳动密集型和资本密集型产业向技术密集型和知识密集型产业转化，使用高新技术发展传统产业，不断进行设备和工艺的更新及产品的换代，从而赋予了传统产业以新的活力。这种新的经济形态不仅意味着经济的增长、产业结构的升级，也意味着劳动力结构的调整。一方面，新技术革命形成了新兴产业，需要有相应知识和技能的劳动者来填补和支撑，创造了新的就业领域；另一方面，新技术革命使得传统产业不断提高劳动生产率，逐渐挤出富余劳动力，使劳动力走向更好的就业市场。

以世界第二大汽车制造商福特企业为例，从1995年开始，福特企业的每一地区性子企业不再独立研制自己的车型，不再对接近新车型的某个部件的现成设计进行修改来使之适合于新车型，而是应用最现代的信息技术，跨越各大洋和越过时间界限，通过视频和计算机网络进行设计，以建立全球一体化的经营机制。这样，过去的地区性子企业合并成两个大的单位，分别服务于欧美市场和亚洲与拉美市场。研制、采购、销售，对每一个环节，福特企业在全世界范围内都力求做得尽善尽美，避免任何重复的劳动，即使是最偏僻的地区分企业也是如此。福特企业所进行的改造节省了高达数十亿美元的开支，并可望削减成千上万个高技能的报酬优厚的工作岗位。由此可见，经济化全球和新技术革命使人们面临的竞争更加激烈，昨天还从事着颇有前途的工作的人们很可能在一夜之间就失去工作。

此外，随着教育、科技的发展以及家庭办公等新的工作方式的盛行，新就业岗位将层出不穷，这使得企业对从业人员的职业素质要求不断提升。

3．躲避创业风险，需要提高职业素质

市场经济要通过价格杠杆和竞争机制的功能，把资源配置到效益较好的环节中去，促进企业的发展，以实现优胜劣汰。因此，市场经济和社会化大生产客观上要求劳动者在工作过程中进行流动和岗位、职业的变换，以达到资源的合理配置。所以，在市场经济条件下，没有不衰退的企业和产品，也没有“一招技术吃一辈子”的铁饭碗。特别是随着知识经济的到来，科学技术的创新和衰退速度加快，职业的风险系数也就不断增大，在这种情况下，从业者必须要用发展变化的眼光看待自己所从事的职业，时刻有所准备、有所选择，提高自己对下岗失业和再就业的适应能力，使自己有备无患，最大限度地规避风险，为自己创造一个良好的生存空间，提高每个人的生存条件，实现人生的最大价值。

(二) 良好的职业素质是创业的根基

创业就是创办一项企业。具体到个人来说，它是创业者寻求自我生存发展的过程，是创业者改变现状和开拓未来的过程。这是一个艰辛的过程，它需要创业者有百折不挠的意志、奋发进取的精神、吃苦耐劳的作风、敢于创新的勇气。

1. 职业素质影响事业的开拓能力

如果说选择一个准确的创业基点是创业中关键一步的话，那么，如何进一步地拓展已有的事业则是创业过程中非常重要的一步。人们常见有些创业者在事业稍有起色时，或沾沾自喜、坐吃山空，或茫然无措、裹足不前，这是由于创业者缺乏对职业发展前景的预见能力所造成的，而这种预见能力正是由一个人的职业素质所决定的。

石油大亨保罗·格蒂就有着惊人的远见，敢于忽略大众意见。由于他的性格与决策时常“超越常思”，因此他被视为一个反叛既成制度的人物。第二次世界大战结束后，据说中东有丰富的石油，各地决定到中东的“中立区”去发展。要打入这个所有石油大企业都垂涎三尺的新市场是件很不容易的事，他花了很多钱才签到合约。在许多人眼里。格蒂签这么一个合约实在是笨蛋。许多人甚至预言他会丢掉所有的钱！在经营的头4年里格蒂一滴油也没有打出来，但是格蒂一点也没有泄气，他始终相信这里有石油，这里的石油迟早会被发现。他的坚持终于得到回报，1953年终于钻出了石油。后来，格蒂对“中立区”进行纵深钻探，发现这一地区确实有非常丰富的石油。他不墨守成规，不肯听信他必定失败的预言，这使他能一而再、再而三地找到石油。

相反，如果一个人不具备一定的职业素质，即使是因为各种因素使他拥有了一定的财富，但在再创业的过程中也往往会失去自身的优势，甚至会一蹶不振。据有关部门统计，我国改革开放后的第一代富翁70%出身贫寒，没有接受过中等、高等教育，他们饱尝贫穷的辛酸，当改革开放为他们打开致富之门时，他们很快就富了起来。但是，他们当中也有一部分人，一旦功成业就其进取心也就消失殆尽了，摆脱贫穷的渴望使他们把享乐作为占有财富的惟一目的。他们的职业素质限制了他们的发展，使他们昨日的辉煌渐渐暗淡下来，职业素质的优劣，影响着长远发展，展现着人生的荣辱。

2. 职业素质影响创业决策

选择一种适合自己的职业，是人们创业的第一步，也是关键的一步。这一步迈得如何，直接关系到失业能否成功。具有一定职业素质的人，往往能够准确地选择出既适合于自身特点又能与社会需要相联系的职业作为自己的创业起点。

本田汽车的创办人本田一郎，1906年生于日本一个小村庄。他年纪很小时便对机器有着浓厚的兴趣。他在自传中说："当我开始生产摩托车时，很多好朋友都预言我会失败，千方百计地阻止我……我不听他们这些悲观的论调。因此，在1948年9月24日我开设了本田摩托车企业，今天，本田的摩托车遍布全球。"1967年本田又决定要生产小型而耗油量低的汽车。这又是一个正确的决策，因为20世纪70年代的石油危机，使美国家庭摒弃惯用的大型车，本田"思域"转瞬间成为美国家庭的新宠儿，缔造了一个"日本奇迹"，直接间接地使日本工业在国际舞台上由小配角成为主角之一。本田的创业经历提示我们，只有具有一定的职业素质，才能找准创业的基点，才能做出正确的决策，才能在创业过程中少走弯路、取得成功。

常看到有些人胸怀雄心壮志，能吃苦耐劳，但是在他们的创业过程中却往往屡战屡败，只见耕耘不见收获。这在一定程度上是由于他们没有一定的职业素质，找不准事业的起飞点，加之机遇的错过，使之先天不足加上后天不顺，导致失败。

第二节 职业素质的组成

一般认为职业素质包括四个方面：思想政治素质、科学文化素质、专业技能素质和身心素质。其中思想政治素质是职业素质的灵魂。

一、思想政治素质

（一）定 义

思想政治素质，也称思想道德素质，是指人们在理想信念、人生价值观和道德素养方面的水平或状况。

理想信念是思想政治素质的核心，它是一种推动和鼓舞人们前进的强大精神动力，也是一种支持人们克服困难、经受严峻考验的坚强的精神支柱。生活在社会主义中国的大学毕业生应该确定共产主义的人生观，并为此而努力奋斗。

道德作为调节人与人之间的关系规范，是任何社会都不可缺少的，但不同的社会以及在同一社会的不同发展阶段上，人们的道德有所不同。社会主义初级阶段的道德内容是，以为人民服务为核心，以集体主义为原则，以“五爱”为基本要求，加强人们的社会公德、职业道德、家庭美德的修养。

（二）性 质

1. 思想政治素质是职业素质的灵魂

职业素质还包括科学文化素质、专业技能素质和身心素质。科学文化知识包括自然科学和思维科学等各种科学知识，要把这些人类文化成果内化为自身的素质，就需要以马克思主义的观点和方法为指导，树立正确的学习目的和动机；否则，就有可能使学习者误入歧途。近来有些人信奉封建迷信，崇拜伪科学，就是因为他们忽视了自身的思想政治修养而造成的。思想政治素质对科学文化素质起着统帅作用，规定着科学文化素质的性质和发展方向。

身心素质与思想政治素质也有着极为密切的关系，只有树立了正确的人生观、世界观，才能对人生和社会有客观、积极的认识和反应，才能站得高、看得远、心胸开阔，并具有一定的承受挫折的能力和积极乐观的人生态度。只有具有一定的思想政治素质，才能形成较好的身心素质，因此说思想政治素质是灵魂、是生命。

2. 思想政治素质是履行岗位职责的保证

思想政治素质是人们的精神支柱和精神动力。我国是人民民主专政的社会主义国家，社会主义的本质就是要解放生产力、发展生产力，消灭剥削，最终达到共同富裕。社会主义根本任务的实现，要靠每个从业人员通过职业分工分担社会责任来完成。以什么样的事业心、责任感、工作态度对待自己的职业，是拈轻怕重、提条件、要报酬，还是不计名利、任劳任怨、无私奉献，这些都体现了一个思想政治素质的优劣。一个人只有具备了一定的思想政治素质，才能在职业活动中刻苦钻研业务，提高技能，讲究产品质量、服务质量，注重声誉，忠实地履行自身岗位职责。从业人员的思想政治素质直接关系到是否能忠实地履行自身的职责，能否为社会主义祖国做出贡献，关系到能否诚信，也关系到整个企业形象。

（三）内　容

1. 崇高的理想

理想是人们在实践中形成的具有事先可能的对未来的一种追求和憧憬。理想是人类特有的一种精神现象，是社会存在的反映。任何理想都是一定社会的历史条件和经济关系的产物，它随着社会历史条件的变化而变化，随着社会经济关系的发展而发展。作为社会主义社会的从业人员，我们的理想就是社会主义、共产主义理想。理想有最高理想和共同理想之分。最高理想就是实现社会主义的社会制度，这是共产党人的最终目标。这个最高理想的实现是一个漫长的历史过程，在这个过程中又制定了阶段性的理想目标。在现阶段就是为建设有中国特色的社会主义，把我国建设成为高度文明、高度民主的社会主义现代化国家而奋斗，这不仅是现阶段共产党人的理想，也是我国各族人民的共同理想。在这一理想的指导下，我们还应从现实出发确立正确的职业理想，树立为社会主义现代化建设服务的坚定信念。正确的职业理想是我们事业成功的精神动力。

爱国主义也是理想信念中的重要内容。爱国主义作为千百年来形成的对自己祖国的热爱，不仅是一种深厚的感情，而且更是一种坚定的信念。在当代中国，爱国主义信念是与社会主义信念结合在一起的，我国各族人民的共同理想就是这种结合的体现。我国是人民当家作主的社会主义国家，爱祖国就是要树立起民族自尊心和自豪感，把崇高的爱国热情凝聚到建设有中国特色的社会主义伟大事业之中，为祖国的统一、繁荣和富强贡献自己的力量，有理想、又爱国，人生存在才有意义。

2. 正确的人生价值观

人生价值观，就是人们认识和评价自己在社会中所处的地位和作用所特有的基本观点。不同的阶段有着根本不同的人生价值观。无产阶级在马克思主义世界观指导下，科学地认识了自己的历史使命和人生真谛，建立起正确的人生价值观。在无产阶级看来，人生的真正价值在于对社会的贡献或创造，只有在为人类创造幸福的过程中才能获得个人的幸福。这是迄今为止人类历史上最科学、最高尚的人生价值观。生活在社会主义中国的青年人应该树立这种科学的人生价值观。

为此，我们在职业活动中，要正确处理个人利益和社会利益的关系，树立为人民服务、为社会服务的人生价值观，把国家和人民的利益放在首要地位，既要关心个人利益，又要提倡无私奉献，努力做到个人利益和社会利益的和谐统一。当个人利益与社会利益发生矛盾时，要勇于牺牲个人利益，维护党和国家的利益。

3. 良好的道德素养

道德渗透到社会生活的方方面面，广泛地干预、调整着人们的行为规范，良好的道德素养主要体现在社会公德、职业道德和爱情婚姻道德等方面。

在社会公德方面，在处理人与人关系时要文明礼貌，互相尊重；诚实守信，言行一致；乐善好施，热心助人。在公共场所，应遵守秩序，爱护公物；尊老爱幼，见义勇为。在人与环境的关系上，要维护环境卫生，制止污染环境；爱护生态环境，保护矿产资源。

在职业道德方面，要爱岗敬业，诚实守信，办事公道，服务群众，奉献社会。

在爱情、家庭道德方面，要尊老爱幼，夫妻和睦，勤俭持家，邻里团结。具体来说就是要求人们在婚恋中要尊重对方的感情，以互爱作为缔结婚姻的基础，要恪守男女平等的原则，对爱情要忠贞，不损害妇女儿童的利益；抚养、爱护子女，尊敬、赡养老人；在家庭生活中不铺张浪费，不讲排场摆阔气，勤俭持家；处理好邻里的关系，特别是现代社会邻里关系更为重要。

二、科学文化素质

（一）定　义

科学文化素质是指人们对自然科学、社会科学、思维科学等人类文化的各种基本知识的认识和掌握的程度。

自然科学是研究自然界的物质状态、结构运动规律的科学，它是人类改造自然的实践经验的总结；社会科学是以社会现象为研究对象，研究并阐述各种社会现象及其发展规律的科学；思维科学是研究人们思维的发生、变化规律的科学。在现代社会里，任何人的职业素质都是以一定的自然科学、社会科学和思维科学等知识为基础而形成的，一个不具备一定科学文化知识的人，在现代社会是难以立足的。

但是需要指出的是，科学文化知识与社会文化素质是两个根本不同的概念。科学文化知识是人类在实践的基础上对自然和社会环境以及人类自身认识的结果，是人类活动经验的概括与总结；而科学文化素质则是指人们对一定的科学文化知识内化后而形成的相对稳定的身心特性及其结构。科学文化知识可以脱离于活的人体而存在于书本、磁盘、录音等实物性媒体中，还可以用文字、语言、图像及其他符号性工具得以表现；而科学文化素质不能脱离活的人体而独立存在，科学文化素质同人的生命及活动是联系在一起的。因此，要具备一定的科学文化素质，仅仅依靠知道一些科学文化知识是不够的，还必须要内化为自身的品质。

（二）性　质

“知识就是力量”，培根这句脍炙人口的名言从来没有像今天这样体现在我们生活的方方面面。在今天，人们的科学文化素养已经开始影响到现代人的生活质量，同时也在不断地影响着和改变着人们的思想观念、价值标准以及现代社会对每一个公民的基本要求。作为中等职业学校的学生，提高自身的科学文化素质更具有十分重要的意义。

1．时代发展的必然

20 世纪 80 年代前对世界首富排名时，前十名几乎全是石油大王，因为石油是工业经济时代名副其实的润滑剂，是资源经济的命脉。而今天，排名在前十名的一半以上与信息等高科技产业相关。因为信息是未来知识经济时代的润滑剂。在知识经济时代，国际间、企业间的竞争优势将不再是由土地和资本决定，而是由人力资源所决定。

有无竞争优势，主要取决于其拥有人力资源的数量和质量。

一个人的财富，也取决于其拥有的其智力资本，这已成为现实生活中初显端倪的事实。在美国，在35岁以前就已经挣到100万美元的人，他们通常是由于卖出了高科技产品而致富。这些受过高等教育、聪明、有创造力、精通计算机的年轻人被称为“金领”。

早在70多年前列宁就曾指出：在一个文盲充斥的国家里是建设不了共产主义的。今天，人们更是深切地感受到：在一个文盲充斥的国家里是不可能实现现代化的。邓小平指出：“国家、国力的强弱，经济发展后劲的大小，越来越取决于劳动者的素质，取决于知识分子的数量和质量。”只有拥有一批杰出的人才，我们的国家才能繁荣昌盛，经济才能腾飞，社会才能全面进步。我们肩负着几代人的强国梦的重任，我们的素质如何直接关系到社会主义事业的全局。全面地提高自身的科学文化素质是时代对我们每个人的要求。

2. 专业知识结构的必然

专业知识结构是由从事各种专业的人所需要的共同知识、相应的专业知识和辅助知识等构成的。这种知识结构的形成，应建立在起码的科学文化素养的基础之上，其科学文化素质越高，专业知识结构就越坚实。即使是重新选择职业，也能很快适应新的工作环境和要求；相反，则不易适应工作的变化。劳动部最近一次的调查发现，下岗职工的文化程度普遍较低。现在世界各国都在大力提高劳动者的基础科学文化素质，也就是提高整个民族的科学文化素质，使人们的知识结构更合理。

在狭窄的地基上难以建起高楼大厦，许多在职业领域取得出色成就的人，往往得益于其扎实的科学文化素养。爱迪生是一位对世界做出了重大贡献的伟大发明家，但他只受过3个月的“正统教育”。这是不是说对天才来讲基本的科学文化素养是没有必要的呢？事实上是学校的“正统教育”难以满足爱迪生强烈的求知欲望。他退学后，就每天在母亲身边学习功课。他9岁生日时，母亲买了一本《自然科学大观》送给他。好多年以后，爱迪生提到这本书还说：“那是我一生中所收到的最有价值的礼物。”这本书不仅成为他试验工作的基础，更激起他的想像力。当爱迪生10岁生日时，他已看过休姆的《英国史》、施尔司的《世界史》、卡尔顿的《忧愁的解剖》以及数本科学词典。这些知识的积累为使爱迪生成为世界上独一无二的发明大王奠基了扎实的基础。

任何一种职业都是集自然、社会、思维诸学科于一身的。一个人的科学文化素质如何，直接关系着其职业素质的优劣。如果不掌握一定的科学文化知识，合理的专业知识结构就会成为空中楼阁，过硬的职业素质更无从谈起。应该根据自己的情况有的放矢地加强对科学文化知识的学习，为出色地完成职业任务多积累深厚的专业知识。

（三）内　容

科学文化知识是人类在生产和生活中创造和积累起来的智慧，它浩如烟海。而我们每个人的时间和精力却是有限的，想要广泛涉猎中外书海，掌握科学大权，在现代社会是不可能的。大学毕业生要从自身的爱好、特长出发，结合所学专业的具体情况，形成具有自身特色的科学文化素质。其基本内容是：

1. 具备较强的科学精神

我国著名的科学家竺可桢在《科学枝方法与精神》一文中，将文艺复兴以后的欧洲近代科学精神总结为以下三点：不盲从，不附和，一切以理智为依归。如遇横逆之境，则不屈不挠，只问是非，不畏强暴，不计厉害；虚怀若谷，不武断，不专横；专心一致，实事求是。概括起来，科学精神主要包括：求实、创新、进取、怀疑、协作、献身等。

居里夫人是一位杰出的科学家，由于她对世界科学与医学的杰出贡献，她曾两次荣获诺贝尔奖。在她的一生中充满了磨难，她生于多灾多难的波兰，在巴黎大学求学时她一贫如洗，寒冷的冬夜只能将报纸和椅子压在身上取暖，饥饿常常使她昏厥。中年时又失去了相濡以沫、志同道合的丈夫。但是所有这些都没有动摇居里夫人对科学的不懈追求，她不向贫穷弯腰，不向财富低头，更不为荣誉所累，在她身上所体现出的这种伟大的科学精神同她发明的镭一起成为世界人民的共同财富。

对每个人来说，也只有具备一定的科学精神，才能在职业生活中脚踏实地，勤于探索，勇于创新，善于合作；相反，如果缺乏科学精神，不仅工作上、方法上难以创新，工作质量上难以提高，而且还难以抵制伪科学、伪生命科学、伪气功、伪科学发明、伪劣产品、虚假信息，以及在某些部门中出现的虚报工业产值、瞒报出生人口、多报农民人均收入等行为。科学精神是人们创造性地完成职业任务的根本保障，是科学文化素质的重要内容。

2. 具有浓厚的求知欲和创新意识

创新是一个民族繁荣昌盛的动力和灵魂，也是一个民族科学文化素质高低的重要标志。

强烈的求知欲望表现在许多方面，比如，不耻下问、敢于向权威质疑、善于在实践中发现问题，等等。除此之外，还表现在热爱书籍上。书籍是人类进步的阶梯，是知识的系统化和理论化。世界上凡是科学文化素质较高的民族，没有一个不是酷爱读书的民族。犹太人的智力水平在世界各民族中占有优势，尽管犹太人四处颠沛流离，却仍能产生像马克思、爱因斯坦、门德尔松等无数杰出的思想家、科学家和艺术家。犹太人在全世界的富豪中名列前茅，在历届诺贝尔奖得主中占有惊人的比例，其重要的原因之一就是这个民族酷爱书籍。在每一个犹太人家里，当小孩稍微懂事时，母亲就会翻开《圣经》，滴上一点儿蜂蜜，然后让小孩去吻《圣经》上面的蜂蜜。其用意是告诉孩子：书本是甜的。古时候犹太人的墓园里常常放有书本，因为“在夜深人静时，死者会出来看书的”。这种做法的象征意义是：生命有结束的时刻，求知却永无止境。犹太人家庭还有一个世代相传的传统，那就是书橱要放在床头，要是放在床尾就会被认为是对书的不敬而被禁止。犹太人不焚书，即使是一本攻击犹太人的书。联合国教科文组织 1988 年的一次调查中表明，在以犹太人为主要人口的以色列，14 岁以上的以色列人平均每月读一本书；全国的公共图书馆和大学图书馆 1 000 多所，平均 4 500 人就有一所图书馆，在有 450 万人口的以色列，办有借书证的就有 100 万人。在拥有图书和出版社及每年人均读书的比例上，以色列超过了任何一个国家，为世界之最。

江泽民指出：“创新是一个民族的灵魂，是一个国家兴亡发达的不竭动力。”只有创新，才能促进社会的发展，实现人类进步。第二次世界大战后的日本，遍地瓦砾，满目疮痍。但是，就是在这样一片废墟上却迅速地崛起了一个现代化的国家。日本一跃而成为世界上“经济大国”，成为世界上最富的国家之一。总结其成功的经验，其中一条最重要的经验就是日本重视科技人才的创新意识、创新能力的培养。日本技术教育的目标就致力于技术创造力、运用技术的创造力和销售产品的创造力三种创造能力的培养。日本就是通过科学教育的普及、技术的引进与创新，使产业不断优化，从而使日本成为今日世界的经济大国。日本成功的经验提示我们，在我们的社会主义现代化建设过程中，要重视教育的发展和国民创新意识、创新能力的培养，这也是我们能否兴旺发达的重要因素。作为21世纪的建设者，必须要有意识地培养自己的创新能力，这既是为社会多做贡献的需要，也是个人实现自我的能力、实现自身价值的途径。要具备一定的创新能力就要了解创新的条件、创新的方法、创新性思维、创造的技法等知识。创新并不是单纯的标新立异，它蕴含着深刻的科学精神，必须要以深厚的科学文化功底作为基础。要刻苦学习科学文化知识，开拓自己的视野，也要勇于实践、勇于探索、勇于创新。

三、专业技能素质

（一）定　义

专业技能素质是指人们从事某种职业时，在专业知识和专业技能方面所应具备的基本品质。随着职业的日益分化、细化，无论从事何种工作，都必须具有过硬的专业技能素质；否则，根本无法履行自身的岗位职责。专业技能素质是职业素质中的核心内容。

一个人的专业技能素质越强，在职业活动中所发挥的作用就越是显著，创造力也就越强。专业技能素质时通过内化专业知识和掌握专业技能而成的。专业知识和专业技能又是实际运用并不断获取专业知识的必要条件。

（二）重要性

1. 有利于提高生活质量

著名的经济学家加尔布雷恩思博士说：“工业社会的动力是金钱，但在信息社会确是知识。人们将会看到一个拥有信息且不为无知所挟的新阶级出现。这些人会拥有权力——但这权力并非来自金钱，不是来自土地，而是来自知识。”专业知识将成为人们拓展生存空间、提高生活质量的必备条件。在这样一个时代，财富和金钱不再来自于继承，只要拥有专业知识和技能，并懂得运用这些知识和技能去发明和创造，就能够开拓自己美好的人生。

2. 有利于增强竞争实力

社会为每个人创造了更为广阔的发展天地，提供了更为均等的就业机会。然而一个人能否找准自己的职业位置并有所作为，在很大程度上要取决于自身的竞争实力。竞争实力主要体现在一个人所具有的职业素质上，而职业素质中的核心内容就是专业技能素质。在现实的生存竞争中，社会总是首先认可那些除了具备社会文化、心理和生理素质外还具有良好的专业技能素质的人。过硬的专业技能素质是一个人从业的基础、创业的根本、生存的必需。

3. 有利于实现自身的人生价值

生活在一个职业分工较细的时代，社会通过职业分工来提高效率，创造更多、更精彩的物质产品和精神产品；而个人不仅要以职业作为活的稳定生活来源的谋生手段，还应以纯熟的业务、精湛的技术做好本职工作，服务人民，奉献社会，以实现个人的人生价值观。要具备专业技能素质，从业人员就要认真学习专业知识，掌握专业技能，不断地运用专业知识和技能进行创新，只有坚持不断创新、努力奋斗，才能实现人生价值。

（三）内　容

1. 专业技能

所谓专业技能，是指在领会专业知识的基础上，经过反复训练而形成的技术能力。专业技能的形成应以专业知识的领会为基础。比如要熟练地掌握五笔字型的打字法，就要先学习笔画的分区、拆字原则，然后才能开始练习，在此基础上才能熟练运用。

学习了专业知识并不等于形成了专业技能，技能的形成必须要经过反复的练习。比如，一名经验丰富的警察在茫茫人海中仅凭双眼就能识别出窃贼；技艺精湛的外科医生能将断开的肢体接补得天衣无缝；特警战士在坚硬的水泥地面上猛摔狠打却毫毛无损。他们这些技能，并不是天生的，也不是一朝一夕就能形成的，而是经过反复练习才获得的。

专业技能是做好工作的必要手段。这是因为与有意识的动作比较起来技能的动作较容易完成，消耗的精力较少，能够更好的完成任务，大大地提高了工作效率。专业技能可以使人从对细节的思考中解放出来，把意识集中到活动中最重要的任务与内容上，这样就能使人们在完成这个活动的过程中有更多的创造性。

形成熟练的专业技能，要通过认真学好、弄懂专业知识，才能形成专业技能。专业技能的形成有一个反复训练的过程，这一过程有时是相当枯燥的，在练习的初始阶段更是如此。要求我们在技能训练的过程中要有吃苦耐劳的精神和不畏艰难的顽强意志。

2. 专业知识

专业知识是指建立在一般科学文化知识基础上的与其所从事的职业密切相关的知识。

以写武侠小说而闻名于世的金庸，创作的武侠小说被评价为：文笔铿锵，布局新奇，蕴藉空灵，雄奇浩瀚，卓然成家。金庸如果没有专业知识，是不会取得如此辉煌的成就的。但是，其专业知识的获取又是建筑在一般的科学文化知识基础之上的。例如，金庸的私人藏书在香港无出其右，他每天坚持读书 6 个小时以上。他有一个绰号“活辞海”，同事们有了疑难问题不用去查书，直接去问他。如此深厚的基础文化知识，应用到写作方面，金庸的成名就是顺理成章的事了。同样的道理，要成为一名教师，在具备扎实的科学文化知识的同时，对所教授的专业还应有深入的了解，同时要具备教育学、心理学等方面的知识。具备一定的专业知识是形成专业技能的素质的必要前提。

要具备扎实的专业知识，要勤于学习，这是掌握专业知识的重要途径。在勤奋学习的过程中，还应善于思考。专业知识并不是素质，它只是一种潜在的能量，只有将其融会贯通，并在现实生活中加以运用，它的能量才能得以释放；要处理好基础知识和专业知识的相互关系。一个人的专业知识结构是建筑在起码的文化水平之上的，文化水平越高，专业知识机构的韧性就越强，对工作的适应就越快。不能将视野局限在自己的专业上，而是应该结合自己的爱好特长，广泛地涉猎各种知识。凡是优秀的专业人才，都是建立在丰厚的基础知识和广博的知识面的基础上的。

四、身心素质

（一）定 义

身心素质是指人们在身体和心理两个方面所表现出来的稳定的基本品质。

身体素质是指人体在先天遗传和后天影响的基础上所形成的体格和精力等相对稳定的基本品质。体格是指人体的生长发育水平、营养状况和锻炼程度的状态。主要包括：体质、体力、体能和体形。精力是指人们在处理日常事物，从事工作、学习、娱乐和人际交往过程中所表现出来的精神状态。人的体格和精力，既有先天遗传的因素，同时也受社会环境、营养保健、运动锻炼及自我生活规律等因素的影响。比如，有些生来体弱多病的人经过后天的锻炼和自我保健，身体状况会得到很大程度的改善。形成健康体魄需要人们身心素质的提高作为基础。

心理素质主要是指人的个性心理品质。个性心理品质是指人在各种心理过程中经常地、一贯地表现出来，具有一定倾向性的心理特征的总和，也就是指一个人的基本精神面貌。

（二）重要性

1．身体素质的重要性

健康的体魄是生活幸福的依托，是成就事业的基础。如果身体长期有病，会使光明的前途蒙上阴影，而强健的生命活力，即使遇到不幸的境遇也能化险为夷。在我们的一生中，有许多美好的憧憬与向往，然而，实现美好愿望的物质基础就是身体的健康。健康的体魄是人们享受人生、努力进取的重要保证。在工作和生活中，如果总是疲乏、精神萎靡、体弱多病、处处不适、力不从心，怎么能愉快地生活、忘我地工作呢？一个人只有身体健康，才能精力充沛、乐观自信，才能以积极的态度面对生活和工作中的困难与挫折。在知识经济时代，社会的发展和知识更新的速度日益加快，生活和工作也是快节奏、高效率，竞争与压力已经成为现代人生活中的主旋律，健康的体魄对于人们抵御生活中的各种压力起着极为重要的作用。大学毕业生走向工作岗位时，要面临着繁重的工作任务和艰苦的工作环境，面临着激烈的竞争和自我完善与提高。为实现这些，需要有强壮的身体和充沛的精力做保证、做基础，没有健康身体其他都无从谈起。

2. 心理素质的重要性

（1）有利于自身的全面发展。道德品质的形成依赖于个性心理品质。许多品德不良的人或者是因为其世界观和人生观不科学；或者是因为其意志薄弱，不能抵抗外界的诱惑；或者是因为认识能力欠缺，难以形成正确的善恶观念等。个性心理素质对一个人道德品质的形成具有十分重要的影响。某一道德品质一旦形成，又将影响人的个性发展和整个心理面貌。智力水平的提高依赖于个性心理品质。尽管人的智力发展水平不尽相同，但是个性品质好的人都善于把自己的智慧和能力有效地运用到学习中去。当心理处于精神饱满、情绪高昂、信心百倍、充满希望、积极进取、不断追求的最佳状态时，学习、工作的态度就积极，对学习和工作就不会感到枯燥厌烦，自身的潜能就会得最大限度的发挥，并会焕发出无穷的创造力；相反，情感抑郁，情绪低落，对什么都不感兴趣，干什么都没有信心，不抱希望，放弃追求，即使智力非常好，也不会使自身的潜能充分地发挥出来。最后，良好的个性心理品质有利于身体健康。心理健康是个人身体健康的一个重要部分。一个人为了更好地生活，就必须不断地对环境做出相应的适应，一旦人不能适应各种刺激，就会产生各种疾病。现代医学证明，有许多疾病的起因都与心理因素有关 。长期的忧虑和烦心，没有控制的感情和脾气，现代生活的高度压力和快节奏，都可以使心脏、肾脏、肝脏和其他重要器官产生功能减退的变化，并且带来高血压和动脉硬化。所以，良好的个性心理品质对于提高人们的身体健康是不可缺少的。

（2）有助于创造宽松的人际环境。人际交往是人类的基本需要，一个人若与世隔绝，往往会出现不同程度的心理障碍。尤其是在生活节奏日益加快、竞争日趋激烈的今天，宽松的人际环境对提高我们的生活质量、缓解工作压力都具有十分重要的意义。人与人之间存在着个性差异，和谐的人际关系的形成与良好的个性品质是分不开的。比如，真诚、理解、可信赖、热情、善良、友好、开朗、幽默、负责等性格特征，有利于增强人际之间的吸引力，有助于建立和维持良好的人际关系；而不良的性格特征，如自私、贪婪、自负、虚伪、挑剔、猜疑等，则阻碍人与人之间的团结，不利于人际之间的交流，使团队精神受到削弱。

（3）有助于顺利完成职业任务。社会经济的发展为我们的发展提供了更多的机会，也使我们面临着许多的风险与挫折，今天你是时代的宠儿，明天你可能就会下岗待业，如果没有良好的个性心理品质，就难以调整好心理落差，尽快找到适合自己的工作。在职业活动过程中，从业人员将面对很多复杂的人际关系和工作上的难关，没有良好的个性心理品质是难以经得起职业考验的。如果一个人有着健全的个性心理品质，他就会襟怀坦白、富有同情心，与周围的人友好相处；他就会对学习和工作认真负责，有创造精神，主动进取，有自制力，意志果断而顽强，对生活乐观、充满希望；他就会保持个性的独立性，正确认识和评价自我，并能努力改正和克服自身的缺点和不足，以适应职业的要求，保持认识、情感、意志和行动的协调一致。良好的个性心理品质是人们创造性地完成职业任务的基础。纵观古今，杰出的人才都是具有良好的个性心理品质的人，健康的心理品质使他们在职业活动中无论遇到什么样的困难与挫折都能重新奋起。19 世纪初叶匈牙利数学家亚诺什 23 岁时已基本上完成了非欧几何学，但遭到他的父亲、数学家法尔卡的强烈反对，手稿也被母校的老师丢失。当时的数学权威高斯明知亚诺什的理论是正确的，因为害怕保守势力围攻而不支持他的研究。亚诺什还因车祸得了脑震荡，身体半残，父亲又把他赶出家门。就是在这种情况下，亚诺什继续努力，终于成功地创立了非欧几何学。如果没有良好的个性心理品质，人们将无法面对纷繁复杂的环境，无法做出任何伟业。

(三) 身心素质的内容

1. 身体素质的内容

(1) 体格强健。体格强健主要包括发育正常。人体各生理组织的功能健全，智力、感觉能力、语言能力、运动能力正常，五官、四肢和内脏等方面无障碍、残疾和缺陷，为身体健康。对外界的各种刺激感应准确、敏锐，适应快，耐受能力强，在各种环境下都能积极有效地从事工作和学习；机体有较强的免疫力，不生病或很少生病；动作协调准确，行动迅速有力，能克服较为强大的阻力；人体的耐力好，能从事长时间的肌肉活动；灵敏素质强，在日常的工作生活中能够灵敏地发现和处理各种情况，并能迅速而果断地采取措施。

强健的体格，除了得益于先天的影响以外，主要靠持之以恒的体育锻炼和饮食营养。坚持长期体育锻炼，能提高人体体温的自我调节能力和御寒能力，提高机体的免疫力，加快人体的新陈代谢，改善大脑的营养状况，提高大脑的工作能力。不仅如此，体育锻炼还可以塑造健美的体形，使身体匀称，肌肉健壮优美，动作灵活协调，举止端庄优雅。合理的营养是保证人体正常生长的因素，也是体格强健的物质基础。为此，要建立合理的膳食制度，一日三餐的分配要适应工作和活动的需要；要均衡地摄取各种营养素，要食不厌广、食不厌新；在进餐时，不可暴饮暴食，狼吞虎咽。过度饮食，会使肠胃发生急性扩张，引起肠胃消化吸收功能紊乱，严重时会引起肠胃疾病，因此还是生活、饮食有规律为好。

（2）精力充沛。精力反映着人的意志、灵敏性及身体活动的持久性和稳定性等特征。精力充沛主要表现在工作中精神饱满、旺盛，意志坚定，反应敏捷，动作果断有力，能够长时间地在各种环境中工作。

充沛的精力首先来源于体格的强健。一般情况下，体格强健，精力就充沛；相反，体弱多病，体力减弱，精力就会不支。其次充沛的精力还来源于人的执著追求和坚定信念，以及各种良好的生活习惯。一个人如果有着坚定的思想信念和追求目标，对生活充满信心，他就会合理地安排自己的生活作息，始终保持旺盛的精力。

2. 心理素质的内容

（1）健全的能力。能力是指一个人能够顺利地完成某种活动的个性心理特征。能力主要在学习、工作和完成各种具体任务的活动中表现出来，能力的高低直接影响着活动的效率、水平及成果的质量。

能力可以分为一般能力和特殊能力两大类。一般能力是顺利完成各种活动所必不可少的心理基础。它主要包括观察力、记忆力、想像力等基本的认识能力。特殊能力则是反映从事某种专业活动所必须的能力。比如相声演员的模仿能力特别出色，而画家的色彩辨别能力和空间想象能力更出色。

一般能力与特殊能力密切相关。一般能力往往寓于特殊能力之中，并通过特殊能力表现出来；另一方面，一般能力的发展为特殊能力的发展创造了有利条件，而特殊能力在发展的同时也促进了一般能力的发展。一般能力与特殊能力对于从业人员来说是一样重要的。对大学毕业生来说，有意识地培养自己的一般能力，对形成特殊能力有着极其重要的作用。要有意识地锻炼和发展自己的观察能力、记忆能力和想象能力。只有在一般能力获得充分发展的基础上，才能根据工作特点和工作要求，在专业学习和训练中逐步养成特殊的职业能力。

（2）健康的情感。情感是人对客观事物所持态度的主观体验。在每个人的人生历程中，都会经历酸甜苦辣咸，都会感受喜怒哀乐。当客观事物符合或满足人的某种需要时，就会使人产生愉快、喜悦、满意、幸福之情；当客观事物不符合或不能满足人的需要时，又会使人产生沮丧、失望、悲哀、愤怒之情。情感作为人的精神活动的重要组成部分，对人的自身发展和职业活动有着十分重要的作用。现代医学研究表明，长期精神紧张的人易出现消化道和心血管方面的疾病；多愁善感、抑郁寡欢的人易感染呼吸系统的疾病。所以，情感丧失往往会导致身体功能的失调，情感和谐则可以增进身体健康。在进行职业活动的过程中，积极健康的情感能使人思路开阔、思维敏捷、身心处于活动的最佳状态，从而能够有效地完成工作任务。相反，如果产生了消极的情感体验，就会抑制人的积极性，降低工作效率。健康的情感还有利于人们适应社会。迈出校门后首先面临的就是如何适应社会，没有健康的情感是难以做到的。比如，有的学生满怀信心走向社会，但当面对复杂的工作关系和人际关系时却茫然无措，甚至陷入消极苦闷的情感之中，久而久之就会感到生活烦闷、人生无味，有的甚至会因悲观厌世而轻生，也有的因难以排解心中的失落和苦闷而成为精神病患者，还有的整天心事重重、浑浑噩噩混日子。因此人们必须学会有意识地调节自己的情感，时时保持欢乐、愉快、轻松、镇定、平静、安详等积极的情感体验，使自己的生活逐步充实起来，以积极的态度对待工作。

养成健康的情感的措施是：①要树立正确的人生观。只有确立了正确的人生观，才能不计个人得失，始终保持乐观向上的情绪；才能不畏艰辛，积极进取；才能不怨天尤人，脚踏实地，乐观自信，热爱生活，适应生活。②要积极参加各种有益的活动。在活动中，可以不断获得新知识、新经验，充分发挥自己的聪明才智，丰富生活内容，开阔思路，使自己获得充实感和满足感，发展健康积极的情感体验。同时，丰富多彩的文娱活动还能陶冶人们的性情，使情绪有适当的表现机会，有利于培养高尚的情操。③要学会自我控制。每个人都有喜怒哀乐，但是不能任由自己的情感如脱缰的野马无节制地狂奔。要善于调节、控制自己的情感，特别是在情绪比较激动时，应努力保持清醒的头脑，以逐渐缓和猛烈的情绪，使自己的言行更富有理智和分寸。要学会几种调控情感的方法，如倾诉法、发泄法、转移法、回避法、升华法等，从而排除悲愤、抑郁等消极情感，保持积极、稳定的心态，保持良好情感情绪。

（3）坚强的意志。意志是自觉地确定目的，并根据目的来支配和调节自己的行动，克服困难，从而实现预定目的的心理过程。意志是人类所特有的心理现象，是人主观能动性的集中表现。凡是人们有意识的活动都含有意志成分，都需要有意志的参与。例如，奥斯托洛夫斯基在 23 岁时因枪伤等原因造成了终身瘫痪，接着又双目失明，但他并没有自暴自弃，而是克服重重困难，躺在病床上完成了世界名作《钢铁是怎样炼成的》。这种表现在人的行动中，有预定目的，就是意志行为。这种行为体现出人的意志力减弱。

坚强的意志是成就事业的柱石。坚强的意志包括：①自觉性。具有自觉性的人在行动中不轻易受外界的影响，也不拒绝合理的建议，具有很强的独立自主性，总是千方百计地克服困难，以实现自己的目的。②果断性。具有这一品质的人善于明辨是非，在紧急情况下能当机立断，即使冒很大的风险也能迅速行动；而在情况发生变化时，又能立即停止执行已做出的决定。③自制性。自制性很强的人，善于控制自己的情感，能克服不利于达到目标的心理障碍。④坚韧性。意志坚韧的人在执行决定时，能长期保持充沛的精力，以坚忍的毅力，克服重重困难，达到目标。由此可见，坚强的意志品质是我们做好任何一种职业的基础，没有意志我们将一事无成，没有坚强的意志我们将碌碌无为。我们肩负着神圣的历史使命，要不断磨炼自己的意志，以良好的姿态迎接新的挑战。

培养坚强的意志的措施有：①培养坚定的信念。这是培养意志自觉性的基础，一个人只有具有坚定的信念，才能产生正确的动机、远大的目标和果敢的行动。②在实践中磨炼自己的意志。坚强的意志并不是一日之功，它来自于长期的自觉磨炼。在生活、学习、工作中遇到的种种困难和挫折，都是培养、锻炼意志的机会，只有在这些困难和挫折面前迎难而上，克服它、战胜它，才能逐渐形成坚强的意志品质。③为自己选择学习的榜样。选择自己最为钦佩的人作为学习的榜样，用他们的事迹和豪言壮语来激励、鞭策自己，在遇到困难和挫折时，以他们为精神力量，战胜困难，向自己的目标奋进。意志的培养并非是易事，要从点滴做起，长期坚持，才能养成坚强的意志。

第三节 职业素质的养成

一、意 义

随着职业的日益分化、细化，各种职业系统的专业教育与训练的专业性越来越强，不接受系统的专业教育和训练就从事某种职业几乎是不可能的。各种类型的专业技能培训层出不穷，下岗职工的再就业培训也成为当今社会的一道风景线。

大学毕业生正在学校接受正规、系统的专业教育和训练，这对养成良好的职业素质有着十分重要的意义。高校的教育是根据特定专业的性质和任务，从构筑大学生合理的素质出发来组织教学内容，并按照教育规律，采用各种形式的教学方法对学生进行理论教育和技能训练。这种教育可以增强职业素质养成的目标性和目的性，避免自我发展的盲目性。另外，由于当今世界新理论、新知识、新技术的更新速度日益加快，每个大学毕业生都将面临着终身教育的问题。正规的专业教育培训，是更新知识、掌握新技能的重要手段，也是今后终身学习的良好基础。

二、珍惜机会

每个人的学习机会都来之不易，而且正处在汲取知识、完善自我的黄金时代，应该把握这大好时机发奋学习。在学习中应做到：①要树立正确的学习观念，真正从思想上认识到学习的重要性，克服急功近利的思想，做得住“冷板凳”，不为外界的浮躁所干扰，这样才能在短暂的学习时间里掌握到扎实的理论知识。②学习要持之以恒，贵在坚持，要坚持每天学习，不可一日曝十日寒。③学无止境，每个从业者的知识和技能都要随着时代的发展而不断地更新、充实，将来走上工作岗位后，也还要孜孜不倦地学习，使自己追上时代发展的步伐。④学习要从自身的特点出发。由于遗传基因、后天环境、教育和家庭影响的不同，每个人的爱好、特长会各不相同，从素质教育的观点出发，在学习过程中，就要结合自己的爱好和特长，充分发挥自身的潜能，克服学习中的盲目性，少走弯路，掌握教师们的思维方式，培养自己终生学习的习惯。

三、实践的磨炼

养成良好的职业素质，是为了能够更好地从事职业活动，同时职业活动又是检验职业素质水平高低的标准。要注重理论知识的学习，更应该积极地参加到各种实践活动中去，在实践中学习知识、完善自我。

在投身实践的过程中，要虚心向有经验的同行学习。当踏上社会这个大课堂时，会面临许多课堂上、课本中找不到答案的问题。需要做有心人，细心观察，认真思考，探寻解决问题的途径；要虚心向有经验的同行请教学习，他们的经验是在长期的职业实践中积累起来的，具有很强的针对性和实用性，注意学习他们的经验，吸取他们的教训，这种学习比起书本上的学习来更为直观、具体、有效，是提高职业素质的有效途径。在实践活动中要有不怕吃苦的精神，经验的获取没有任何捷径可走，必须经过自己切身的实践与体验，在实践过程中会遇到很多困难和问题，比如工作环境艰苦，工作任务繁重、枯燥等，这就要求克服不利因素的影响，自觉地磨炼自己，增长才干，积累经验，特别是要注意积累失败的经验，避免以后走弯路。

在进行实践的过程中，不仅要勤奋，能吃苦耐劳，还应勤于思考，善于总结，找出实践过程中的成绩和不足，并通过学习和思考制定出改正的计划和方案。在以后的实践中，才能发扬成绩，克服不足，从而使自己的职业素质在实践中不断地完善、提高。在总结的过程中，要实事求是、一分为二，既不可妄自菲薄，只看到问题的存在，看不到成绩的取得，丧失信心；更不能狂妄自大，过高地估计自己，满足于成绩的取得，从而裹足不前。要全面正确地看到存在的问题，这样才能制定切合实际的改进计划，为下一阶段的实践活动打下基础，使自己的职业素质每经过一次总结和实践，却能得到一些提高。

要反思过去、解剖自己、省察自己，同自己的不正确思想做斗争。它的作用是：通过内心的自我反省和检查，一旦发现自己言行有不正确的地方，就要勇敢地改正过来；如果自己的言行是正确的，就要坚定地坚持下去，发扬光大。

思　考　题

1. 什么是职业素质？
2. 职业素质的特点是什么？
3. 职业素质对人才成长有什么意义？
4. 职业素质的构成什么？
5. 思想政治素质的重要性是什么？思想政治素质的内容有哪些？
6. 科学文化素质包括哪几方面内容？
7. 如何培养专业技能？
8. 身心素质是如何构成的？
9. 如何培养自己的职业素质？

第十章 择业准备

第一节 入学初期的择业准备

走进大学校门，多数大学生都会有一种一下子放松下来的感受，有时一些烦恼会以意想不到的方式一同涌来，在这个时候，如何高效地让学生调整心理状态，更快、更好地完成从中学到大学的角色转换，成为摆在每位教育工作者面前的重要问题。

一、尽快确定以择业为导向的学习目标

迈入高等学府的大学生等于在人生旅途上进入了新的起点，是成功的跨越到了一个新台阶，多年的努力终于如愿以偿。不过，此时新的考验正在产生。不少人在

这个时候容易丧失目标，而这一步恰恰又是很关键的。

留心观察周围人到一个新地方如何思考、如何积极制定新目标时，自己的想法自然会丰富起来。如果能及时调整自己的心态，进一步明确自己想要什么，有了新的想法，并为之而兴奋时，就完成了大学生活的最初准备。完成这个观察与思考对于即将开始新生活的大学生来说是一个非常好的开端。

可是并不是所有人都能认识到大学是人生旅途中的重要驿站，清楚地知道大学期间将要面临的任务和如何有计划和全面地利用好这段时间，以及建立高考之后的新目标有多重要。

刚进入大学的学生如何重新修订自己的目标呢?

根据自己对自己的要求将要面临的任务以及和你有关的其他人的想法综合起来考虑可以得到最佳答案。举例来说，如果对自己的要求涉及读大学的目的，首先需要扪心自问，了解自己的目标定位在哪里，以便在以后的大学生活中检查自己的目标执行情况。

如果认为上大学是为了提高自己做人的品位，丰富自己的知识结构，锻炼自己的能力，要采取的行动之一就是要寻觅实现这个愿望的途径有哪些，因为光有课堂上讲的知识不足以达到你的目的，所以可能还要思考如何利用图书馆，如何拜访知名人士，如何参与社会活动，在自己所处的群体中如何发挥作用等。当然，毕业时你是会进一步深造还是参加工作以及如何应聘，这些打算都要及早逐步地定下来。

读大学是为了求得一份好工作，这是大多数人所持有的动机。持有这个动机说明你喜欢操纵自己的生活，如果还能付诸于实际行动，说明你有为自己负责的自觉意识。这时候要确定自己的目标也许冒一定的风险。

如果还没有深入想清楚为什么要读大学，报考大学只是因为家长意愿或者是人们都这样，确定目标的首要任务是探讨在大学的整个时期究竟想要得到什么，什么是可以自己把握的，动员自己为这个想要的目标做出努力。如果不清楚自己想要的是什么，那么探索的任务更重要。

学校的计划只是大学生要达到学习合格的要求之一，并不包括大学的所有目标。学校的学习计划针对的是所有学生，每个人还要结合学习计划和自己的特点、想法订出符合内心需要的计划来。如何做人、如何处世、如何提升品位、如何创造自己的人生等多方面都是要个人计划好的，接下来的工作是遵循这个计划去过好自己的生活。

二、确立榜样，指导学习和生活

大学学习生活是艰苦又丰富多彩的，大学生的学习任务也是多方面的，如果你单纯认为完成专业学习任务是大学生活的惟一，那就会使自己目光短浅，妨碍全面发展。在大学的生活中，要在学习专业技能的同时，投入相当的精力来培养自己积极的生活态度，比如说要学会驾驭自我和处理人际关系。这项学习是人生旅途中的长期任务，如果有生活学习上的榜样，就能少走弯路，避免因缺乏经验而造成的失误。所以要寻找一个能指导、影响学习、生活的榜样。

（1）父母。如果他们有教育经验，善于家庭沟通，有适当的期望，并且尊重选择，那就是难得的生活向导。他们往往比别人更了解自己的孩子，随时都能指导他们解决具体问题。

（2）老师。以那些富有爱心、有丰富的阅历、善解人意，并能以朋友的身份出现的老师为自己的良师益友。会为大学生活带来很大的帮助。无法明确自己的努力方向，缺乏学习方法而不得要领，工作和学习产生矛盾，对一些社会现象认识不清，都能因为有良师益友的指点而受益匪浅，在与老师的探讨中，不断地完善自己，使自己更加成熟。

（3）尊敬的长辈。如果他们受过良好的教育，有难得的生活经验，已获得一些成功，对晚辈有着承上启下的责任心，可以追随这样的人，认他为生活、学习的导师。当想获得成功而缺乏经验时，当对生活角色缺乏必要的认识时，当在亲情方面有所缺失而感到孤单时，当对社会信息了解甚少时，能得到长辈的指点，从他们那里学习认识某些社会现象的方法，了解人生的意义，探知自己的前程。

（4）校友。高年级的同学和已毕业的校友也能成为生活和学习的榜样。应拜那些在各方面有出色的表现，善于沟通，并且有与人交往热情的优秀生为师。因为你们年龄比较接近，他们能理解你们的想法，对在学校生活中的各种问题都有经验性的指点。通过与他们的交流，让你可以预见性地看见今后的自己，使现实的努力更有把握，学习计划更符合社会的需要。

以上的举例都是比你年龄大的人。可能现实生活中同辈的朋友更多。是的，你有朋友固然好，但这不能代替生活、学习中的导师，除非你的同辈朋友确实出色，有超越同龄人的见解与能力。能积极为自己的成长寻觅导师的人是不甘平庸的人，是想追求有质量生活的人，是希望人生道路成功的人。

三、入学初的学习心态调衡

（一）正确认识大学生活

大学是知识的殿堂，是培养人才的学堂。相当一部分刚入大学的大学生的心态是：对大学生活期望过高，现实生活与自己头脑中绘制的那幅诗情画意的图景相距甚远。他们不习惯六七人一间的宿舍，不习惯排队打饭的食堂，不习惯大学教师的讲课方式，不习惯“没人关心我”的集体生活环境。于是，收到录取通知书的激动和兴奋被某种失落感所替代。大学生新生活，给予大学生的除了兴奋，更多是思考、探索。

正确认识思考大学生活，尽快适应大学生活，是大一新同学面临的第一个成长课题，也是对其心理素质的首次考验。大学不是宾馆，也不是天堂，更不是自己那个温馨的家。但它有这些场所所不具备的独特条件：学识渊博的教师、丰富的图书资料、浓厚的学习气氛和独特的校园环境……如果你能树立主动调整心态的意识，为自己确立新的奋斗目标，尽快建立新的生活秩序，就会比别人更快地进入角色，更早地开始真正的大学生活。

大学生活是增强适应能力的重要阶段。有的同学说："与中学相比，有截然不同。"中学时，多数同学吃住在家，生活由父母安排，学习由老师规划，自己只要按他们的安排行动就行了。进入大学以后，离开了父母和家乡，生活要由自己安排，学习要由自己规划，一开始总是不太适应，容易出现问题。比如，晚上宿舍里的室友爱高谈阔论，而早晨困倦难起，只好挤掉早餐；中午不能抓紧时间休息，下午上课时没精打采；不重视体育运动，体质容易下降；不会理财，钱花不到刀刃上，经济常感吃紧；对大学的管理和教学方式很不适应，学习成绩容易滑坡……以上问题的出现会导致情绪低落等心理及生理上的不适，这些都是适应不良、不能及时调教的结果。

每个大学生都要经过一个过程：开始初期，有人陷入了盲目和被动，他们任消沉情绪自由泛滥，而不能以积极的态度有意识地处理新生活中遇到的各种问题。这种态度对自身的发展进步极为不利。心理学的研究表明，智慧、意志和自觉意识在适应环境的过程中有重要价值。"适者生存"是生存竞争的普遍规律。适应环境的能力是在适应环境的过程中提高的。环境是客观存在的，不能因为我们对它不适应而改变它的现状，需要改变的是我们自身。对于初次离开家庭进入一个新环境的年轻人来说，生活上、心理上有一个适应过程是正常现象，当你处理好适应期各种问题的时候，你就进步了、成长了。适应能力的提高，不仅对你四年的大学生活有重大意义，而且对你毕业以后适应各种环境、处理好人生道路上遇到的问题都有重要意义。这个适应过程不能过长，应越短越好。

要学会独立思考，切勿盲目服从别人。大学校园中，除了本班同学外，还有广泛的交往环境，除了课堂学习外，还有许多活动，也有不少来往。有更多自由选择的空间和机会，这正是大学学习的特点和优势，它更有利于学生学习的主动性和积极性的发挥。同学们来自祖国各地、天南地北。人们的生活态度、生活习惯、思维方式、思想素养以及人格品质都存在很多差异。在这个新的社会生活环境中，会使你的眼界更加开阔，思路更加扩展，这对你的成长是有好处的。但在这个较为复杂的环境里，也必然会有某些消极的东西影响到你。对此，你要用自己的头脑去思考、去分辨，不要盲从，这是学会做人、培养独立人格的重要一环。

（二）大学生在校期间心态分析

（1）认为考入的大学不理想，自己就会没有出息。这是消极而且片面的看法。无论你在哪里学习，你都可以选择让自己唱一台好戏，并且付出行动上的努力。任何一个环境一定会有你取之不尽的成长资源，外在因素相对于内在因素而言，起决定作用的一定是你自己。与其抱怨环境，还不如让自己调整好心态，以实际行动来证明自己是有实力的。社会需要真才实学和工作才干，大学的牌子硬不硬无关紧要，关键要看你能否把掌握的知识用到生活实践和自我发展中去。

（2）常常沉入考大学不理想的沮丧情绪中，提不起精神。一般耐挫折能力差的人容易保持这种心态。要知道，学习就好像是一场游艺场的竞争过程。高考这场竞赛你暂时失利了，并不等于你一直会失利，你还可以再努力，说不定下场比赛领先的就是你。但是如果你态度消沉，不能及时地从挫折中走出来，等待你的还会是失利。在每所学校里都有不少优秀的学生，他们毕业之后做出的成绩已超出同辈人。他们能行，你也能行，关键是现在就要行动起来，总结经验教训，转败为胜。高考失利影响你的是能否进入自己想要就读的大学，而你的知识和学习能力并没有丢失。如果你不能迅速地调节好自己的心态，你丢失的还要更多。只要不认输、不气馁、不放弃，你就没有什么失败。失败不能失态，这是成功的基石。

（3）经历了几年寒窗苦，认为到大学就可轻松。这种心态使不少大学生失去很多宝贵的时间。有的毕业生在离开学校之时写到：梦开始的地方——某某大学某某系，梦醒时刻——毕业分别的那一天。但愿我们更多的人不会有这份遗憾。大学的学习方式与中学大不相同。大学的学习方式将使你拥有不少的自主权，你可以按照自己的学习计划、节奏去完成学业，相对而言，这对你的自律能力有了较高的要求。如果你不从这点着手来提高自己，便会导致学习无计划，成绩落后，自尊心下降，待到毕业时刻后悔自己蹉跎了大好的学习时光。大学阶段是为你今后职业生涯做准备的重要时期。试想，现在轻松过日子，将来就要紧张找工作，学习期间，要自己给自己压力，这样才能学到真才实学。

（4）理想与现实不符，茫然不知所措。这种心态比较普遍。以前的中学学习生活比较单纯，对社会的理解会有局限性，对大学生活的理解也会有不足，往往想美好的一面多于困难一面。由于心理准备不足，遇到问题就会惊慌、害怕，最好的应对方法是在问题面前保持冷静，多做些理性的思考，分析一下问题的原因、利弊，寻找问题的解决办法或者改变自己对现实的看法。经过这样的过程，你会得到锻炼，会逐步走向成熟，成为一个具有洞察力，善于分析问题、解决问题的能人。理想与现实有距离，就要从自身找原因，调整好心态，实现自己的目标。

我们共同拥有一个生存空间，对个人而言这个空间很广阔，给予我们无限自由创造生活的机会。可以为自己做多样的选择，其中一项重要选择就是如何使自己保持积极的心态，使我们拥有充实的生活。很多时候，会感觉到无力改变所处的环境，这时，以积极的心态来面对现实生活是最佳的选择。有的人习惯于埋怨环境或他人的不周，而环境和他人是很少在你控制的范围之内，不易改变，但可以控制自己、改变自己，主动地根据自己的条件添加一些适合的学习项目。不要把自己封闭起来，最好是走出去，与人交谈，或者做运动，让自己活动起来。调整好自己的心态，全方位做好接受挑战的准备，厚积薄发，成功的机遇只给准备好的大学生。

四、正确处理兴趣与专业的关系

根据兴趣和特长去选择专业，这是谁都知晓的道理，但操作起来却不一定是那么容易。根据一所大学的调查显示，每年学校大约有近20%的学生会遇到所学专业与自己的兴趣不符的问题。他们的学习动力也因此而减弱，有的人因为现实与自己的愿望相冲突而产生焦虑情绪，无所适从。随着学习的深入，这种不一致的现象还会增多。形成这种矛盾现象一般有以下几个原因：填写报考志愿时欠缺周密的考虑。父母或者对自己有影响的人代替做的决定，与自己的意愿不符。考试成绩没能达到预想的目标。如果你遇到了上述的情况，而且还想替自己今后的生活负责，那就选择以积极的态度对待面对。只有付出比别人更多的努力，自己才能有更多的机会成功。

（1）确认自己面临的现实是什么。有的学校会在第二年给予学习有能力的人重新选择专业的机会，有的学校在完成学完两年基础课时再细分学科大类中的专业攻读方向，但是比较多的人是要学会适应。此时的你要根据自己的实际与学校给出的条件做出决策。要知道自己选择的可能性，要掌握自己学习的潜力。同时还要做好充分的心理准备，知道自己将要面临的困难。一般来说，处于这类矛盾下的学习生活会比别人付出更多的时间和精力，甚至要付出很多钱。但是你想要解决问题、挑战自己，这样做一定很值得。

（2）还需要对今后想从事的工作有一个大概的设想。根据这个设想，要衡量自己必须具备哪些技能。如何学到技能以及去哪展示技能也是要考虑的。例如有位学材料专业的学生，觉得自己更适合做财务会计之类的工作，他一面学习本专业，一面在校外的一所培训学校学习会计课程；另一位学生在学工科类的专业，而他喜欢人文的学科，便在学校附近选修夜大的行政管理课。这些行动都是非常重要的。

（3）还要清醒地把握好主修课程与选修课的关系。因为不喜欢，有的人会放松主修课程而在选修课程上下功夫。要知道，完成主修课程的学习对你来说是今后发展的基础，如果不能顺利通过各科学习，获得毕业文凭，那将是非常被动的。处理好矛盾的关键是合理划分时间和精力，而不是顾此失彼。有的学生觉得学校提供的课程不能满足自己今后工作的需要，因此在校外选修了旅游、导游课程。结果他在两所学校之间跑来跑去，身心疲惫，不堪重负。如果他觉得自己无法坚持，就要决定是否继续学习。

当发现自己所学的专业不是今后想要从事的工作时，你要处理这个问题，不能等闲视之，或者无心向学碌碌无为。有的人遇到这类现实问题，采取回避的态度，不去处理，也不正视学业，让玩耍和交异性朋友来消磨大好的时光，直到面临毕业才如梦初醒。这样的状态找工作是很困难的，只能让用人单位来挑选他，而他却无法挑选单位。还有一种，有的人不喜欢自己所学的专业却也认认真真的学下去，但没有考虑到要做什么补充，结果在找工作时才发现自己没有准备好，缺乏必要的技能，想去的单位去不了，只能望洋兴叹，后悔莫及。所以慎重对待专业学习是毕业择业首要条件之一。

第二节　择业前的准备工作

大学毕业生面临着各种就业机会，也面临各种选择。这种机会和选择与个人事业的发展密切相连。想要把握机会，得出正确的选择，是与充分的就业准备分不开的。求职与择业必要的准备包括思想上的准备、文字材料上的准备等。只有不断地积累自己的求职资本，增强自己的竞争能力，才能在“双向选择”、“自主择业”中掌握主动，进而从容择业就业。

一、思想上、心理上的准备

（一）思想上的准备

“让你的理想高于你的才干，你的今天才有可能超过昨天，你的明天才有可能超过今天。”这是黎巴嫩著名诗人纪伯伦的名言，无论将来从事何种职业，我们首先要树立崇高的理想，抓住机遇，认识社会现实，服务社会。思想准备包括：抓住机遇，增强竞争意识。认识社会，树立职业理想，实现职业要求。

（二）心理上的准备

现实生活中常有这样的事，一个人颇具实力，却不一定能在竞争中取胜，甚至一败涂地，究其原因，就是其缺乏良好的心理素质，对竞争心理准备不足。下岗职工和大学生在求职与择业过程中具备健康的心理是十分必要的，求职与择业的健康心理是求职者在求职过程中情绪稳定、乐观向上的心理状态，坦然地面对各种择业机会，并能充分发挥自己的智慧和能力，达到一种较高的心理境界。自信——“天生我才必有用”。自信是一种不惧怕困难、相信自己能够战胜困难的精神优势，它建立在对自己力量的发现和正确估量的基础上，信心与自负、狂妄的区别就在于是否正确估量自己，正确地面对所遇到的困难。因此，确立信心，要正确地、全面地、客观地评价自己，学习正确地与他人比较，积极地看待自己的弱点和缺陷，认识成功或失败的原因，善于总结失败的教训或成功的经验。意志——成功的核心因素。意志，主要包括人们行为的自觉性、果断性以及顽强性。自觉性指人在行为中明确目的性；果断性是指能够及时地做出决定和去执行；顽强性是指按照目标坚持不懈，去努力，去奋斗。

如果说每个人均难免会处于困境的话，那么困境下仅在客观上有大小之分，而且它给予人们心理的影响也有轻重之别。一次求职的失败，是否会灰心丧气，是对一个人意志强弱的考验。记得郑板桥有一名诗《竹石》：“咬定青山不放松，立根原在石岩中，千磨万击还坚劲，任尔东南西北风。”自觉地磨炼自己的意志和毅力，要有明确的动机和目的，不怕失败，勇于克服困难，只要坚持不懈的努力，迟早会获得求职与择业的成功。

二、求职材料的准备

（一）求职信

1．求职信的格式

称呼：他是应聘方与招聘方的第一次接触，要礼貌，又不能生硬，你可以尊称“尊敬的先生/女士”或“尊敬的领导”。

第一部分：写明你要申请的职位和你是如何得知该职位的招聘信息的。

第二部分：阐述你将如何满足公司的要求。这一部分要写出你自己最重要的经历、最好的成绩、最重要的特长，以及自己的愿望、心情和信心等。表明你所具有的教育、技能和特征将会为公司做出贡献。

结尾：感谢他们阅读并考虑你的应聘，并表明你希望迅速得到回音。最后署上姓名和日期并加上“敬上”之类的谦语。

2. 写求职信时应注意的问题

(1) 篇幅不宜太长。哈佛人力资源研究所在1992年就有一份经典的测试报告，即一封求职信如果超过400个单词，则其有效度只有25%，即阅读者只会留下内容1/4的印象，因此写得简洁是十分重要的一个标准。一般来说，不要超过一页。

(2) 不宜有文字上的错误。写完之后要通读几遍，精雕细琢，切忌有错字、病句或文字欠通顺的现象发生。

(3) 不要重复简历。一些毕业生写出来的求职信就是把简历用另一种形式表述。求职信和简历的功能是不同的，简单地说，求职信是个人意愿的表达，而简历则是经历的客观描述。

(二) 简　历

一般来说，简历包括个人资料、教育经历、外语水平、计算机水平、社会实践经历、奖惩情况、个性特征、兴趣爱好等方面的内容，但具体内容可以根据应聘单位的要求和个人的具体情况进行选择。

对于每一位求职者来说，一份好的简历可能意味着成功的一半，因此马虎不得。要认真准备写出一份令人过目难忘、留下良好印象的简历。

简历不一定非要追求与众不同，只要把握好以下七个要点，就能够写出一份精彩的简历。

1. 真　实

简历最首要、最基本的要求就是真实。诚实地记录和描述，能够使阅读者首先对你产生信任感，而企业对于求职应聘者最基本的要求就是诚实。企业阅历丰富的人事经理对简历有敏锐的分析能力，遮遮掩掩或夸大其词终究会漏出破绽，何况还有面试的考验。

一些不甚明智的做法通常包括：故意遗漏某一段经历，造成履历不连贯；在工作业绩上弄虚作假；夸大所任职务的责权和经验；隐瞒跳槽的真实原因，如将被迫辞职说成是领导无方，公司倒闭描绘成怀才不遇等。其实任何一个有经验的招聘人员只要仔细阅读分析，鉴别履历的真实性并不难；过分渲染、天花乱坠的描述更令人反感。所以与其费尽心机，不如老老实实，只要有真才识学，加上诚信的态度，获得工作岗位的机会是很大的。

2. 全　面

简历的作用在于使一个陌生人在很短的时间内了解你的基本情况，就好像是一个故事梗概，吸引他们继续看下去。因此要特别注意内容的完整和全面，使对方对你有尽可能比较全面的印象。通常简历应当包括以下基本内容：姓名、年龄、性别、家庭住址及户口所在地、教育背景及学历、专业、外语、电脑水平、工作经历、在职培训经历、特长、业余爱好、简单的自我评价以及其他重要或特殊需注明的经历、事项等，最好是中外文对照。当然，还千万不要忘记写明各种联系方法和切实表明对工作的期望，并附上有关证明文件的复印件，以便及时联系。

3. 简　练

招聘人员每天要面对大量的求职履历，工作非常忙，一般在粗略地进行第一次阅读和筛选时，每份履历所用时间不超过 1 分钟，如果简历写得很长，难免遗漏部分内容，甚至缺乏耐心完整细致地读完，这当然对求职者是很不利的。经常有求职者觉得简历越长越好，以为这样易于引起注意，其实适得其反，淡化了阅读者对主要内容的印象。冗长■嗦的简历不但让人觉得你是在浪费他的时间，还能得出求职者做事不干练的结论。言简意赅，流畅简练，令人一目了然的简历，是用人单位最喜欢的，也是对求职者的工作能力最好的体现。

4. 重点突出

对于不同的企业、不同的职位，具有不同的要求，求职者应当事先进行必要的分析，有针对性地设计准备简历。盲目地将一份标准版本大量拷贝，效果会大打折扣。前面所讲的全面不是面面俱到、不分主次，而是要根据企业和职位的要求，巧妙地突出自己的优势，给人留下鲜明深刻的印象，但注意不能简单重复，这方面是整份简历的点睛之笔，也是最能表现个性的地方，应当深思熟虑，不落俗套，写得精彩，有说服力，而又合乎情理。

5. 语言准确

不要使用拗口的语句和生僻的字词，更不要有病句、错别字。

外文要特别注意不要出现拼写和语法错误，一般招聘人员考察应聘者的外语能力就是从一份履历开始的。同时行文也要注意准确、规范，大多数情况下，作为实用型文体，句式以简明的短句为好，文风要平实、沉稳、严肃，以叙述、说明为主，动辄引经据典、抒情议论是不可取的。有的人写简历喜欢使用许多文学性的修饰语，例如，“大学毕业，我毅然走上工作岗位”，“几年来勇挑重担，为了企业发展大计披星戴月，周末的深夜，常常还能看到办公室明亮的灯光。功夫不负有心人……”，“虽然说‘有则改之，无则加勉’，但领导无中生有的指责日甚一日，令我愤懑不已，心灰意冷，终挂印而去”，结尾还忘不了加上一句“我热切期待着一个大展宏图、共创辉煌未来的良机”之类的口号。这样的简历，只能让人一笑置之。

6. 版面美观

一份好的履历，除了以上对内容方面的要求之外，版面设计也是一个非常重要的因素，是真正“第一印象”。要条理清楚，标识明显，段落不要过长，字体大小适中，排版端庄美观，疏密得当。既不要为了节省纸张密集而局促，令阅读者感到吃力；也不要出现某一页纸只有上面几行字，留下大片的空白；还要注意版面不要太花哨，要有类似公函的风格，这才能体现出求职者的基本职业素养。如果字写得好，也可写一封信，以表现自己的文字能力。

7. 评价客观

简历中通常都会涉及对自己的评价，应当力求客观公正，包括行文中所表现出的语气，要做到八个字：诚恳、谦虚、自信、礼貌。这样会令招聘者对你的人品和素质留下良好的印象，而现在已经有越来越多的企业比重视技能和学历更加重视一个人的品行、开拓与合作精神等基本素质。倘若在众多高学历的应聘者的激烈竞争中，这方面的因素更加凸现，也常常是因为这些非技能性的因素使最终的获胜者脱颖而出。总的来说，既不能妄自尊大，也不能妄自菲薄，这一点上，分寸的把握非常重要。特别要注意避免夸夸其谈，适当坦陈自己经验等方面的某些不足，反而更能赢得好感。

准备好这样一份简历可能是需要花费不少心思和精力的。当送出自己满意的简历前去应聘，一定会增添不少的自信。

（三）求职信的撰写

撰写一封得体的求职信可能是你在寻找工作的时候遇到的最棘手的问题之一。在求职的过程中，也许是平生第一次撰写一封专业水平的信件，因此所面临的问题很多。其中包括：在许多十分重要但是又不是非常熟悉的场合下，如何去申请一个职位；如何表示满意；如何接受或拒绝对方给予的条件等。因为这些问题可能出现在不同的场合而又没有现成的公式或例子来套用。只有能体现个人才智的求职信，才能帮助你顺利地谋求到一份理想的工作。需要仔细考虑第一封信的目的及其可能产生的影响。一封平庸的私人信件根本起不到什么作用。信件要引起读者的兴趣，要反映目的，要符合特定的环境要求。

求职信切忌空洞，求职信的内容要全面具体，同时又必须是相互关联的一个整体，这样的求职信才能真正对事业起到推动的作用。一封理想的求职信还应该考虑以下几个方面：

对自己的知识水平、能力和价值做出恰当的评估，陈述兴趣和动机；

调查职业、工种和用人方情况并做出评价；

确定自己的求职目的及事业目标；

写一份专业水平的简历；

设计并逐步实施你的求职活动；

申请参加面试；

选择一份适合于自己的工作。

虽然就写求职信本身来说只与后三个步骤有直接的关系，但值得注意的是，它是整个求职过程中关键的一环。

1．写作步骤

求职信也是交际的一种形式，它可以反映出一个人的专业水平。从用人单位的角度出发考虑问题是使求职信产生积极效果的重要方法。求职人应该采取换位思考的方法，通过分析用人单位提出的要求，了解他们的需要，然后有针对性地向他们提供自己的背景资料，表现出自己独到的智慧与才干，使他们看到希望，并做出有利的决定。应该铭记，在交际过程中占主动地位的是撰写求职信的一方，而非阅读信件的用人单位。

2．写作基本原则

根据求职的目的来布局谋篇，把重要的内容领先在首要的位置上，并加以证实。

对相同或相似的内容进行归类组合，段与段之间按逻辑顺序衔接。从阅信人的角度出发组织内容。

信件要具个人特色，亲切且能体现出专业水平。切不可过于随意，也不能拘泥于格式——商业信函应该是一种既正式又非正式的文体。

意思表达要直接简洁，这样能表现出珍惜他人的时间。

书写要清晰、简单明了，避免使用术语和过于复杂的复合句。内容、语气、用词的选择和对希望的表达要积极，应该充分显示出你是一个乐观、有责任心、有创造力和通情达理的人。句子结构和长度应富于变化，使阅信人总保持兴趣。用具体事例提高阅信人的注意力，消除他们的怀疑心理。提供阅信人感兴趣的信息和内容。提供一些反映阅信人兴趣的信息。

3．求职信的类型

交际能力是你在工作中表现出来的最重要的能力，而求职信就是向用人单位展现你在这方面竞争力的第一个机会。求职信应该有说服力、通俗易懂而且亲切近人。第一个交际行为是关于个人的一个信息。

在求职过程中可能会用到以下七种信函：①申请信；②求职函；③信息型信函；④感谢信；⑤接受信；⑥撤回申请信；⑦拒绝信。

每种类型的信件都有其独到的作用，应根据实际需要进行选择。下面逐一介绍这几种类型的信息。

（1）申请信——这类信函的作用是使用人单位有兴趣看你的简历并为你安排面试。你应考虑采取的策略是说明你是符合招聘要求的人选。仔细研究招聘要求，然后选择一个或几个能有力说明你适合这份工作的方面，如受教育程序、经历、兴趣或责任心等，还要将你过去的工作表现和经历与申请的工作联系起来。

（2）求职函——这类信函的作用和写作方法与申请信大同小异，它不适用于在异地寻求工作。信函的形式要与具体的求职目标相对应。写这类信件更应注重从职业和所在机构的角度来陈述自己能够适应工作环境要求的理由。

（3）信息型信函——这类信件可以提供一次参加咨询的机会，而不是一次面试。你会在咨询会上见到一些人，他们会提供有关申请的那个工作的情况，想得到一次面试机会的初衷可能会有所改变，但是希望与一些人联系并得到他们的帮助的意愿应始终保持真诚。这类咨询会，也可以称之为人才交流会，在近年非常盛行，但是许多求职者都不能很好地利用这样的机会。它并不是一个简化了的面试过程，也不会提供更多的就业机会，但是它要求参与者精心地准备，诚恳地参与。信息型的信函正是为你提供了这样一个参加人才交流会的机会。

通常情况下，这类信函不需要附个人简历，但是在人才交流会上也许用得着，以便用人单位更了解你的意图。

（4）感谢信——这是一个非常重要但却在求职过程中很少被运用到的一种信函。它可以帮助你树立良好的信誉，表达你的感激之情，或许还能增加成功的几率。每一个帮助过你的人都值得你去感谢他们。在参加完面试之后，如果打算写一封感谢信，一定不要拖过 24 个小时，而且要给每一个会过面的人都发一封。对那些在人才交流会上见过面的人和那些给你提供过帮助的人，也应该给他们发感谢信。

（5）接受信——如果接受了对方提供的条件，应该发一封这样的信对此加以确认，也应该积极肯定用人单位的选择。通常情况下，在发出这类信函之后，应该给对方打个电话，以进一步确认有关的细节性问题。

（6）撤回申请信——一旦接受了一份工作，出于礼貌你应给其他所申请的单位发一封信，以撤回申请。对这些单位对申请者所给予的考虑表示感谢。应从个人的角度来说明接受另一份工作的原因，千万不要说你选择了一个更好的工作。

（7）拒绝信——这类信函并非只有用人单位可以发。求职者可能发现用人单位提供的条件与他们的求职目标不符，因此应该考虑巧妙地拒绝用人单位提供的条件，但是在采取这一行动之前，求职者应充分考虑那些条件，在认为确实不适合自己时才这样做，同时也不要忘记发一封感谢信，对用人单位给予的机会表示谢意。

所有上述方法都是因人而易的。求职者首先对自己要有全面和正确的了解，这样才能在求职信中体现个人的特色，展现出才华与个性。只要稍加练习，每个人都能成为写求职信的专家，写一封专业水平的求职信可以增加求职成功的几率。

三、招聘技巧的创新

曾听有过这样一个故事：一位青年去参加招聘面试，当他赶到时已经有 20 位求职者排在他的前面，于是他写了一张纸条，折好，委托秘书小组交给老板，老板看后大笑，原来纸条上写着："先生：我排在队伍的第 21 位，在您看到我之前，请不要做任何决定。"最后这位青年如愿以偿。

这位青年求职的成功从技巧方面讲，在于他新颖的创意，唤起了主考官的特别注意。能否引起招聘考官的注意，是走向成功的第一步，这一点对写求职信尤为重要。一些看似不经意的问题，有时却能起到意想不到的作用。在大学生毕业等求职的高峰期或某单位打出招聘广告之后，主管人事工作的部门常会收到大量的求职信。如果不加选择地逐一拆看，注意力必然平均分散，尤其是在工作量很大的情况下。这样你的求职信很可能未被认真看过就被扔在了一边，从而失去了进一步展示的机会。事实上，大多数人拆阅集中的来信是有先后选择的，如何使求职信在众多信件中引起注意，信封和邮票的作用不可小视。在一大堆牛皮纸封信件中，一个素白的信封可能会令人目光为之一振；如果你有些美术功底，在信封适当的位置展示一下，也许会被人欣赏；如果远在另一个城市，并对这次求职寄予厚望，不妨发一封"EMS"；在信封上贴一两枚精美的特种（T）或纪念（J）邮票，肯定能与满眼的"民居"形成强烈的视觉反差，没准对方就是一个集邮爱好者……可充分调动你的思维和创意，其目的是一个：制造反差，悦人眼目，引人先睹为快。如果能让招聘主管人员把求职信从一大堆信中捡出来，这一番苦心就没白费。求职信被挑出来了，还得让人乐意看下去，能集中心思看下去。如果练得一手好书法，正好可以派上用场，如果字写得不是那么漂亮，还是不要献丑为好，用电脑打印出来，清晰、工整而美观。在微机文字处理应用日益广泛的今天，不必担心有“不尊重”之嫌，相反这是现代意识的一种体现。求职信力求简洁，如果资料较多，确实较长，可以借鉴报纸杂志编排手法，通过设小标题，分设不同字体，分段、空行等使全部内容板块清晰、脉络分明、主旨突出，易于把握重点。否则，密密麻麻、乱糟糟一大片只恐令人难以阅读。能让人事主管人员认真审阅你的求职信，就向成功又迈进了一步。

四、求职信息的分析

获得择业的成功，不仅取决于整个社会的政治、经济状况和个人自身的体力和能力，还取决于一系列的操作过程。一般来说，择业的过程应包括以下几个方面：首先，要尽可能多地获取就业信息，包括当年的就业政策、用人单位等需要信息，对搜集到的信息进行筛选，根据自己的客观情况选择好适合自己的就业方向；其次，向用人单位发出自荐信或委托别人推荐；最后，参加用人单位组织的笔试、面试，或主动拜访用人单位。

（一）学会收集、处理信息

会选择职业的人，应是会收集信息的人。就业竞争在一定程度上就是信息的竞争，谁掌握的信息越多，谁的就业视野就越开阔，就能在竞争中争得主动权，不失时机地选择自己的位置，有力地说服该单位录用你。随着高等学校毕业生就业制度改革的不断深入，各高校毕业生就业指导办公室逐渐把一些用人单位的需求信息向毕业生们公开。

的确，许多同学因为缺乏对就业信息的必要认识，不能很好地收集、分析和活用就业信息。

我们这里所说的就业信息是指择业者事先不知道，然而经过加工整理，能被择业者接收并对其选择所从事的职业或职位有价值的消息、资料和情报。

就业信息作为人类社会信息的一个组成部分，随着社会信息的发展而不断地扩充。建国以来，我国长期形成“统包统配"的高校毕业生就业分配制度。在这种由国家统一下达就业指标，学校、个人无条件地服从国家安排的情形下，人才的供应与需求关系比较简单，人才市场尚未形成；就业信息的内容仅限于企业的名称和所需人才的数量；传递就业信息的工具也多半是文字、语言。随着经济和社会的发展，这种大学生毕业后由国家指令性计划分配到全民所有制单位当干部的分配制度越来越显出其弊端。随着人事制度、劳动制度的改革和人才市场的建立，就业信息内容愈益丰富、多样，传递的工具和渠道也大大超出了语言、文字界限，图表、广播、计算机网络等都成了信息传递工具；从就业信息内容来看，除了一般用人单位的需求信息外，与就业市场相关的政治、经济、政策、法规情况都可以成为就业信息内容，抓住信息要正确分析、正确使用。

（二）就业信息的内容

1. 择业有关政策

政府是对社会进行统一管理的权利机构，任何组织、个人都必须服从政府依据法律和法规对整个社会的统一管理。政府的方针、政策和人大通过的法律等直接关系到组织及个人的发展。如果能了解政策，遵循政策，利用政策所提供的条件，那么就能使个人得益匪浅；反之，政策不明，或与之抵触，或违反政策，都有害于组织及个人的根本利益。因此收集和研究政府的方针、政策，是求得就业信息的必须步骤。例如，随着教育改革的日益深入，以及国家公务员制度、干部聘任制、人才招聘制的不断完善，大学毕业生就业实行“双向选择"是势在必行的，因而必须树立“择业全靠自己"的新观念，靠坐等是得不到机遇的，只有靠自己去竞争才有机会获得成功；再如，国家对国家计划统招生、国家计划自费生、地方单位委托代培生都有不同的政策规定，作为毕业生必须充分认识理解国家教委和地方有关政策。

2. 就业法律法规

国家通过法律法规来管理、调节和规范组织活动与个人活动，排除组织之间的纠纷，制裁违法行为。法律法规既赋予组织和个人进行各项活动的权利，又赋予了组织和个人同一切侵犯自己合法权益做斗争的有效手段。如果依法办事，不仅可以取得合法效益，而且可以捍卫自己的正当权利，减少不必要的损失。由于我国人才市场机制尚不完善，因此出现了不少违纪犯规现象，作为大学毕业生来说就必须清楚地了解就业法规、法令，学会用法律来保护自己。目前已出台和执行的有《中华人民共和国劳动法》、《反不正当竞争法》、《劳动合同法》等。

3. 社会职业状况

社会职业状况包括产业结构、行业结构、职业结构以及社会就业制度与就业政策等方面的基本资料。社会职业状况反映了一个国家或社会的产业结构、行业结构、职业结构，以及就业制度与就业政策的基本情况。从整体上了解社会职业状况，无论对个人职业选择还是对职业指导都有着重要作用。例如，这些年人们一窝蜂地将职业目标投向经济领域，经商热、公司热一浪高过一浪，许多人对商业领域的职业知之甚少，不了解这些职业的特点和具体要求，这种盲目择业现象对个人、对国家都会造成重大损失。造成这种盲目择业现象的原因是多方面的，但对当前社会职业状况不了解，对职业信息了解不全面是最主要的。所以应该了解产业的分类与结构，以及随社会发展、产业结构的调整和变化趋势；应该了解职业的分类与结构，以及该职业发展的趋势。年轻人在为自己做职业选择时往往不知道如何决定，这与收集的信息量不充分有关，有的人在与招聘单位协商的同时，还不知道这家单位的发展前景、自己的发展前景。要想为自己做一个正确的决定，一定要保证有足够的信息量才行。在择业时，选定什么样的社会职业，对自己是很重要的，应对正面的问题进行思考和做出决定。

将从事的工作类型。是与人打交道还是与物打交道？是脑力劳动还是体力劳动？是稳定的还是冒险的？是有规矩可循的还是需要创新的？等等。

工作环境。企业的管理制度是否健全？企业的人文环境是否适合你的发展？应聘的岗位、地点？工作的活动范围？

工作前景。行业的发展趋势怎样？工作的预期变化怎样了？个人预期与工作的吻合度怎么样？要承担的风险是什么？和怎样的同事在一起；同事的知识结构如何？同事的个性如何？以什么方式与同事打交道？需要什么人际交往技巧？

就职资格。要求什么教育背景？相关的技能有哪些？需要考核的等级？职业品质要求？

培训机会。企业员工培训状况如何？培训的着眼点是什么？将获得怎样的培训？对培训的满意度如何？

晋升的机会。企业聘用计划是什么？企业的期望怎样？有多少晋升的机会？是否满意自己的前景？

薪金、福利、社会保障怎样？包括：奖金制度；假期、假日、病休、探亲制度；企业股权、利润分享方案；加班、不规则工作时间的管理制度。

工作利弊。是否符合自己的价值观？哪些是与自己的期望相符合的？不理想的方面是什么？可能遇到的阻力是什么？能得到谁的帮助？有没有关系的网络？从谁那里得到的信息？谁能推荐你？什么渠道能加强自己的申请。

五、求职应聘的准备

（一）了解相关法规

我们必须对相关的劳动法进行学习和了解，这样可以自觉遵守国家的政策和法律，可以享受以至保护自己的劳动利益。

（二）了解用人单位

我们需要根据自己收集到的信息，对我们的应聘单位有一个了解。了解它的性质、现状、历史、规模、产品、服务业绩、发展趋势、管理的特点以及地理位置，了解我们所从事职业的工作强度、技术要求、物质待遇，了解用人单位有关领导人的姓名。对这些问题了解得越清楚，对我们应聘前的一系列准备工作越有利。因为，在这个基础上，我们才能分析用人单位的优缺点，把握自己的优势。其次，要把对用人单位的了解集中到它们的一个共性特点上，即21世纪，用人单位最欢迎哪些人？这也是我们对用人单位的一个最重要的了解。具体上说，用人单位希望自己的员工是：有自信心；精力充沛；有创新精神；有进取心；肯吃苦；具有比较强的与人沟通能力；有协作精神和协调能力。有人通过研究认为，在现代经营管理中，工作努力并不是受用人单位欢迎的最重要的条件。没有主见，不能承担责任，并且不善于与人沟通的人，通常缺乏开拓精神，不能做富有建设性或创造性的事情，对用人单位的发展没有好处。而那些在工作中有主见，勇于开拓创新，善于与人交流的人，会给企业带来的收益是高附加值的。

（三）有敬业精神

有敬业精神，就会干一行、爱一行、专一行。而这山望着那山高的人就很难有敬业精神，会给用人单位自身的相对稳定和管理工作带来麻烦，因此，这样的人不受用人单位的欢迎。一个进取心强的人，总能给单位营造上进的氛围；善于与人合作、共事，才能在分工细致的现代化生产条件下与人配合默契地完成某项任务。这样的人任何单位都欢迎。一个人有了一技之长，这本身就说明了这个人在职业素质上超过了一般人。如果给其创造了有利条件，提供一定的机会，就可以使其成为单位的骨干力量。所以，任何一个用人单位都欢迎这样的人，并且在十分需要的时候会不惜用重金去聘请。

（四）会外语、懂法律

我国入世，随即而来的是国际间生意往来日益增多，利用外语进行交流愈加频繁。异国之间谈买卖，做生意，订合同，需要涉及中外法律。所以，会外语、懂法律的人会备受用人单位青睐。

我们从对用人单位进行以上了解，到求职前的准备，决非一朝一夕的功夫即可完成。我们需要在日常的学习、生活中积极培养自己的优秀品质，争做“四有”新人，准备接受社会对我们的挑选。

六、择业就业心理最佳状态的培养

大学生就业形势的日趋严峻，“天之骄子”们找工作越来越浮躁，就业心态已经被喧嚣的世界扭曲。是否有良好的就业心态对毕业生求职来说相当必要。

在世界杯期间，我们的教练说得最多的一句话是“态度决定一切”，是叫我们的国足们踏踏实实、认认真真地踢球，以一种平常的心态面对外界的一切，毕竟我们的国足不是那种“一览众山小”的队伍，一些不实际的目标就不要管它。

现在的大学毕业生们也一样，大家都不妨把自己当成一个高中生来对待，不要痴想一出校门就能做出“惊天地，泣鬼神”的事情。想想每年是全国扩招 30 多万的大学生走进市场，而增加的岗位需求却是九牛一毛。对大多数毕业生而言，及时接受指导，把就业择业调整好是多么重要。

（一）大学生的择业良好心态

现在大学生就业择业时应该拥有的良好心态，要用一种良好心态来善待自己在就业时遇到的种种问题。概括起来，主要有以下三个方面的内容：

（1）拥有良好的容纳社会的心态。没有良好的容纳社会的心态是现在大学生们一个较普遍的问题。很多大学生在毕业以后发现，凭关系找工作的大有人在，而有能力没关系的自己找工作却总是"碰壁"。这时，一味地埋怨、诅咒是没有用的，还应有良好的容纳社会的心态。而要有这种良好心态，我们的大学生们在校期间就应该多参加一些社会实践活动，了解社会，这样就减少了自己在工作时与社会的适应的时间，毕竟老师与老板、同事与同学是有很大差别的。

（2）要有正确的完善自我的心态。在学校学习的东西是永远不够的，社会是另一所大学，大学生们应该随时学习所有你认为对你以后发展有用的东西，并且勇于实践。很多时候我们常常带着一种有色眼镜去看待别人的成功，自己遇到困难时就埋怨自己的机会机遇没有别人好，或者干脆就是吃不到葡萄说葡萄酸。要明白，任何时候的学习都不算晚，或许小小的一点自我改变就将在招聘会上起到四两拨千斤的效用，相信自己，从现在做起，从小事做起。

（3）永远的平常心。浮躁在大学生就业上体现得很明显，就连参加招聘会也都是大家结伴而行或一窝蜂地涌去，找工作前也不仔细想想自己到底适合哪方面的工作。很多毕业生找工作就像老太婆逛菜市，反正也不知道今天要买些什么，就到菜市场去看看，黄瓜新鲜合适又便宜，那就买它了，如果不行的话，大不了再逛逛。这样只是去看看甚至是去玩玩，还不如回到学校好好看看书，再充实一下自己。不要因为别人去找工作了就觉得工作就会没有了一样，保持一个平常的心态你就会发现你的生活不会那么累，找工作的过程也就会变得轻松。

（二）积极的心态素质构成

积极的心态主要包括正视现实、敢于竞争、不怕挫折、放眼未来等方面。

1. 正视现实

正视现实是大学生择业必备的健康心态之一。

(1) 正视社会。现实是客观的，既有有利于自己的一面，也有不利于自己的一面。

我国目前生产力还比较落后，社会为大学生提供的工作岗位不可能使人人满意。国家通过宏观调控控制人才流向，需要部分大学生到重点行业和艰苦地方去工作。另外，我国的毕业生就业市场还不规范，还需进一步完善。

这些都是客观现实，大学生应该面对这些现实，一切从实际出发，处理好理想与现实的关系。

(2) 正视自身。一个不能正确认识自己的人又怎么能把主观愿望和客观条件有机地结合起来，从而选择实际的目标呢？正视自身，首先要对自己有充分的认识，有助于将主观愿望与客观实际结合起来。这里需要指出，对自身个性心理特征充分客观的认识，在择业时有着重要的参考作用。

2. 敢于竞争

大学生就业制度的改革，为毕业生和用人单位提供了“双向选择"的机会，大学生应该珍惜这个机遇，敢于竞争，努力实现自己的抱负。

敢于竞争，首先要有竞争意识。要敢想、敢说、敢干，有敢为天下先的精神。

敢于竞争，就要从实际出发，充分考虑到自己的专业、性格、气质、爱好等，扬长避短，发挥特长。

敢于竞争，要靠真才实学，而不能靠纸上谈兵、夸夸其谈，更不能互相拆台或互相嫉妒。竞争应是在互相学习、互相勉励、共同进步中展开的。

敢于竞争，就要准备经受挫折。尤其是做好遭受挫折的思想准备。

3. 不怕挫折

遇到挫折，要认真分析失败的原因，是主观努力不够还是客观要求太高？是客观条件苛刻还是主观条件不具备？认真分析，才能心中有数，才能更好地调节心理。

要保持健康的心理。遇到挫折，不要消极退缩。从根本上说，一个人战胜挫折的能力绝不是一时的努力所能奏效的，它还有赖于大学生平日不断增强自身修养，学会科学地认识分析事物，特别是主动经受一些磨难，增加一些挫折经历。

4. 放眼未来

尽管社会为大学生择业提供了“双向选择"的机会，多数大学生可以通过“双向选择"获得较满意的职业。但是，由于种种原因，一部分大学生的志愿难以实现，对于这些问题，大学生应该有充分的估计，要从长计议，正视现实，适应现实，放眼未来。

要看到不管怎样，职业是自己生活的新起点，全身心地投入其中，从而达到人生的目的，实现服务于社会的目标。

要认识到基层是最锻炼人的地方。基层为大学生施展才华提供了有利条件。大学生要想成才，没有什么捷径可走，只有立足基层，才能大有作为。

要看到边远地区与发达地区的差距正在缩小，何况边远地区还采取了很多吸引人才和有利于人才成长的措施。

要看到我国人事制度正在进行较大改革。现在，随着市场经济的不断发展，人事制度也正在适应这一要求，越来越开放，人才流动的机会将会越来越多。越来越开放的人事流动制度，将会为毕业生提供更为广阔的就业前景。

（三）保持积极的就业心态

1．学会客观、全面地进行自我认识和自我评价

毕业生们要学会进行自我分析、自我评价，正确地了解、认识自己，恰当地评价自己，善于确定符合自己实际情况的择业目标，既不妄自尊大做些力不能及的事，也不妄自菲薄而放弃可能发展的机会。为了准确地确定自己在群体中的位置，要学会以总体的眼光与别人进行客观、全面的比较，这样才能做出正确的自我评价。

2．消除从众心理

择业中存在“往高处走”的从众心理是可以理解的。但问题是当“人往高处走”时，我们应该想想，这个众人所向往的“高处”是否就是真正的“高处”，是否一定适合自己的发展。在择业中不能一味顺应“从众心理”，科学的择业方法应是选择社会需要的并能发挥个人特长的职业，以个人所长择社会所需。

3．培养较强的情绪控制能力

当前，由于多种因素的影响，在择业过程中，摆在师范毕业生面前的是希望与痛苦并存、失望与机遇同在，严重的消极情绪会导致心理失衡，稳定而良好的情绪会使人心情开朗、轻松、安定、精力充沛，对生活充满乐趣与信心，从而满怀希望地投入到就业大潮中。因此，学会对情绪的自我控制是择业成功的基石。

4．克服“主见缺乏症”，培养果断的决策能力

人无完人，工作单位也没有十全十美的。选择就业单位时，往往不可能达到各方面都如人愿。千万要克服“主见缺乏症”，培养果断的决策能力。分析所有的单位中哪一个更适合自己，更有利于自己潜能的发挥或符合自己的实际情况、兴趣爱好、特长等。分析哪一个单位更有利于发展自己。分析哪一个单位需要你

更迫切些。分析哪一个单位更有持久性，即能为自己所从事的工作创造更好的条件。

我国高等教育已开始进入大众化时代，“天之骄子”已成为过去，如果大学生依然端着架子去求职，以目空一切的姿态面对社会的选择，就业当然会陷入困境。扩招降低了学生进入大学接受高等教育的门槛，但我们不应该一厢情愿地期待社会选择人才标准的门槛也会降低。高等教育大众化时代，社会“精英岗位”依然存在，但大学生选择它的机会成本大大提高了，除了少数精英人才外，大部分毕业生将会“大众化就业”，接受“大众化岗位”的选择。

扩招并无过错，就业难也是现实，但两者之间并不存在逻辑上的因果关系。大学生理应面对现实，以积极的心态接受社会的选择，这样才能最终走出目前的困境。

思 考 题

1. 如何确定入学初期的择业目标？
2. 如何写求职书？
3. 积极的心态包括什么？
4. 培养择业就业最佳心理状态的措施是什么？

第十一章 就业之路

第一节 招 聘

一、招聘对象

(一) 人才类型

从目前来看，具备如下特点的人才最受企业欢迎：

热爱自己的工作。成功人士大多从事自己喜欢的职业，即使薪金不高，但如果乐此不疲，也能从中得到一种满足，从而发挥出一种巨大的潜力。

很多人在求职时只是一厢情愿地希望从事某种工作，却没有仔细考虑自己是否适合这份工作，是否真正喜欢这份工作。

缺乏冷静的考虑和选择，一方面常常

导致个人提供的资料对用人单位缺乏吸引力，另一方面有些人在工作了多年之后才发现自己选择错了，职业发展走了弯路。

个人求职之前，需要做仔细的考虑，既要考虑职业的需求，又要考虑自己的个性和特长，还要认识到职业岗位与自己的关系。

选择适合自己的职业，“认识自我”是重要的第一步。

认识自我，就是要客观地评价自己，既不高估自己，也不贬低自己。

认识自我，就是要认识自己的优势、劣势以及自己的与众不同的发展潜力。

认识自我，就是要认识自己的生理特点，认识自己的理想、价值观、兴趣爱好、能力、性格等心理特点。

（二）自我生理特点的测量

世纪人才的职业咨询师提出，了解自我，可以通过以下几个环节进行。

1. 运用科学心理测验

心理测验是一种标准化、力求客观的测量手段，它的特点是能够在较短的时间内测出一个人的某方面特点，并且是在与某一群体的比较中得出的，这样，通过测量，个人能够在短期内、在比较中获得对自己较为客观和准确的描述及评价。

需要注意的是，个人要选择适合自己的、科学的心理测验。另外还要准确理解测验报告。

2. 总结过去的经验认识自我

回顾过去的经历，对自己的想法、期望、品德、行为进行理性的思考，然后认真地描述和判断自己的特点。这个过程，需要个人搜集信息、运用信息，耐心地分析。比如，问问自己：过去我做过什么自己确实喜爱的工作，喜欢这些工作的哪些方面？现在我仍喜欢它们什么？我喜欢处理人际关系的技巧还是喜欢处理具体问题的技术或处理信息情报的技术？什么事能激发我的活力？什么事令我筋疲力尽？

另外，要对过去的成功经验和教训进行回顾，分析自己过去有哪些成功，不成功的原因是什么？除了客观因素外，自己在哪些方面还需要改进？

需要注意的是，要尽量以客观评价为依据，审度自己，避免因为个人认识或个人动机出现较大误差。比如，有的人成绩一般却自我欣赏，有的人成绩显著却自感不如他人，自信心不足。

3. 他人评价

依据他人对自己的态度评价自己。个人对自己的评价往往是以其他人的评价为参照，人们在相互交往中，不断深化对自己的认识。如可以问问自己的家长、老师、同学、朋友对自己的评价和态度是怎样的。

通过与自己条件相似的人比较来评价自己。一个人如何评价自己的特点，总是在不断地与同龄人或类似于自己的人进行比较中获得的。例如可以和自己的大学同学、同门师兄弟比较概括出自己的特点。需要注意的是，要能够把握父母、老师、朋友、同学评价他人的特点，准确理解他们对自己的态度和说法。

4. 专家咨询

（1）提高决策能力。到就业指导中心、专业咨询机构进行咨询，是一种有效而快捷的方式。咨询人员会用他的学识、经验以及科学的咨询技术给个人提供帮助。在咨询过程中，个人会获得大量的知识和信息资料，获得对问题的重新认识。而且更重要的是，通过专家咨询，会提高自己的决策能力。

（2）注重团队精神。现代科学技术日新月异，要求员工通力合作，才能把工作做好。能力再强的人，孤家寡人作战也不可能取得事业的成功。特别是现代企业，讲究集团式的经营，更注重团队合作精神。

(3) 不要低估自己的潜力。潜力，往往是不被自己所发现，只有找到适当的时机才会表现出来的能力。就读经营管理的研究生伍先生供职某私营企业后，发现公司制度不健全，需要进行制度革新。他从一件小事入手，向老板提出合理的建议，使老板认识到公司健全制度的必要性。于是，老板将理顺公司各种关系的工作交给伍先生，并提升他为总经理助理。另外对工作的热爱、对企业的钟爱也是激发自己潜能的重要方面。

(4) 敢于担风险。有些人稳中求生，绝不敢越雷池半步，这样的人不会成就大的事业。敢于担风险的人，动作前要深思熟虑，动作中要竭尽全力，这样才能成就大业。任何创新都是具有风险的，都具有不成功的概率，特别是遇到了技术创新的问题、产品创新的问题等，资本投下去而没人买你的东西，就是亏损，就是失败，这个对青年学生来说是都未经历过的，但是没有这种冒险精神就会缺乏创新的勇气。

(5) 与自己而不是与他人竞争。优秀人才更注意提高自己的工作能力，更关心的是怎样按照自己的高标准努力，而不是只把眼睛盯着竞争者。善于学习的员工是非常容易被公司认可的。因此有的公司在招聘时，把应聘者的学习能力放在重要的考察范围内。

(6) 善于生活。许多成绩优秀的人不单有强烈的工作热忱，同时也会安排好家庭生活，进而奋发地工作。国外的企业都相当重视员工的家庭观，他们认为美满的家庭是塑造成功者的基石。特别是担任经常出差工作的员工，没有和睦的家庭，工作情绪也会受到影响。一般来说，有美满家庭的人往往情绪稳定，更有责任感。许多企业为此要做不少的投资，实行人性化管理。

关于这个问题，我们可以有很多种内容，每个企业的风格有所不同，看人的角度也各有不同的侧面，再加上招聘者的眼光，以及他对应聘者信息的处理方式，就形成了各企业不同的评价结果。企业内部员工已有的现状如何，也是影响招聘者不同标准的因素。

二、了解评价误区

在择业准备过程中，重视招聘单位对个人的评价标准，以及了解人们在认识上的误区，是你做好面试心理准备的一个重要方面。面试实际上是一种特殊的人际关系，面试的结果与招聘单位主持人如何评价应聘者有直接的关系。其中，不可避免地出现一些认识上的限制。了解这些限制，一旦在面试中出现不理想的结果，你就可以给自己一个合理的解释，不至于丧失信心。这种限制表现在评价人时易产生的如下误区。

（一）评价的片面性

评价人的角度比较单一。当看到一个人的优点时，人们往往会忽略他的弱点；发现一个人的弱点时，人们不易同时看到他的优点。一个有兴趣的试验能证实这种倾向：给出一幅同样的人像，一张图像上给出正向的提示，这个人是个学者；另一张图像上则提示，这个人正在受处罚。把这两张图分别给一组人员评价，就得出有趣的结果。正向的得到的都是积极、肯定的评价。而后者得到的评价都是负面的或中性的。从这个实验中可以清楚地看到，人们是如何从不同侧面来理解一个人的。因此，当你出现在招聘者的面前时，要注意给他的第一印象，要把握初步交往的机会，避免让自己的弱项先映入别人的脑海，失去展示优势的机会。

（二）看重文凭、学校名气

一些招聘单位特别在乎应聘者的学历背景。“不以文凭论英雄”是企业选择员工时的规则，但是有些企业却不能免俗。只看中文凭、学校名气而不看中实际能力的肤浅观念将给企业带来低效率。高考的激烈竞争使学生分流到各个学校读书，事实上进入高校又是一轮新的竞争的开始，不是名校背景的学生，在新的环境里有新的发展，有相当数量的人形成了自己的优势。以刻板印象来评价毕业生的状况是不合情理的。

（三）严格要求专业对口

一些企业强调招聘专业对口的毕业生。现实社会中，一般岗位直接运用课程知识的机会并不多。在进入工作后，大部分毕业生需要经过岗位培训后才可能胜任工作。一些所学专业与自己今后的工作有冲突的学生，越来越倾向于补修其他必要的课程，而且这些善于动脑筋把握自己的毕业生恰恰是有能力的一群。他们经过努力在毕业前已做好了必要的准备。如果招聘单位坚持专业名称与岗位一致，有可能错过选择那些善于管理自己的优秀人才。

（四）过于看重经验

一些企业不愿意拿出相当可观的培训经费来培训新进人员。有的企业岗位急需补充人员，要求录用的人马上接替工作。他们希望应聘者已做好准备。经验固然重要，但只凭经验来判断人的水准是不够的。大部分应届毕业生缺乏企业特别强调的实际工作经验，而对于企业来讲因此拒绝了一些学习效率高的人则是可惜的。

三、了解猎头公司

顾名思义，猎头公司，“猎”的是“头”，是第一流的人才，是人中之杰也！如果猎头公司瞄上了你，这说明你一定是非常优秀、事业成功、前程看好。但是你是否有与猎头公司打交道的经验，能否从猎头云山雾罩般的温柔轰炸里识别出设下的陷阱，能否分辨出正规专业的猎头公司与混乱无序的猎头公司之间的区别，最关键的是，知道自己到底该值多少钱；在猎头面前，要如何表现自己，才能提高身价。

知己知彼，百战不殆。先摸清猎头公司的底子，套套他们的虚实，看看他们到底有什么花招，是不是一家可以值得信赖的公司。

无论有没有被猎头公司挖过的经验，了解猎头公司的如何运作总是有必要的。真正的高级猎头，最重要的特征是采用“直接接触"的工作方式。当一笔业务开始时，猎头公司的灵魂人物——顾问们首先深入了解委托方，摸透其企业文化、公司结构、需求，然后指导研究队伍进行系统的目标搜索，找到一长串的候选人才名单。接下来，就要分别与这些人才进行个人间的接触——直接接触。猎头通过不断地打电话、旁敲侧击、观察、研究简历等种种方法多方位地了解候选人才。然后逐步缩小范围，候选人才名单缩短。接下来要面试，给予综合评估，最后只有最合适的几个候选人才被递交到求才的公司，并最终确定其中一个，有时甚至全部落空、无任何收获，猎头公司常采用这种直接接触的有效方式，一般的外界人士根本不知道猎头公司究竟是“搞什么鬼"，好像忽然就把人挖走了。这也是它之所以与普通的人才市场职业介绍所截然不同的地方。

猎头公司并不像我们以前所想像的那样神秘，不过，如今的猎头公司鱼目混珠也是事实。无论是多优秀的人，落在一家极其糟糕透顶的猎头公司手里，恐怕也是前途暗淡无光。可是如果真的是一家正规专业的公司，确实能如虎添翼、锦上添花。但关键的问题是：如何识别猎头公司正规与否？当然，最有效的一招就是到猎头公司走一走，看看该公司的办公地点、设施、规模、人员素质、办事水准。正宗的猎头公司总是选择交通便利、设施齐全的商务中心落户。还可以和猎头人员们打打交道，掂掂他们的斤两。好的猎头公司首先生意会很好，这句话看来很蠢，但不必笑得太响亮。在当前许多猎头公司纷纷关门大吉的时候，能够保持稳定良好状态的猎头公司必定是真正的强者。好的猎头公司通过深入的接触，能真正了解求才公司的需求，很贴心地找到老板要的人才：不仅专业和技术能力出色，而且个性、文化背景也都同等重视。好的猎头公司一定是融会东西方文化、业务能力覆盖全球的跨国公司的一分子，并且在全球范围内有着广泛的合作关系。

要提醒的一点是，猎头公司找到你的这一步还只是一种可能性。如果你误认为是如下这种情况，现在猎头公司要拉我去一家某某公司任高职，我去不去呢？你就大错特错了。

你要知道，真正专业的大猎头公司受求才公司所托，会搜遍每一个可能存在合适人才的角落，初选出一个长名单（也许几十、也许上百），然后通过直接接触的方式，筛选出一个短名单，再经面试等多重考察，直到交给求才公司时是最难取舍的几位候选人，最后才敲定惟一的大才子。既然如此，现在的阶段，还只在长名单上，竞争会很激烈，还有很多像你这样的优秀人才呢。那么，接下去就请稍微表现一下才干和自信吧！

简历，是你展示给别人的第一印象。一个好的印象，接下去将会事半功倍；反之，则有可能前功尽弃。所以，花点时间，用用脑子，第一印象往往是致命的。如果不通过简历这一关卡，后面什么机会都没了，请务必精心完成你的简历，真实客观地描述你的经历。

好的猎头公司，会对候选者的简历做精细的考察，所以想在一个专业的猎头人员面前玩一些花样是徒劳无益的。举个简单的例子来说，张先生 1991 年 5 月 ~ 1994 年 2 月在 B 公司工作，1994 年 9 月 ~ 1999 年 10 月在 C 公司工作，他想将 1994 年 2 ~ 9 月这段空白时间忽略过去，就采用模糊的手法，写成：1991 年 ~ 1994 年在 B 公司工作，1994 年 ~ 1999 年在 C 公司工作。虽然这只是一个很小的问题，但会给人造成不好的印象，搞类似的小动作对你而言意义不大、可损失却不小，不用多说吧。猎头认为一份成功的简历写作要简单、明了，突出重点，不求面面俱到，但求实事求是，不夸大，不隐瞒，也不撒谎。

如果被选中了就要进行面试。

面试，是证明是否是最佳人选的决定性时刻。经过搜索、选出长名单、约见、初审简历等程序后，合格的人选要进入下一步，那就是面试，它是目前是否录取某人的决定性参考信息来源。

面试好比一道求证题，猎头公司的目的是要小心求证你的适合性，既然如此，你就来个斗转星移大法，证明你就是最佳人选，猎头会在让你保持轻松心态的同时，仔细地察看你的一举一动、一言一行，并且用种种问题考验你、试探你。这些问题有的很专业，有的却很家常，像老朋友聊天似的。但你千万要保持警惕呀，从你踏进猎头公司大门那一刻起，到离开猎头公司大门的那一刻前，都是“不安全”的，应当总是保持在“警戒”状态。

比如迟到了，早到的猎头会安慰你：“呀，路上塞车吧?”有的老兄趁机就下台阶：“是啊，是啊，真是不好意思。”人家也不会再说什么，但是心里却会多打上一个问号：连这种会面都迟到，他的能耐真的很强吗？可以参考的这句话：“我们不会放过任何细节。”所以一个成功的面试，想要做到无懈可击，就得事先收集求才公司和猎头公司的资料，争取尽可能多的了解。“知彼知己，百战不殆”这句话虽然一般，实在是因为它蕴含着真理。论证中最重要的部分是证明自己的专长和经验是求才者最需要的，但是切忌拿自己的这些优点往职位描述的要求上一条条去套。任务是证明这些能力，让面试者确信你，条条道道的对照是面试者的事儿。对于工作机会，你还要表现出浓厚的兴趣和强大的自信心。另外，请保持亲切的态度和笑容，遇到疑问和争执的时候，千万不要表现得暴跳如雷或者蛮横无理。还有，优雅合身但是却不张扬的衣着是必须的。

薪水问题是一个很敏感的问题，薪水自然是愈高愈好，可做生意哪有不讨价还价的呢？你要多挣一点儿，求才公司想少出一点儿，猎头公司就在中间摆平。如没有和求才公司打交道的机会和必要，就把信息透露给猎头好了。但是首先要对自己的实力有个清醒的认识和评估：现在具有像我这样的专业、水平和工作经验的人是否紧缺，在外企中这类人员平均收入水准如何，求才公司的发展状况和方向，它对我这类人才的需求急迫程度，我的独特的优势，这些问题弄清楚了，就能做到有的放矢，知道什么时候该以退为进，什么时候该按兵不动，什么时候该乘胜追击。

人们往往会高估自己，也要小心。别忘了，无论是猎头公司还是大公司的经理，他们对人才收入的行情是很有数的。千万不要在讨价还价中给人造成你对收入的兴趣过于浓厚这样的印象，否则……

与猎头公司打交道，最重要在于两个“信"——自信和信任：对自己的能力充满信心，同时对中介的猎头公司充分信任。如此，就能俘获眼前的良机，或者也能在不远的将来获得很好的机会。

四、不成功的应聘行为

现在的用人单位越来越看重人员的综合素质，诸如自信心、合作性、交往时的敏感力、分析解决问题的能力等。能否在面试过程中表现出这些良好素质，将会左右考官对应征者的印象。国内外心理学研究表明，在面试过程中，成功者往往有以下的行为表现，也是与失败者的不同之处。

（一）对理想职位没有明确目标

成功的求职者往往对所需的职位有着具体而一致的概念，能明确地解释自己为什么会有这样的设想。例如，一位求职者在应聘市场工作时可能会提及自己擅长与人打交道，并希望从事这样的工作。相反，不成功的应聘者对自己想做什么只有模糊的概念，甚至可能在面试中数次改变“理想工作”的定义。如果一个人不能有所侧重，这表明他对自己职业还没有明晰的蓝图，考官自然会对应试者的能力打上问号。

（二）不提及应聘公司的名称

这一点看似小节，却能显示应征者是否对公司有好感，并愿意在其中工作。研究表明，面试考官都很看中这一点，他们对经常提及公司名称的人有明显好感。面试失败的人大都很少提及公司的名称，而成功者提及公司名称的频率比他们高出 4 倍多。

（三）对公司及应聘职位了解得甚少

这一点也能向考官表明应试者对公司很感兴趣。成功的应聘者往往会明确表明他们已收集了多方面有关该公司的资料，并会提及这些资料的来源，如书刊、公司宣传手册或来自朋友等；而不成功的人往往表现出对该公司情况所知甚少，并想利用面试机会来收集信息。例如，他们会问：“本公司的主要产品是什么？”

（四）回答问题不具体

不成功的面试者回答问题都很简略，短短一句话或几个字就算回答，有时只是一些浅浅的回答，如“不错”等，没有补充细节，无法真正使提问者得到足够的信息；而成功者对于每一个陈述都会提供有力的支持，如个人经历、比较、统计结果、老师或上司的许诺等。

（五）不懂得恰当提问

面试快结束时，求职者可以有机会问一些感兴趣的问题，这时候，不成功者一般很少提问题，或者提一些与工作无关的问题。而成功者往往会多问一些根据对公司及其行业的了解而提出的具体问题，如目前经济形势，公司有无大规模计划，或一些有关自身的问题，如“我会接受什么培训吗”等。

（六）对时间与话题的控制能力较弱

在不成功者的面试过程中，只有37%的时间是应征者在讲话，剩下的时间都是主考官在谈，同时大部分话题都是由主考官提出的，应试者只提供了36%的新话题。而相比之下，成功者则大为主动，他们占用了55%的谈话时间，并提供了56%的新话题，这能充分体现他们在与人交往中的积极主动与自信。

当然，以上结果是大量实例的统计结果，只适用于大部分情况，并不能保证所有情况都合适，求职者应在具体实践中根据实际情况进行适当的调整。

第二节 招聘途径

在选择一份适合自己的工作时，大学生一定会想用什么途径才能最快、最敏捷地找到合适的用人单位，在应聘前应做哪些准备工作，应聘中应采取什么方法才能顺利地获得理想的职业。

一、市场招聘

从计划安置就业到市场调节就业，是我国劳动制度一场深刻的变革。市场调节就业，能使企业和劳动者都成为平等的市场主体，两个主体都可以在市场进行“双向选择”。作为用工主体，企业能按照生产经营需要选择必要数量的、相应素质的人才和劳动者；作为就业主体，劳动者则可以根据自身的素质和市场上的工资待遇选择适合自己的岗位。

（一）劳动部门帮助就业

劳动部门帮助就业，就是帮助就业主尽快地走上市场与用工主体实现相结合。如由劳动部门牵头联合有关部门开辟的各种就业市场、生产自救基地等，都是为就业者再就业创造的有利条件。

（二）职业介绍机构介绍就业

劳动部门为了迅速发展职业介绍事业，积极开办职业介绍机构，这种机构不仅劳动部门自己办，还鼓励社会各界和个人办。职业介绍机构里有各行各业对劳动力的需求信息，供求职者选择；同时也将求职者的各种情况登记入册或输入电脑网络，供招聘者选用。职业介绍机构还定期举办招聘活动，由用人单位与求职者面对面地洽谈。有的职业介绍机构还推出“立等就业”的承诺，求职者只要到“即时服务所”登记，就有岗位供其选择，并实行“一条龙”服务，只要不挑不选，当日即可上岗。

另外，有些职业介绍机构还建立了就业培训中心，劳动部门根据企业每年用工的工种数量，对目前还不适合本企业需要的求职者进行培训，求职者可根据自己的特长、爱好报名。凡培训合格者基本上能安置就业，有的培训机构还定期举办“创业者培训班”，帮助求职者了解如何创办个体、私营、合伙经营企业，使创业者了解有关优惠政策、创业程序和方法，并提供咨询服务。很多有志者经培训后，办起了自己的企业。

（三）学校推荐就业

近年来，很多高等院校和中等职业学校都成立了就业指导或毕业生安置等职业指导性机构。这个机构的主要任务有以下三点：一是帮助学生了解国情、了解社会、了解职业；二是帮助学生认识自己，主动提高个人的职业素质，以适应社会和职业的要求；三是帮助学生自觉地根据社会需要和个人特点准备就业和获得职业。

目前，学校职业指导机构安置毕业生大致有三个方法：一是定向招生、定向培养、定向安置的“一条龙”服务。定向招生是在招生时就告诉学生今后就业的岗位；定向培养是根据就业岗位需要的理论知识和操作技能设置教学科目；定向安置就是实践操作、毕业去向都是未来就业的企业。二是通过学校就业指导机构向有关企业调查了解当年所需就业岗位，通过向学生提供用工信息的方式介绍职业，有时还邀请企业到学校举行招聘活动，使学生和企业面对面的洽谈就业。三是培养学生应聘面试的心理技巧，掌握到劳动市场求职就业的程序和方法，让学生到劳动市场自我推荐就业。

二、自谋职业

高等院校和中等职业学校毕业生有的在城市，有的在乡镇，不管在何方，只要有创业意识、创业毅力和必要的基础知识，都能大有作为。

（一）城市自谋职业

城市人口密集、建筑林立，商店、企业、机关、公司等机构众多，现根据这个特点介绍几种自谋职业的渠道。

1. 创办小企业

从我国就业发展的长期走势来看，就业压力短期内难以得到缓解，如果就业岗位不能扩大，失业率还可能上升。从经济发展的趋势来看，只是依靠现有生产能力的持续增长很难有效地解决失业问题。除了使国民经济尽可能保持较高的增长速度外，还要提高经济增长的就业弹性和就业密度，而提高就业弹性和就业密度的主要措施就是发展小企业。

一般说来，小企业是劳动密集型的。等量的资金投入，小企业可以比大中型企业创造出更多的就业机会。在日本，大企业机构有相当于小企业的4倍的资本，也就是说，等量资金投入小企业比投入大企业能够增加3倍的就业岗位。美国联邦政府小企业管理局的统计资料显示，小企业对就业的贡献还表现在小企业数量的净增加上。1992年，美国80%的新就业机会是由雇工100人以下的小企业提供的；1990～1995年，1～4人的小企业数量增加了36.8%，因新公司的建立而净增加就业岗位21.9%。

1990～1995年美国净增小企业对新增就业的贡献率已达到69%。

小企业在发展国民经济中有着十分重要的地位和作用。小企业作为经济发展的细胞，在一个国家的经济“金字塔”中占据着最基础的地位。没有小企业就不可能有大中企业，一是因为大企业都是经过小企业发展而来的，二是大企业离不开小企业的分工与协作。尽管目前世界各国关于小企业的定义和划分标准不尽相同，但是小企业在各国国民经济中的地位和作用却是大体一致的。各国小企业在数量上大体占95%以上，就业人数约占65%，产值占50%左右。在经济发展中，小企业往往更具创新意识。因为小企业实力不强，面临更大的生存危机，它们要想在市场经济的残酷竞争中立于不败之地，就必须不断创新。经济学家的研究表明：在日本，50%以上的企业技术创新是由小企业进行的；在美国，1982年每100万人的技术创新数量，小企业为36.35个，大企业仅为31个；在英国，小企业对技术创新的贡献，1965～1969年为23%，1975～1979年则上升到29%，1980～1983年进一步增加到38%。小企业提供了大量的新增就业机会，成为世界各国经济增长中新的生力军。

从我国的情况来看，小企业作为活跃市场的基本力量，容纳了社会上大多数的就业人员，这是因为小企业创业相对来说比较容易，一个人或者几个人合伙就可以办一个小型企业。一个人只要有一技之长、一定的创业精神和面对市场风险的勇气，就可以创办小型企业。这不仅能够解决本人的就业问题，而且还能为家庭或他人提供一定的就业机会。广泛动员和鼓励劳动者个人或合伙兴办小企业，能够有效地调动人民群众的劳动积极性，向生产的深度和广度进军，增加社会生产力总量，实现分配公平、社会稳定，因而是一项调动全社会投资推动国民经济持续快速健康增长的战略性措施。

改革开放以来，我国小企业发展迅速，在保持国民经济持续快速健康发展、满足社会需求、优化产业分工、推动技术创新以及创造就业机会等方面发挥了非常重要的作用。2001 年，我国工业小企业占全部工业企业户数的 99% 以上，在就业人数中占 75% 左右，在工业产值中占 68% 左右，在实现利税中占 35% 左右。尽管如此，我国小企业的发展与社会生产力发展的客观要求和扩大就业的需要还很不适应。主要表现在：数量偏小，质量不高，一些地方政府对小企业的发展还不够重视，缺乏工作力度和相应的政策措施保障；个人创办企业或到小企业就业的意识还较为淡漠，社会许多潜在的就业机会还没有得到开发等方面。为了扩大就业和进一步促进国民经济增长，我们要采取积极的措施，推动小企业健康、快速发展。

要着力培养高素质的小企业主群体。首先是政府应当加强对现有小企业主进行转业培训，提升小企业的发展能力，以减少小企业的倒闭，稳定和增加就业机会。其次是在大学教育中开设小企业创业课程，培养大学生的创业意识，鼓励和扶持大学毕业生创办各类技术型小企业。再次是引导城市失业人员和下岗职工创办小企业，或者去小企业就业。政府可以出资，由各级劳动管理部门对失业人员和下岗职工进行专业技术培训和开办、管理小企业的培训，促使更多的下岗者自己创业或自找门路就业。毕业生可以充分利用国家政策，发挥自己的专业特长，独资创办小企业。李冠军原本是武汉水利水电学院 99 级的本科毕业生，毕业后在一家大型国有企业从事质量管理工作。可是公司里按部就班的程序、缓慢的节拍和低下的效率让思维活跃的李冠军觉得是在“混日子”，自己大学期间所学的专业知识也没有用上。他一遍遍地自问自答：“难道果真要一年一年地这样熬职称？”“不行！如果脑袋再不转动的话就该生锈了！”于是，他利用工作之余广泛搜集信息，又结合自己的特长自学计算机方面的知识。2000 年 7 月，李冠军在到单位已经整一年的时候，他毅然决然地向单位递交了辞职申请。公司停了他的薪金和福利待遇却不答应放人，在这种情况下，李冠军只身来到了北京。“那时我已经认定我的方向是做 IT，我希望将来我能为自己工作。”为了充电，李冠军成为清华大学计算机专业的一名自费进修生。“我现在一边上学一边做着兼职翻译，我下一步打算找一份相对稳定的工作，应该是 IT 的相关行业，踏踏实实地工作一段时间，同时吸取别人的经验教训，广交朋友，当真正有了实践经验、有了一定的物质基础、具备了一定能力时就自己做老板。”李冠军在谈到将来的打算时，面带微笑，双眼凝视前方，一副坚定自信的表情。应该说，李冠军最初对自己的人生设计中并没有什么“先就业，后择业，再创业”的框子，是实际生活让他选择这条路，并使之一点一点地向着最高理想——创业这个方向努力。但正是这个经过时间筛选并证明了的选择，反映了我们今天的大学毕业生的就业观念已经悄然发生转变，大学生的市场竞争意识在逐步增强，寻求个人长远发展成为择业主流。

2. 争取去本专业相关的企业就业

高等学校的毕业生根据自己所学的知识和技能寻找能发挥自己特长的行业就业，这是高等院校为大多数毕业生所选择的道路。因为所学专业的知识和技能与制作某些产品所需的知识和技能是一样的。如，学机电专业的学生可充分利用所掌握的电的知识和技能到各种电子公司就业；学服装专业的学生可到服装厂、皮衣厂、玩具厂应聘；学旅游服务业的学生可以去宾馆、酒店、旅游公司、旅行社去就业；学管理专业的学生可以到百货公司、商场、企业去做业务员、推销员来积累经验。

3. 租赁、承包小企业

市场经济的激烈竞争使得有些企业的生产经营产生了许多难以解决的问题，甚至濒临破产，这一方面是由于市场激烈竞争造成的；另一方面也是由于企业的管理混乱、机制不健全、人浮于事。学经营管理的毕业生与有经验、有经营能力以及有较新观念的人联合起来，往往可以救活这些企业，发挥自己的才干。

4. 不求专业对口，先求就业

面对严峻的就业形势，“先就业，后择业”正在成为当今大学生新的就业观。在一些高校举行的就业招聘会上，一些应聘者就业的随意性很大，大多抱有再次就业的想法。天津大学的河南籍学生小雷，一直有志于新闻事业，但是今年新闻单位需求不旺，接触多家都未能如愿。招聘会上，他只好先与一家出版社签订意向。“先留下来再说，毕业后还会有机会择业”，他说。郑宏宇是天津大学船舶工程专业的学生，她用一个上午就同上海一家船舶研究所签订了协议，并办理了相关手续。她说，今年来天津大学招聘的用人单位不仅数量减少，而且热情有所下降，不像往年，早在10月份就陆续有专场招聘会召开。她庆幸自己顺利地签约，但她对即将从事的工作很陌生，对自身价值的认识也较模糊，她打算在积累一定工作经验且思想成熟后再考虑“跳槽”。就读于天津师范大学英语教育专业的汪卫萍也是“跳槽”的拥护者，她认为仓促的选择时间和较窄的就业余地迫使毕业生首先考虑生计，站稳脚跟儿后再觅良机，寻求发展。

对于毕业生普遍存在的“先就业，后择业”的观念，用人单位大多能理解。有的对这种灵活的人才流动机制拍手叫好，而有的却犯了难。海尔集团人力资源部主管孙志刚介绍，海尔将对新进人才进行长达半年的严格培训，然后竞聘上岗。他希望新人有较长时间的稳定期，既给自己足够的适应期，也给单位较长的考察期。海尔的就业协议已从往年的一年一签改为三年一签，并保证人才淘汰率在10%左右。南京电力自动化设备总厂的夏盛铭说，他们在引进人才问题上更趋冷静，除了一年一度定期的应届毕业生就业招聘会，同时也求助于社会上灵活多样的人才市场。多数用人单位忠告：大学生应该慎重对待就业，不要被永不满足的心支配着随意“跳槽"，最后迷失了方向，难以实现自身价值。

（二）乡镇自谋职业

国家鼓励大中专毕业生到农村去，到基层。农村有辽阔的土地，有丰富的资源，对于有技术有能力的大中专毕业生来说，只要自己敢于创业，勇于创业，是大有发展前途的。

1．创办小农场

农林专业的毕业生可以利用自己在学校学习的专业技术，承包农田，办小农场，承包果园，承办花卉养殖基地。地处山区的还可以承包荒山野岭，开荒植树。

2．创办小企业

高等学校毕业生，可以从当地的实际出发，发挥自己的技术特长，围绕二、三产业，创办小企业。食品专业的毕业生可以办粉丝加工厂、面条加工厂、榨油厂等；企管营销专业的毕业生可以办百货店；机电专业的毕业生可以办农机修配厂、摩托车修配站等。

3．兴办服务事业

高等学校毕业生可以根据当地农村的实际需要兴办客货运输、农药化肥经销、美容美发等服务事业，餐旅专业的毕业生还可以办快餐店、小酒店等。

三、异地就业

异地就业，古今有之，中外通行。这里将分国内异地就业和国外异地就业两部分进行介绍。

（一）国内异地就业

异地就业要做好心理、信息和材料准备。①心理准备，一是要有吃苦耐劳的精神和适应能力。因为在外地找到的工作岗位，一般比较累，工资也不高，同时还有随时被解聘的可能，要有毅力去适应现状。二是学会独立生活和工作，一切都要自立，不要因一时生活的艰苦而动摇信心。②信息准备，就是了解某城市招什么工种，工资待遇如何。③材料准备，就是准备好外出时应带的证件，如身份证、学位证、毕业证、专业技术登记证等。异地就业，如果是学校推荐或组织的，就按学校的安排去做；如果是自己去的，则可先去当地劳动部门办的职业介绍中心或劳动市场应聘，应聘过程中要多了解情况，防止上当，同时要时刻依法保护自己。

（二）境外就业

出国务工人员在办理出国手续的过程中经常会遇到劳务纠纷问题，比如找不到工作，工资问题，非正规的出国途径在办理手续过程中上当受骗等。这往往是由于人们对出国劳务的基本知识和正确途径不了解、对自己的权利和义务不明确造成的。近日，由外经贸部负责编印的《出国劳务必读》这本小册子，以一问一答的形式，围绕出国务工的一些基本问题进行了解释说明，相信能为准备出国务工或在务工过程中遇到困难的人员提供一些帮助。主要内容包括：劳务人员的出国信息来源、劳务出国合法渠道、出国劳务应付费用、劳务合同的主要内容及其他注意事项，该书将出国劳务的全过程进行了分解，对各阶段需要注意的问题给予了说明，让您明明白白出国，快快乐乐务工。

1．出国前的准备阶段

在国内的准备过程实际上是为了将来出国工作做心理和物质上的准备，不仅要对出国的工作摸摸底，了解一下情况；还要确定好自己的工作意向，办理一些例行的手续。出国前的准备阶段，具备了下面几个条件，就基本上没问题了。

（1）从正规的途径出国，如电视、广播、报纸、网络等媒体或者经营公司获得各种招收出国劳务人员的信息之后，就要选择合适的外派公司了。首先要了解招聘人员的公司是否具有对外贸易经济合作部（简称“外经贸部"）批准的外派劳务经营资格，凡外经贸部批准的公司统称为经营公司。如果应聘的公司不具有这样的资格，在将来办理手续以及出国务工的过程中很可能上当受骗，权益受到损害的时候也很难受到保护。

(2) 充分了解务工情况。在报名前，应该对自己将要从事的工作有个充分的了解，比如将要工作的国家，出国后在哪家公司工作，时间的长短，工作的强度，工作的报酬待遇等，这些都要做到心中有数。

(3) 了解合理明晰的收费标准。在办理出国务工的过程中，各种收费标准都是有明文规定的。有些费用是由务工人员负担并不再退还的，如体检费、培训费、护照、签证费、机场建设费，打预防针的费用、签订合同的公证费等。还有一类是履约保证金和服务费。这两项费用的收费标准都是有明文规定的。履约保证金不能超过您在国外工作期间得到的所有合同工资（不包括加班费，下同）的20%。如果与国内工作单位保持劳动合同关系的服务费不能超过在国外工作期间内得到的所有合同工资的25%；如果无工作单位或在派出期间与原单位脱离劳动合同关系的，服务费不能超过在国外工作期间内得到的所有合同工资的12.5%。还有一种是中介费，如果发生了中介，应该由经营公司支付。

(4) 办理完备的出国手续。出国手续包括国内手续和国外手续。国内手续主要包括护照、签证、出境证明、培训证等，去某些国家和地区还要打预防针，以免得传染病。有的国家需在批准入境前先办理个人资料公证。这些手续一般由经营公司统一办理。办理这些手续需要提供的材料主要有：户口簿、身份证、学历证书、照片等。国外手续包括入境许可、工作准许证等，由外国雇主负责。

办好上述手续后，就可以出国工作了。因经营公司或外方雇主原因不能派出去的，经营公司要退还履约保证金和服务费。如属于个人原因或不可抗力，出国手续费不予退还。

2. 国外工作期间应注意的问题

在国外工作期间，要做一个遵纪守法的劳动者，在外国人面前树立中国人的良好形象。不要擅自脱离工作岗位，在国外“打黑工”或“自由工”是违法的。在新的环境中工作出现一些问题是难免的，如人事纠纷、自然灾害等。根据困难的程度，可以选择通过与雇主交涉，通过法律解决，或者找到当地大使馆寻求帮助。

四、他人协助就业

在寻找就业信息的时候千万不要忘记了周围的亲戚、朋友，以及朋友的朋友，也许他们会给你提供一些机会。实际上大多数用人单位更愿意录用经人介绍和推荐进来的求职者，他们认为这样录用进来的人比较可靠，如果有这种机会最好不要放过。从另一方面来讲，招聘单位每天会收到数百封求职信函，而且这些求职信函在内容上并无太大的差别，所述的求职资格和工作能力也都相差无几，谁也不比谁更为突出。那么招聘者面对如此众多的没有多大区别的陌生人，能有什么更好的方法分辨出究竟哪一个更强些，强出多少呢？所以，在求职中，想让用人单位多多地注意自己，就必须想些切实可行的办法。所以，在关键时候找个“关系”帮忙推荐一下也许是最为有效的。当然，关系要靠自己去发掘，途径也应正当，切忌不择手段。

（一）提供信息的渠道

1. 家长亲友

家长亲友提供的职业信息主要来源于其个人的社会关系，相对固定，也有相当大的局限性，一般不反映职业市场的实际供求状况，也往往不太适合那些专业比较特殊、学生本人就业个性比较强或具有某些竞争优势（如学习成绩优秀、共产党员、学生干部、有一技之长等）的毕业生。这是家长亲友提供职业信息的特点之一。

家长亲友提供职业信息的特点之二是，这类信息的传递方式是以家长为中心、向内收缩的。也就是说，家长亲友的职业信息源是“一次性”的，除非有了新的社会关系，原来的信息一般不会再派生出更多的职业信息。

家长亲友提供的职业信息的第三个特点是可靠性比较大。大学生就业事关重大，家长亲友出于对子女、亲友的责任心，往往要对自己提供的职业信息先经过一番推敲、筛选。因此，传递到毕业生本人的职业信息，一旦被接受，转变为就业岗位的可能性比较大。这也是目前常见毕业生通过家长亲友“安排”就业的原因之一。

另外，家长亲友是提供职业信息的非正式渠道，它与家长亲友的职业、经历、社会关系、社会地位等家庭背景有很大的关系。因此，毕业生由家长亲友提供的职业信息的数量和“质量”有很大差异。对有些毕业生来说，家长亲友提供的职业信息是其主要的选择，而对有些毕业生而言则可能只是胜于无。

2. 学校的教师或导师

学校里有不少教师与校外的研究所、企业、公司合作开发科研项目，也可以通过专业教师获得有关这些企业的用人信息，从而来不断补充自己的信息库。学校的教师、导师作为非正式的职业信息渠道，提供的职业信息也具有来源有限、传递方式收敛和内容可靠等与家长亲友提供的职业信息相似的特点。教师、导师提供的职业信息往往专业针对性强，比较看重毕业生的学业成绩、在校表现及其资质、能力、特长。他们提供的职业信息是经过教师、导师筛选后再传递给毕业生的，可靠性比较大。教师、导师在给学生提供信息时，更多地考虑毕业生的就业意向与职业的匹配，针对不同学生“分配”不同的职业信息。

3. 自己的校友

校友（指已经毕业，有了工作经历的同学）是近似于教师的非正式职业信息提供者。可以尽可能多地认识一些自己的“学兄"、“学姐"，打听一下他们是否可以在他们单位探查就业的可能性；或者问问他们是否愿意透露一些有关公司内部工作机会的情况，也许它并不意味着你肯定能找到一份工作，但至少能得到一些有关该企业的信息，从而对其有更深的了解。校友提供的职业信息的最大特点是比较接近本校、尤其是本专业的毕业生在人才市场上的供求状况及其在具体行业中的实际工作、发展状况，近几年毕业的校友更有着对职业信息的获取、比较、选择、处理的经验和竞争择业的亲身体会，这比一般纯粹的职业信息更有参考、利用价值。

4. 通过社会实践（或实习）过程获得信息

社会实践是大学生自我开发职业信息的重要途径。在社会实践的过程中，通过自己的努力赢得用人单位的好感、信任，取得职业信息甚至直接谋得职业的大学生不乏其人。因此，大学生在各种社会实践活动中，在了解社会、提高思想觉悟、培养社会能力的同时，要做一个收集职业信息的有心人。比如，在社会考察活动中，应有意识地提出一些关于行业发展趋势，人才需求状况，具体单位、岗位用人的要求、途径等与大学生就业有关的问题；在社会服务活动中，应注意观察、思考，努力去发现自己原来没有想到的、潜在的职业或岗位，一旦有所发现，应及时追踪求索，捷足先登；在勤工助学、挂职锻炼等直接在用人单位进行的社会实践中，更应多看、多问，要“淡化" 自己的学生身份、“打工" 角色，以主人翁的姿态了解和关心该单位的发展，了解自身和周围岗位上在职人员的工作状况，尤其在与自己的职业意向相合的单位或岗位实践时，要充分展现自己的才华和能力。

另外，还有一个很重要的实践环节是毕业实习，毕业实习是学生踏入社会的前奏曲，是参加工作的预演，所以每个人必须充分认识到这是一份非常难得的、有价值的经历。通过实习，一方面使用人单位有所认识、了解；另一方面使学生对择业领域有了更深的了解。如要向单位证明是一个可靠的职员，同时单位又能发现你的潜力，那么通过实习阶段也许会获得通向永久性职业大门的钥匙，所以要充分重视“毕业实习”这一教学环节，尽力建立最好、最有意义的实习关系，也许比一味空口无凭地求情要好上许多。

（二）注意事项

为了使求助他人介绍就业产生应有的效果，必须注意以下几点。

1．正确选择所需协助的人

一般来说，如果认为协助的人的单位是适合自己的单位，可通过协助人在单位的人际关系，帮助自己介绍就业。如果协助人有一定的社会地位和知名度，可以通过他的关系介绍一个自己理想的单位，这样招聘单位会对求职者的底细更了解，求职成功率会更高些。

2．要向协助人如实介绍自己

虽然协助的人对求职者有一般的了解，但求职者还应把自己的文化水平、技术水平、性格和兴趣、爱好等做详细的介绍，这便于协助人向招聘单位如实反映。

3．讲明委托人就业的真实原因

要向协助人说明去这个企业的真实目的，如本企业对这个人才能发展有利、福利待遇也好等，使协助人了解求职者的心态，便于有针对性地、灵活地进行帮助。

4．对被委托人的态度要诚恳

因为主办的是委托人，所以要尊重委托人的意见，不管事情办得如何，都应表示诚挚的谢意。

思 考 题

1. 用人单位会看重哪些人才？
2. 不成功应聘的行为有哪些？
3. 招聘途径的种类有哪些？
4. 境外就业需要准备什么？

第十二章 择业策略

第一节 面试策略

一、清楚企业信息

在大学生选择单位时，往往会出现这样一些错误：对用人单位情况不甚了解，又没有一定的对比，于是在择业时带有很大的随意性和盲目性，如只挑选大城市而不问用人单位的性质、业务范围；盯着有“关系”的单位，企图靠“关系”得到提拔和重用；还有的只图单位名称好听就盲目拍板等，这些都是片面的。那么如何才能避免一些假象，做到客观地评价用人单位呢？关键取决于掌握用人单位的信息。

首先应该掌握用人单位的情况：①用

人单位的准确名称；②用人单位的隶属关系，它的上级主管部门是谁（指人事管理权限）；③用人单位的联系办法，如人事部门联系人、电话、通信地址、邮政编码等；④用人单位的所有制性质；⑤用人单位需要的专业、使用意图、具体工作岗位；⑥用人单位对所需人才的具体要求；⑦用人单位的规模、发展前景、地理环境、经营范围和种类等；⑧用人单位的福利待遇，如工资、福利、奖金、住房等。

要掌握这些信息，你可以向学校就业指导机构寻求帮助，除此以外，还可以从该单位的介绍资料中获得一部分，另外当地的工商管理部门或应聘单位的上级主管部门也是获取信息的一个比较正式的途径，能通过社会关系网，动员家长亲友、教师、校友等认识一些已在该单位就职的人员，从他们那里也许能获得更多更有价值的信息。

以掌握用人单位的福利待遇为例，现在大学毕业生在选择单位时往往把单位福利待遇的好坏作为评判“好单位"与“差单位"的一个重要标准，有时甚至脱离了社会现实状况，盲目地追求高工资，毕业生们相互攀比，这山望着那山高，犹如哄抬物价一般，人为地、一厢情愿地把自己的身价抬得很高。比如，近两年随着信息业的高速发展，使得通讯专业的毕业生有了很好的就业机会，大学生毕业的月薪逐年提高。

大学毕业生的待遇应该是多少呢？据上海各高校就业指导中心收集到的用人单位信息反映，以及多年工作经验来分析，认为由于毕业生落实的工作单位的性质不同、从事的职业不同，在工资待遇上是存在着一定差异的，这种现象与整个社会状况是相符合的。上海《人才市场报》上专门开辟了一周人才需求排行榜和人才市场工序报价行情，毕业生可以通过收集这些信息来对各种职业和岗位的收入水平有一个大体的了解，特别是对你将要选择的职业的了解。

不同性质的单位在工资收入上也有所不同：

事业单位：根据国家规定有固定的标准和工资津贴制度。

一般大中型国有企业：一般为1 000 ~2 000元。

三资企业：目前，大多数的三资企业采取的是模糊工资，不具体分项目。如某地电话通讯设备有限公司，大学生见习期间的月薪为2 000元。

如果通过以上途径有些重要的信息仍然没有掌握，毕业生就要精心准备应聘时向主聘人提出的问题时刻不忘在这些问题没有得到明确的答复之前不作任何决定。

对用人单位的信息多掌握一点，求职的选择机会就多一点，对招聘单位就多了解一点，求职的成功希望则会多一点。掌握和了解用人单位的信息量越大，判断准确率越高，反之则越低。所以说，能否很好地收集、分析和活用用人单位信息，也是对大学生四年大学生活学识和能力的严格考验。

二、取得面试的方法

在找工作的过程中，与人进行有效交流是必不可少的。我们要与大量的陌生人打交道，没有一个好的开端，取得面谈的机会就会变得异常困难。需要考虑如何根据自己的意向取得面谈的机会。你可以尝试如下方法，争取使招聘者能够同意面试。

（一）书信问询

这种方式不仅是找工作的开始，而且是找工作的主要途径。最好把信直接发给负责人，写上他的姓名，而不是发给“部门负责人”或“有关负责人”。在发出这封信时，最好打电话问清楚收信人的姓名，弄清楚他的头衔。如果在书信的开头写的是“部门领导”，接着可能是复印无数份的自荐信，给人的感觉是你的求职缺乏诚意。无清晰的目标投送书信，多数不会得到良好的回应。自荐信应该是：简洁的、正规（严肃）的；表达对公司招聘的积极态度；说明“我能为你们做什么”；表达自信，但要适可而止；使用礼貌用语；介绍个性特点（但不要太多）；避免写错字；以独特的风格激起对方的兴趣；解释为什么想要得到这份工作；提出希望面谈的愿望。发出信件以后，可以打电话确认一下。如果需要你的答复，要迅速及时，通过及时的反映，表现出你做事的态度、办事的效率。

（二）电话咨询

电话咨询是对自己的沟通能力的一个考验，因为只能运用语言信息与人协商问题，为此要事先做些准备。打电话时，手边要备有一些纸，以便做记录和提醒谈话要点。因为打电话的时间有限，说的话要尽量简短，为此可以准备一个梗概：说明是谁、背景如何；想打听什么情况；提出想法；准备好时间，与对方协商；感谢对方听取和接纳想法。

打电话一定要讲究礼貌，保持良好的风度。比如先要征得对方同意才能接着说明自己的目的。缺乏对对方的问候是不礼貌的行为。

（三）登门咨询

自己登门拜访公司有很多好处。可以更详细地了解各种工作的要求，了解公司的具体情况。事先要说明见什么人。如果有其他人接待你也是有益的，能了解到工作的有关情况，对以后的面谈很有益处。这种预先的拜访要注意几点：注意外表，显示你的风度；简要地记下得到的有效信息，特别是要记下必要的事项。如果可能，咨询过后马上准备面谈；最好留下简历的复印件。

上述方法在希望得到面试机会之前可以使用。不要怕自己被拒绝，这是找工作常见的现象。没有达成目的之前，仍然要保持自信，充满信心，获得工作的机会。

三、影响面试的主要因素

面试效果受多种因素影响，比较复杂。但是自己必要的准备还是重要的。

(一) 情境因素

个人的表现对于建立第一印象是重要的。从视觉角度考虑，仪表穿着要有讲究。

选择与应聘的工作角色相符合的衣着。最好是职业装，避免花花绿绿的颜色，不要戴假珠宝。让别人了解自己成熟的、有思想和负责任的性格。

仪表整洁，发型趋于保守。

讲究个人卫生，要擦亮皮鞋，剔净指甲。

注意一下松弛自己的面部表情，不要紧绷着脸。

注意调节说话的气氛，使谈话变得有趣。

(二) 对问题的回答要灵活，主次分明

面谈的主要问题一般包括开放式的问题和封闭式的问题两种。

开放式的问题是广阔的、随意的、普遍的，回答是自由的。比如：能告诉我这个经过吗？对这件事怎么看？认为怎么样做更合适？一般，面对棘手的、敏感的问题，招聘会上以开放式的问题开头，在谈话过程中把话题逐渐缩小。在面谈中敏感的问题（如工资、福利等）应该放在最后阶段，过早的提起可能会破坏和谐的气氛。

封闭式的问题是限制性的，它给予回答者的选择是有限的，回答只能简短，要做有效的解答。如：喜欢这里吗？读书的习惯是什么？打算哪一天到这里来？

面谈的次要问题是被用来寻根问底的，以达到进一步澄清或加深问题深度的目的。招聘者经常采用次要问题来更深入地研究应聘者。为什么选择这份工作？了解这份工作的有益之处吗？请你举例说明这个优势？次要问题帮助招聘者了解应聘者的态度、个性。认为这样做与那样做有什么不同？在这样的情况下，做什么反应，如何回答。

通过类似的问题，招聘者可以判断应聘者的责任感、成熟度、领导素质，看出对方是渴望的、热情的还是懒散的或自满的。应聘者提问要问得聪明。动机在哪一方面特别强烈，通过问题就能反映出来。如果问题只集中于工资、福利这一类，就向招聘者提供了你的工作动机、抱负水准，这样做的结果决定了对方是否欢迎。有的招聘主持者会认为特别注重工资的人眼光短浅、成不了大气。应聘者应用合适的眼光全面地考察企业的条件，谋求全面发展，把成就事业、为企业的发展做贡献放在首要的位置。

应聘者在面试过程中还可以做出灵活的决定。可以决定哪一个问题简单回答，哪一个问题详尽阐述。如果遇到的问题模棱两可，应该在澄清之后再回答，以免太草率。回答问题前要弄清自己是否理解了问题的实质，这是求得别人公证评价的前提。

四、面试的准备工作

我们说，有面试就意味着有曙光。面试的成功与否，除了面试官如何看待个人的素质外，主要取决于他们如何评价在面试中总的表现。因此，有必要把它作为自我本领的演示来看待，其日的是向面试官推销自己，让他们感到你是完成这项工作的最佳人选。

大多数人在面试中处于被动地位，竭尽全力回答提出的任何问题。一种更好的方法是控制局面，给面试官提供你想给他们的信息，使之相信你是能胜任这项工作的。面试官的这种信任感不仅仅来自做出的回答，也产生于外表以及你表现出来的热情、精神风貌、个人品格和雄心壮志。

大多数面试者没能通过面试的主要原因，就是自己的自信心没能在面试中体现出来，没能使面试官对他们产生信心。他们在面试时很紧张，感到有巨大的压力、顾虑，由此使大多数面试者被拒之门外。

不要想自己是否会得到这份工作，需要想、需要做的是：专心参加面试，并为此竭尽所能。

面试前，准备是关键。在脑海中过一遍何种方法奏效和何种方法不灵；像演员演出前的排练一样，练习回答问题，排练自己作为求职者的角色的演绎过程。这样做会给你带来自信——当进行面试时会镇定自如。

要对有关公司、机构进行充分的调查研究。调查结果表明：很多人面试失败是缘于对有关公司或机构缺乏了解所至。

实质上，所有面试都会涉及：能做好这项工作吗？如何做好这项工作，如何同单位同事相处。无论什么问题，都应该围绕上面的内容做出回答：我能做这项工作；我一定要做这项工作；我会同贵单位的同事搞好关系。

回答要突出重点。如果面试官是未来的顶头上司，他提出的问题可能就不那么一般了，而是直接有关工作的具体问题回答可以更直截了当。

以下问题通常会被职业面试官和人才管理人员以及高层管理人员采用。虽然面试官在风格、经验和能力上各不相同，但在提问中频率较高的问题是一致的。面试往往从你本身情况问起。

谈谈自己？

认为自己的主要优点是什么？

认为自己的主要缺点是什么？

对这项工作在什么地方感兴趣？

提示：这是个机会，可以引出你对该单位的了解，诸如该公司的产品和它们为什么前景看好，你对有机会为该公司工作而感到兴奋，以及为什么你如此喜欢这项工作、为什么你想离开现在或以前的工作岗位？

最好做一些稳妥的回答。喜爱目前的工作和公司，但现在争取做的这项工作是绝好机会，非常适合自己，正是自己要选择的职业等。

在以往的工作中，最喜欢的是什么？

工作中感到哪一点最不喜欢？

想要什么样的工资？

认为自己能给本单位做出何种贡献？

长期目标是什么？

认为工作与家庭关系怎样？

动力是什么？

是否是个有创意的解决问题的人？

提示：即使没问这个问题，也应该把它包融到其他问题中去回答，如最大的优点是什么——通过具体的事例表述自己解决问题的能力。因为大家都想雇用善于解决问题的人。

所经历过的最大的挑战是什么？

业余时间都爱做些什么？

喜欢与他人共事还是喜欢独自工作？喜欢与何种人共事？

从以往的工作中都学到了什么？

哪种决定是最难做出的？

我们为何偏要雇用你呀？

决定好想表达自己的哪些优点。面试官就想看看如何把具体事例与一般性的表达相结合——这正是讲述自己成就的好机会。试着把它与要争取的工作联系起来。要简洁，这是表达事先准备好的一切的最好机会。

有人建议通过询问面试官他们对哪些方面特别感兴趣来缩小

话题。能够投其所好固然是好事，但这样做潜在危险是他们或许会提到一些问题涉及你未做准备的方面。在谈话即将结束时，可适当地询问面试官是否还想知道别的情况。

面试之前应注意：

提前5分钟到达面试地点，身着得体的服装。对在公司遇见的每个人都要彬彬有礼。千万别小瞧接待员和秘书。不少求职者对他们熟视无睹，而有时面试官会向他们征求意见。

见面试官时，要看着他的眼睛，并要进行得体的自我介绍。要善于观察。踏进面试官的办公室，就迅速环视四周，留心主人的家庭照、奖状和书籍。人们往往对室内陈列物感到自豪。如果由此发现你们有共同之处，那就太好了。即使没有发现什么共同之处，对这一切表现出的由衷的兴趣一般也会受到欢迎，同时还可打破沉默。谈话一定要有双向性。必须提问，以使面试官也参与谈话。越敞开交谈，越能知道他们到底想用什么样的人。

不必快速回答每个问题。回答前停下来思考一下，经考虑后再进行回答。

回答要简洁、切中要害，不要聊而无题，浪费推销自己的宝贵时间。重点是要达到预想的效果。如问及不妥之处，不妨客气地问他们为什么想了解这方面的情况。如果他们讲得有道理，愿意回答，则可随自己意愿回答。无论发生什么事都要头脑冷静。

要热情。90%的面试官认为热情是一个非常重要的条件。同进来时一样，你要彬彬有礼，以积极的反应结束面试，充满自信地离开。

做了那么多准备，相信你会在面试中稳操胜券，谋到一份理想的职业。

五、自我形象设计

自我形象设计主要包括两个方面：一是面试前的筹备；二是

面试中应注意的问题。

（一）面试前的筹备

（1）从以下几方面着手：一是单位的需求，即这个单位最需要什么样的人。二是招聘岗位对求职者的基本要求。有一年，一位教授推荐一名毕业生到某个部委去做部长秘书，部里的考官问他：你有什么特长？他就说了很多特长：写过话剧，拍过电视剧，喜欢跳舞，是校舞蹈队的成员，英语又特别好，还是书法家协会的会员。事后，考官对这位教授说，这名学生我们不能要！道理很简单，他本事太大了，做部长秘书，就是要谨小慎微、上传下达、一丝不苟，而他完全是个搞艺术的人！他想像力太丰富，部长说一句话，他可以引出八句，那怎么行！于是，这位教授又推荐了另一名同学，考官又问了同样的问题，回答说：没有什么特长，“那你周末干什么?"“练气功!"“你再好好想想到底有什么特长?"“我字写的还行!"考官说，那就是他了！世间的岗位有千万种，对应聘者的素质要求自然也多种多样、各有侧重。这个道理不服不行！三是要准备有关资料。假设你在面试时能够有目的地引用一些资料和数据，显然会使考官对你另眼相看，至少也表明你有备而来。

（2）人的爱好不同，要注意自我定位。性格不同，社会职位对人的要求也会不同，所以当你去谋取一个职位时，除了要注意双向选择、互相适应之外，最好对自己能有一个准确的判断。比如说，你想去做老师，那就要声音嘹亮，至少让别人听得清楚，否则恐怕还是去研究所更合适。人的性格是不一样的，有些时候千万不要勉为其难，只是为了随波逐流。要注意求职信的撰写。写好求职信至少要注意，格式要规范，大多数人认为求职信没有范本，其实是有的，因而在应聘前写求职信时，最好到图书馆去查一些范本来参考。此外，版式也要规范，纸张多大，都应该有所考虑。要注意扬长避短。比如说学科成绩，你是不是应该把用人单位最需要的学科成绩罗列出来，要应聘涉外文秘，把外语、外交礼仪、涉外工作、公共关系、营销等排在前面，肯定要比把马克思主义哲学、体育、数学等排在前面显得明智。要避免常识性错误，在写英文简历时尤其如此。

（二）在面试中应注意的问题

（1）对学生来讲，要注意仪表，最重要的是四个字：干净、整洁。干净，首先就是要头发整齐，不要让若干头发倔强地站立，即使一根也不行；更不能让头发黏糊糊的，看上去不是丝而是缕；头发的长度应“前发不附额、侧发不掩耳、后发不及领"，因为这样可以显得精明强干，过长则显得衰老憔悴，但也不应太短，不到万不得已不得为零，当然，搞艺术的要另当别论。其次，不能留胡子，尤其是不能稀稀缕缕地只留几根，有的同学认为留几根胡子是稳重成熟的表现，其实并非如此。再次，女同学千万不要染彩发，因为染彩发是标新立异、显示个性的时尚行为，而公司和机关都讲究千篇一律、庄重大方，个性是不允许过分张扬的。此外，女孩子最好不要化妆，因为学生的基本形象就是朴素大方，不应追求花哨。面试时，浓妆艳抹反而会给考官一种此君不像好人的感觉。

（2）注意仪态。仪态也可以用四个字来加以概括，那就是自然、大方。畏畏缩缩容易给人一种没见识的感觉。此外，在面试时要充分注意细节，比如看考官时，要均匀扫动，不能只看一位，并且距离不同，看人的部位也应该不一样：离考官 3 米左右时，最好看考官的鼻眼三角区；离考官 1 米左右时，则最好直视对方的双眼。当然，眼光要柔和，时间也不可过长。

（3）注意着装。着装应庄重、朴素、得体。对于在校学生来说，不一定要穿什么时装、名牌，但一定要干净整洁。当然着装还应考虑不同职位的要求，例如应聘公关职位就要适当地注意时尚，而应聘文秘、财会职位就应与时尚拉开适当的距离。

(4) 注意谈吐。首先，说话要清晰、连贯，声音既不太高也不太低，并且最好要讲标准普通话。因为讲普通话，是一个人文明程度和受过高等教育的表现。其次，要注意使用礼貌用语。再次，说话要简洁明了、直指核心。有修养的人把复杂问题简单化，没有修养的人则把简单问题复杂化。面试中的绝大多数问题都没有标准答案，只要言之有据、思路清晰即可。

(5) 注意临场反应。首先要高度守时，其次要注意保持安静。面试前，最好把呼机、手机全部关掉，万一忘记，也可以在现场当着考官的面关掉，表明“我的眼里只有你"。再次，不要携带过多的物品，通常只带一个文件夹或文件包就可以了，万不可出现这种情况：拿着一个包往桌子上一放，先掏出一本书，再掏出一台录放机，然后掏出一份皱巴巴的简历。第四，要注意现场行进路线和坐姿问题。落座时，既不要坐满，也不要只坐边缘，最好是坐 2/3，不到万不得已不背朝考官，进场时要反手关门，退场时要侧身退出。

第二节 面试过程的控制

一、应对面试过程中的问题的策略

应征者能否合格成功录取，面试起着决定性的作用，因此求职者应该花些心思学习面谈的应对技巧，这样才能得到重视。

(一) 策略一——改变用字

说话时语调明亮开朗，这当然是必要的，但如果以为发音字正腔圆、声音洪亮就算是“会说话"，未免过于单纯。谈话最重要的还是要能触动对方的思维，清楚表达自我的意见。要在言谈中表现出诚恳的态度，让对方愿意用心倾听，就必须在用语及说话方式上多加注意。下述几个要点，可以当做参考：在谈话时要集中精神，但所谓“集中精神”和“过分在意”在程度上是有所不同的，专心过头会让人紧张不已、表现失常。再者，很多人会犯的一个毛病就是说到语尾就变得模糊小声，给人不够诚实、缺乏自信的印象。若是有此习惯的求职者，可以试着吸一口气，将一句话从头到尾说完。此外，也可以面对镜子练习说话，纠正自己的不是。

（二）策略二——毛遂自荐

进行毛遂自荐，一定符合不能傲慢，尤其是在比较压抑个人存在的中国社会，处处强调自己的长处会让人感到不谦虚，使面试气氛紧张，当然，面试就是要展现自己的优点。事实上，在美国自我推销也被认为是商业能力中相当重要的一环。尤其面试是向主考官展现个人能力的惟一机会，错过不可能重来。因此在面试的时候，也不能过分谦虚反而无法让对方了解你真正的实力。

在“傲慢”与“自卑”中如何找到平衡？要改变自己的想法：在众人面前表现自我的优点，并不能单纯解释为“炫耀”、“出风头”。让他人了解专业所长，才可能获得更多的发展空间。而所谓自我推销，绝非滔滔不绝说自己多么精明能干、多么多才多艺，而是要站在对方的角度来思考陈述的方式。也就是说，抛却过于主观的表达，以较客观的方式品评自我，期间可以加入别人曾给你的正面评价或赞美，让听者也能够充分了解你，这样才能真正达到目的，取得好的面试效果。

表现的形式有很多种方法可以选择，但最大的原则就是要以自信为基础。自信与企图心也会使你的语气更加坚定，博得信任，有时甚至连提到缺点的时候都会有加分的作用。

（三）策略三——印象先入

语言无非是将所见所闻和心中感受传达给对方的一个工具。因此，为了让对方能清楚明白你想传达的意思，就必须具备将观察到的具体印象转换成语言的能力。

并非需要专业的训练才能拥有这样的技巧。举例说，有希望成为电台播音员的人，可以利用比赛来做练习，将所看所听尽可能说出来，像是进行现场转播一般。在开始练习的时候，不要抱有先入为主的观念，认为自己是个“不会说话"的人，多试几次一定会有所改善的。

这样的练习并不需要特定时间与地点。在日常生活中，比如坐车的时候，就可以试着观察周围的人，然后设法以语言来形容，还可以加上自己的观点和想法；用餐的时候，试着去评论菜色；或是将电视调为静音，让自己看着画面来说故事。此外，也可尽量争取担任宴会司仪的工作，绝对会对你练习语言表达能力有很大的帮助。

（四）策略四——条理清晰

对于事件能侃侃而谈，各方引证，并且综合出个人独到的见解的人，的确很让人羡慕。如此条理清晰、富有逻辑的说话方式，有一定的规则或范例存在吗？事实上，我们每天从电视、广播、新闻、书籍等渠道都能获得大量有效的信息，如果能够将这些信息有系统地记忆下来，在分析事情时就能得心应手。

二、推荐自己的方法

在择业受聘时，能创造神话大获成功的人，都有一个共同之处，就是他们往往比别人想得更多一点、更深一点。

美国《泰晤士报》的总编西蒙·福格，早年找工作时，殷切地问人家：要不要编辑、记者、校对员、排字工？人家都说不要，一般人也许就怏怏而去，当做在求职的路上多一次挫折而已。而西蒙·福格不，他接着说：“那么你们一定需要这个了。”福格从容地从包中掏出一块精致的牌子，上面写着：“额满，暂不雇用。”很有意思，就多了这么一块牌子，福格戏剧性地成了《泰晤士报》的一名新成员。说神奇，若没有这块精致的牌子，福格决不会成为今日《泰晤士报》的总编大人；说不神奇，无非是事先写好几个字，着实没有什么大不了的，谁不会写这6个字1个逗号1个句号呢。问题的关键是你少想了一步，少写了一句，少运用了一次你的智慧、诙谐，而人生的轨迹就不同。

类似的例子俯拾皆是。钢铁大亨威伯早年求职时也曾跑断了腿，一日又硬着头皮进钢铁公司。面对操纵去留决定权的关键人物开始了对话："请坐！"其实没有椅子或凳子。这小小的陷阱迷惑许多人说"没关系"。反正无椅可坐，落得谦恭，而威伯却不这样，他道声谢谢，就匆匆忙忙去隔壁办公室借来一把椅子。行动虽小，内涵博大。

目前，某星级饭店招收员工，对求职者提出一个一样的试题：被派去菜市场看土豆。有的人很快返回，报告："有土豆。"有的人说："好几个摊子在卖土豆，不会缺货。"有的人甚至嘀咕："人事干部惯于不干人事，土豆有什么好看的。"而有个人的回话是："有土豆，最好的一元贰角钱一斤，最差的伍角钱一斤，总量在一千斤左右，这是离此地最近的某某路菜市场的行情。"后来，此人取得了这一职位。

只要你留意观察，就会发现成与败的差别其实是很小的。成功不过是比失败更多点内容，几个微妙的字，几句精彩的对话，一个多拧了四分之一的螺钉，一把借来的椅子。这多出的内容折射出你内心的执著和坚韧、积极奋进的良好心态，帮助你把握身边的机会。机遇与我们的一生休戚相关，她像一个美丽而性情古怪的天使，倏地降临在你身边，你无需受宠若惊，但一定要慎重对待，假如稍不留意，她就会翩然而去，无论你怎么扼腕叹息，都无法挽回。正如那句古老的谚语：通往失败的路上，处处是错失了的机会。做好准备迎接幸运从前门进来的时候，别忽略了从后窗潜入的机会。

（一）以对方的需要进行推荐

在推荐自己的时候，注重的应该是对方的需要和感受，并根据他们的需要和感受说服对方，被对方接受。北京某大学新闻系的女生小A，学习成绩好，业务能力强。听说一家全国性报社要人，她先花一天时间钻图书馆研究这家报纸，然后拿着自己的简历和作品闯进报社总编辑办公室。总编看后问道："为什么来我们报社？""你觉得我们报纸有哪些特点，哪些不足？"……几番对答，总编不住颔首，结果小A如愿以偿。小A的成功，在于她能注意对方的需要而被接受，而不是强迫别人接受。

（二）注意介绍的特色

推荐自己必须先从引起别人注意开始，如果别人不在意你的存在，那就谈不上推荐自己。那么，如何引起别人的注意呢？关键是要有自己的特色。这里所谓的特色，并非什么文凭、哪个单位鉴定合格不合格，只要是接受的人认为有特色即可。

（三）善于面对面

人们通过面谈可以取得推荐自己、说服对方、达成协议、交流信息、消除误会等功效。面对面推荐自己时，应注意和遵守下面的法则：依据面谈的对象、内容做好准备工作；语言表达自如，要大胆说话，克服心理障碍；掌握适当的时机，包括摸清情况、观察表情、分析心理、随机应变等。一定要沉稳，不要紧张。

（四）要有灵活的态度

假如你尽管针对对方的需要和感受的自我推荐仍说服不了对方，没能被对方所接受，你应该重新考虑自己的选择。倘若期望值过高，目光只盯着热门单位，就应适时将期望值下降一点；还可以到与自己专业技术相关或相通的行业去自荐。咨询专家奥尼尔如是说："如果你有修理飞机引擎的技术，你可把它变成修理小汽车或大卡车的技术。"

（五）注意控制情绪

每个人的情绪有振奋、平静和低潮三种表现。在推荐自己的过程中，要善于控制自己的情绪，这是一个人自我形象的重要表现方面。情绪无常，很容易给人留下不好的印象。为了控制自己开始亢奋的情绪，美国心理学家尤利斯提出了三条有趣的忠告："低声"、"慢语"、"拍胸"。这对每个人都进行尝试。

（六）利用履历表或申请表推荐

利用履历表或申请表，要尽可能了解对方情况，搞清楚对方的要求及自己是不是够资格；搜集能够证实你的身份、履历、特征等方面的文件和材料，这些有助于对方评估你的素质。履历表应实事求是、简明扼要，切忌言过其实，其内容的字迹要端正、清楚，千万不要龙飞凤舞。一定要打字，如果对方很难阅读，推荐就没有效果了。

（七）善于宣传

进行宣传时，应以简短的自传形式扼要概括自己的履历、才能、发明创造、贡献目标、理想、爱好等，分寄给你认为有可能对你感兴趣的部门和单位。也可以通过熟人、亲友等传递信息，还可以通过登广告的形式向所需要的对方推荐自己。

（八）应知难而退，另辟捷径

推荐自己有时不一定会成功。面谈时，谈到一定时候，如果发现时机不对或者对方无兴趣，表现要冷静，不卑不亢地表明态度，或者自己找个台阶下，给人留下明理的印象。推荐不成功，可能错在自己，比如资格不够、业务不对口、过分挑剔等；也可能错不在你，而是对方要求过高、性别歧视等，这时就要另辟捷径。

（九）接电话的技巧

在寻找工作期间，必然要去接众多的电话，是否将被接受面试，也取决于如何训练有素地接电话。应注意如下内容。

要在电话的第二与第三声铃响之间拿起话筒。这既可松弛一下神经，也可避免给对方造成您就“坐”在电话旁的印象。

在回答时，不要忘记微笑。这样，您会给对方留下一种安静、礼貌和开朗的求职者印象。

在接电话时首先应该进行自我介绍，如我是张明。

如果对方说出自己的名字，您一定要记住他。

说话要慢些，嗓音自然。将话筒与口保持3厘米左右的距离，以避免呼吸和咳嗽等不应有的声音传入。

尽量与通话者保持同样的语速和语调。理想的语速为每分钟80～100个词。

通话时思想要高度集中，不要在谈话时翻着书籍或报纸。如在说话时未给对方以应有的注意，对方完全可以感觉出来。

只有在必要的情况下方可打断对方的话语。

尽量不去接另一条线路上的电话，更不能让对方久等，也不能在此时去找笔和纸。所有必要的物品都应放在电话旁。

如果必须接另一条线上的电话，最好不要超过10～12秒钟。应先询问对方是否可以等一会儿，或您随后将电话打给对方。

要注意谈话的方式方法，应经常使用一些词语，如“谢谢您”、“请原谅，我未听懂，请重复一下”。

要稍等片刻，让对方先挂断电话。切忌在对方提出问题的最后一刻挂断了电话。如果照此处理，不用多打电话，被录用的可能是很大的。

（十）推荐自己的其他小技巧

利用各种求职途径：主动发出求职信，应征招聘广告，刊登求职广告。

不要因为收到书面拒绝信函而心灰意冷。应清楚地意识到，收到回绝信在今天已是很普通的事情。

制定一个5年职业计划，并拟定阶段性目标。

运气、意外巧合和人际关系十分重要，广交朋友建立联系。

寻找职业时切不可“吝啬”，您打算“节省”的最后一封求职信恰恰可能敲开就业的大门。

写求职信时，请尽量用简洁明了的词句，使所求的工作在求职信中得以明晰表述。

请在简历中真实地写明自己的所有专业特长。

照片应单独粘贴在求职信函的首页，以避免它分散读者对简历重要内容的注意力。

面试时主动提问，充分显示出自己对企业及职位很感兴趣。

对那些将本企业的职位吹得天花乱坠的雇主，应小心行事。

如果尚无选择的余地，请先接受一个职位，即使它与初衷并不完全相符。

三、常见问答

（一）为什么要来应聘

主考官不但会留意回答这个问题时你说了些什么，也会留意你回答问题时的态度。主考官会据此判断你有没有自信，又能否实事求是。假如这时候列出大堆无关的经验技能，主考官会认为大概不能胜任，或认为根本误会了这份工作的性质。在面试之前，最好仔细分析自己的教育背景、资历与工作经验，了解这份工作对自己的适合程度。

回答这个问题要简明扼要、一语中的，切忌长篇大论、夸夸其谈，否则言多必失。

（二）有哪些缺点

这是一个常被问到的题目。大多数主考官问这个问题，都是想洞察一下你在碰到紧张不自在的难题时能否从容不迫地解决。因此，除了答案的内容外，回答时的态度也一样重要。

无论提出什么缺点，总要记住主考官要找的是一个勇于自我反省而不是以自我为中心的人。一个人须有自知之明，清楚自己的优缺点，这样才能扬长避短、不断进步。老老实实地讲出自己的长短处，一般不会减少获取聘用的机会。只有提到的缺点是严重的人格缺陷，反映出严重的反社会行为的情况，或者直接影响担当那份工作的称职程度，才会有问题。以下就是一些无碍大局的缺点：

(1) 粗心大意。可能你考虑事情习惯从大处着眼，因此偶然会忽略细节，所以你喜欢担当整体策划的工作，而不擅长处理琐碎具体的行政事务。这种缺点用人单位未必十分介意，还可能因此逐步委任你担任需要领导才能的职位。

(2) 固执己见。当一个人觉得自己掌握资料正确而又理由充分时，不会轻易让步，甚至不惜与人争执。他要完全肯定对方的主意比自己的完美时，才会放弃己见。固执倔强确实是不妥的缺点，惹人讨厌，但从另外一个角度看，这也是勇气与自信的证明。

(3) 没有耐心。一个人耐心不够的原因可能是过分重视工作，希望为单位做出更大的贡献，因而只要同事未能及时完成工作这种人就会忍受不了。

(三) 与人相处得怎样

这个问题主要考察应试者能否与人顺利共事，好好地与同事沟通，在工作压力下表现如何，甚至是否愿意在需要时承担部分本职以外的工作。

作为应试者，自然希望给人一个时时能跟各种人融洽相处的印象，但亦切莫得意忘形，滔滔不绝地在面试过程中谈论自己与家人朋友的交情，这会让人觉得口无遮拦、不能保守秘密——这是许多国家机关工作人员的大忌。

如果是个害羞的应试者，觉得回答这个问题时会处于不利地位，这时不妨多谈谈自己参加过的各种团体活动，例如群众团体、文体社团、学习小组等，证明自己通过不断努力变得更能与人相处。

（四）学习成绩能否正确反映才能

这个问题主要是了解工作的态度是不是也跟念书的态度一样。如果求学时成绩优异，切忌让人觉得求学的兴趣比工作的兴趣浓；如果学习成绩不好，应该坦白解释，不要企图诿过于他人，这样做只能表示不负责任。更佳的方法是转移目标，多谈自己成绩好的科目。

（五）有没有同时申请别的工作

在求职面试时主考官很可能就会问这个问题。他们提出这个问题主要是想知道申请者的工作与目标是否一致。如果申请的各项工作是繁杂而多样化的，便会使人觉得你毫无目标，不是过分野心便是缺乏自信。如果只申请了一类工作，便很可能给主考官留下良好印象，认为你一心一意循着同一方向发展，做事有计划、有目的性。

但不要表现得过分集中找同一类大同小异的工作，以免显得单调、不懂得变通。所以明智的办法是提出两三类你已申请了的工作，并大略说明自己选择的次序。

（六）如果你被录用，能在本单位服务多久

不一定回答一个肯定数字，最好用有条件的口气来说："相信自己可以在这儿获得发展，也有机会获得更多培训，如果这儿的工作适合自己，我将乐意长期服务下去的。"

（七）为什么过去频频变换工作

要预先做好准备，诚恳自信地解释这个问题。要让主考官意识到你过去每换一次工作都是经过认真考虑的，都是明明白白的，都是着眼于自身的事业生涯发展的，而非随波逐流，或是因为自身的工作态度或工作能力原因被人"炒鱿鱼"。最重要的是令主考官相信这次变换工作是经过慎重考虑的，是真有意向在本单位长干下去的。

（八）希望得到多少薪酬

如果拟应聘的职位是国家机关的公务员，这个问题回答起来相对容易，可申明感兴趣的是该单位、该职位的工作，而薪酬待遇按照国家的有关政策和单位的相关制度规定处理就可以了。

但如果拟应聘的职位是一家企事业单位，就得认真对付这个敏感问题。如果仓促回答，随便说一个数目，可能会双重吃亏：会令主考官觉得你不认真，或者不了解“行情”，太脱离现实；还可能失去争取较高薪酬的机会。如发生此事，应该预先了解自己申请的这份工作大约应该得到多少薪酬，也就是说要熟悉这类工作、这个层次的工作在人才市场上的基本价位。当主考官提出这个问题时，可以巧妙地回答：“我没有一个既定的金额，我还需要多了解一点关于这个职位的详细情况”或“我相信我们如果互相满意对方的话，薪酬问题是一定可以达成协议的”。需要说明的是，心目中并没有一个不能改变的数目，要考虑这项工作的性质和责任、工作条件、升迁机会等因素后，再决定如何选择。

回答这个问题时要小心，切勿让主考官觉得你脑子中只想着钱，但亦不要装出一副完全不计较金钱的样子；说到底，除了工作上的满足感外，吃饭仍是很实际的问题，我们没有必要回避这一事实。况且，在现代社会，薪酬也逐渐成为衡量一个人社会价值的重要标准。在讨论薪酬时，别忘了除了月薪之外同时也要考虑其他要素，如各种特别津贴、额外花红、短期内调整薪金等。还得考虑其他福利，如宿舍或住房津贴、公积金、无息贷款、带薪休假、医疗保险等，要弄清楚薪酬到底是多少。

（九）过去在工作中最大的压力

举以下三个应试者的回答：“我喜欢接受新的工作挑战。当然从事新的工作会比较缺少经验，因此就需要缜密的思考与妥善的规划。我的工作压力大多产生在计划阶段，直到全部工作顺利完成，当然那份成就感觉却也是令人满足而又值得回味的。……”“我刚刚从大学毕业，正在应聘工作，还感觉不到工作上有什么压力。不过以前上学时功课的压力倒是蛮重的。……”“最近几年我在工作上最大的压力就是人力资源的严重缺乏。我在服务业担任管理工作已有十年的实际经验，过去面临的不是人才招募的问题，而是招进来以后的训练和管理等方面的问题，最近面临的是找人困难、留人更难的问题。”

以上是三种不同的回答方式。应试者在谈工作压力时，最好不要就压力谈压力，要注意给主考官留下这样的印象：喜欢迎接工作中的挑战，有把压力转化为动力的信心、习惯和能力。

（十）自认为过去取得过哪些重大成就

一位应试者是这样回答的：“老实说我刚从学校毕业，在工作方面还没有任何成就。只是有一个暑假我和几位同学担任义务工作时，辅导一批有智力障碍的儿童，教他们说话，带他们游戏，帮他们洗澡，哄他们睡觉……虽然做的都是些琐事，但大家都尽心尽力，忘记了辛苦。我在兴奋之时感到自己还好像颇有成就。”

所谓“重大成就”，并非都是惊天动地的壮举。很多应试者面对这种问题常常不知如何应对，因为他们首先被“重大成就”吓住了，又找不出自己的重大成就在哪里，于是只好支吾其词，这会使得主考官觉得应试者乃一平庸之辈。假如应试者能够认识到平凡中的伟大，相信一定能陈述一些自己的成就。

（十一）是一位好听众吗

一位应试者做了如下回答：“上帝给我们两只耳朵，一张嘴巴，意思就是让我们多听少讲。我虽然不相信上帝，但我相信我是一位好听众。”幽默给人以启发，幽默也显示出应试者的个人魅力，幽默还能活跃面试气氛，恰到好处的幽默会给主考官留下极好的印象。

此外，面试考察中，有些求职者，尤其是女性，被别人提到自身的缺点或是自己不愿触及的问题时，常会不由自主地摆出防御姿态，甚至反击对方。这是不对的，自以为是振振有词地驳倒主考官，只会使你误入过分自信的陷阱，招致“狂妄自大”的评价，进而被淘汰。

四、克服胆怯

遇到这个问题的人不在少数。在一定程度上，胆怯心理会妨碍应聘者表达自己的想法、意愿，如果你有这种状况，不用着急，几乎所有的人经过努力都能过好这一关。

克服面试怯场的方法是：

（1）要以一颗平常心正确对待面试，要做好承受挫折的心理准备。即使面试一时失利，也不要以一次失败论英雄。

（2）对招聘单位和自己要有一个正确的评价，相信自己完全能胜任此项工作。有信心不一定赢，没信心却一定会输。

（3）适当提高服装档次，穿得整洁大方，以改变自身形象，增强自信心。

（4）面试前做几次深呼吸，心情肯定会平静得多，勇气也会倍增。

（5）与主考官见面时，要主动与对方进行亲切的目光交流，消除紧张情绪。在心里尽量建立起与招聘者平等的关系。如果心里害怕，有被对方的气势压倒的感觉时，就鼓起勇气与对方进行目光交流，待紧张情绪消除后，再表述自己的求职主张。

（6）当出现紧张的局面时，不妨自嘲一下，说出自己的感受，可以变得轻松些。

（7）感到压力大时，不妨借助间隙去发现招聘者的诸如服饰、言语、体态等方面的缺点，借以提高自己的心理优势，这样就会在自觉不自觉间提升自信，回答问题时也就自如多了。

(8) 当与对方的谈话出现间隔时，不要急不可耐，这样反而可以给自己留下思考的空间，抓紧理清头绪，让对方感觉你是一位沉着冷静的人。

(9) 回答问题时一旦紧张，说话就会结结巴巴或越说越快，紧张也会加剧，此时，最好的办法就是有意放慢自己的说话速度，让字从嘴里清晰地吐出来，速度放慢了，心情也就不紧张了。也可加重语尾发音，说得缓慢响亮，用以缓解紧张情绪，使心情逐渐放松。

(10) 进入考场，见到主考官时，不妨有意大声地说几句有礼貌的话，做到先声夺人，紧张的心情自然会消失。

把面试看成是对自己素质和能力的考验，看成是人生旅途的重要一站、不可避免的关键一站，你一定要鼓励自己勇敢地面对困难，建立信心，跨越障碍，直至成功。如果有时间，你要早做准备。你要提升自己的展示能力、交流能力和交际能力。

五、决策方法的选择

与职业相关的选择是最重要的、最具深远影响的决定，这是人生中的重要挑战，任何职业所带来的变化都会影响到我们个人的身心状况。做职业决策的能力状况因人而异。毕业生大多难以做职业决策人。其中，有的人是信息掌握不多；有的人是对自己的个性没有做充分的思考，不清楚自己究竟适合做什么；有的人是因为观念上的问题，例如缺乏得失平衡的观念，什么都不愿意放弃，无法果断决策。他们同时面对两个到三个选择应聘的单位时，很难决定自己究竟去哪一个单位开始自己的第一份工作。遇到这样的状况，心情是能被理解的，这的确是一个近乎痛苦的思考过程。能不能为自己做一个漂亮的决定，决策是否正确，对于自己今后的生活道路有直接的影响。这时，如果希望依靠别人替自己做决策，是不利于自己成熟的。毕竟生活的道路还很长，很多问题会摆在你的面前，需要做出决策。与其靠别人，还不如自己学习如何做决策，而且完全有能力为自己做出正确的决定。可以学习用多种方法提高自己的决策能力。推荐如下方法供你选用。

（一）运用平衡表对选择的方案做利弊分析

把一张大纸用一根中间线划分成两部分，一半用来写所选择方案的好处，另一半用来写所选择方案的弊端。这个比较的好处是，可以把很难记在脑子里的想法和不清楚的问题写出来，在一目了然的同时，能了解令自己困惑的问题在哪里，可以做更深入的思考，便于下结论。选择的难点在于每个方案都有利有弊，人们往往不愿意放弃其中的好处，使最后的选择变的困难。这时，要有一个信念——任何选择都是有得与有失的平衡。所要做的是，避免失去得太多，如何使得利大于弊。

（二）以扩充信息量作为判断的依据

扩充信息量包括探索自身的需要和收集社会信息。这一点是很明确的，一定的信息量是你做决策的重要依据。当你觉得自己难于做出决定时，通过扩大信息量能使你克服困难。扩大信息量的方法是非常多的。通过看、听、说，与相关的人互动，都是不可缺少的途径。信息的收集不是那么简单的，需要你有敏锐的眼光，还要有处理各种信息的能力，即很强的分析问题的能力和处理问题的能力。

（三）亲身体验

只要有时间的余地，可以在自己所选择的工作范围里亲身去体验一下。看看这份工作在多大层面上能使你感到满足。如果看重工作环境、氛围，不妨可以去实地去看看，在那里呆上几天，核实自己的感觉。如果做不到以上这点，可以在自己的大脑里做设想。把收集来的信息做个组合，试想你在其中的工作情景。

（四）向周围有经验的人请教

对自己要做的决定还不太有把握时，可以向周围的人请教，外人能为你提供很有用的建议，他们对你的问题和你的选择的看法能补充与自己的意见完全不同的看法，而提供这个看法的来源是与自己不同见解的人，或者是与你意见完全不同的人。通过比较，扩大了视野，更容易做出决定。

（五）做综合性的评估

列出择业价值观，对应所选择的方案，可以清楚地看到自己思考的问题，便于比较、抉择。要澄清的问题是，最看重的因素是什么，并对这些因素的利弊有所分析，有了心理准备，就能大胆去尝试自己的选择了。

职业生涯设计对于人生道路来说具有战略意义，至关重要。决策正确，则一帆风顺，事业有成；反之则弯路多多，损失惨重，乃至苦恼多多、教训多多。如何进行职业生涯的设计，笔者提出一个"三定"原则，或许对你会有所帮助、有所启示。

1. 确定发展的方向

定位错了，则南辕而北辙，距离目标会越来越远，还要重新走回头路，付出较大的代价。因此，职业生涯决策中，决不能犯方向性错误。

通常情况下，职业方向由本人所学的专业确定。但现实的情况是，很多人毕业后，并不能完全按照自己所学的专业来选择工作，有的工作甚至与原专业风马牛不相及。"学非所用"、"用非所学"、"专业不对口"的情况比比皆是。在这种情况下，就需要认真考虑，选择适合自己的职业岗位。有时为了就业，甚至要强制自己去"适应"并不喜欢的岗位，只要这种职业是社会紧缺的、急需的或有发展前景的。有些学子在学校里读了双学位，拿了几种证书，自己感到就业时会比别人多了几个机会，其实不然，综合评估自己才是正确的。

2. 确定发展的地点

就是要确定职业发展的地点。比如有些人毕业后选择去南方，有些人选择到上海、沪宁线一带发展，有些人则选择去边疆、大西北，选择到祖国最需要的地方去，这些都是无可非议的，俗话说“人各有志”嘛。但应该综合多方面因素考虑，不可一时冲动，心血来潮，感情用事。比如有的毕业生去了南方，认为那里是改革开放的前沿，经济发达，薪资水平较高，但忽略了竞争强烈、观念差异、心理承受能力，甚至于气候、水土等因素，结果时间不长又跳槽离开。当然这也无所谓，但如果一开始就选准方向，就可以在一个地方、围绕一个职业长期稳定发展，对自己的资历和经验都会有所助益。时间加努力，有望成为某一领域的资深人士，岂不更为有利。频繁更换工作地点、工作岗位，对创业就业和发展不利，这应引起注意。

3. 正确定位

择业前要对自己的水平、能力、薪资期望、心理承受度等进行全面分析，做出较准确的定位。不可悲观，把自己定位过低。更不要高估自己，导致期望值过高。一旦不能如愿，失望也就越大。刚毕业就被知名大公司选中，而且薪资福利不菲，当然是你的运气。如果没有碰上这种好机遇，也无需气馁。不要过分在意公司的名气、薪资的高低，只要这家公司、这项专业岗位适合你，是你所向往和追求的，就应该去试一试，争取被录用。确立从基层做起、从基础做起、逐步积累经验、循序渐进、谋求发展的思想理念，可能对你的一生都会有好处。

从哲学角度来看，采取上述方法实际上就是解决职业生涯设计中工作内容和工作方向问题。这些问题解决了，职业生涯就会比较顺利地发展起来。

思　考　题

1. 面试的策略有几种，如何运用？
2. 面试前应准备些什么？
3. 如何推荐自己？
4. 选择一个岗位要考虑什么？
5. 面试中如何控制自己的情绪？

第十三章 创业、择业举证

第一节 艰辛创业

一、不成功的创业

某创业公司开始时一直定位于教育娱乐事业，号称中国教育与科研网的“网络门户”。他们责怪风险投资公司的理念落后，与投资公司谈判时，他们首先问：“你的公司一年内能不能赢利?”“你的技术为什么会值那么多钱?”理念是双方长期合作的基础，国内风险投资观念还应进一步转变。其实，没有赢利能力是他们创业最致命的问题，该变的不是投资公司，而是他们自己。

他们的团队人数众多，但是没有一个

人是信息技术领域相关专业的，也没有专门组织或并购强大的技术团队。他们认为，把门户网站做好就足够了，技术问题不必面对——其实他们也没有能力去面对。

创业公司中虽然有 MBA 和经济专业的学生，但是他们只是简单地照搬国内外门户网站的商业模式，即使是他们后来搞的“中文在线”，也只是以股权换取著名作家的电子图书版权，期望通过网上出版实现赢利。由于经验的欠缺，更由于资金的短缺，因此该公司基本上不具备市场拓展能力。

由于是从学校到学校，从书本到书本，没有实践经验，他们不懂企业管理的实际运作，不了解资本市场的错综复杂，内部管理制度未能贯彻执行，外部合作举步维艰，管理团队工作效率不高，主要负责人好高骛远、刚愎自用，加之受泡沫经济和外部狂热气氛的影响，对团队和公司的价值评估不切实际，不了解资本市场的特性，对合作提出不切实际的要求，因此错过了融资的最佳时机。

简析

该创业团体项目失败的主要原因是：没有赢利能力；没有核心技术；缺乏商业创新能力和市场拓展能力；不具备现代企业管理的能力和资本运作的常识。此案例为即将创业或正在创业中的学生提供了有益的参考，给热情有余、经验和冷静不足的学生以帮助和启发，有利于切合把握机会，实现自己的价值。

二、“视美乐”：第一个吃螃蟹的人

四月的清华园内，白玉兰、红桃花开的灿烂，惹人瞩目，招人喜爱。但是，清华的校花却是朴实无华的紫荆花，代表着踏实、务实的学风和校风。

清华大学第一家学生公司“视乐美”，1999 年 6 月在有关部门正式注册，为清华“休学创业”计划树起了第一面旗帜。公司法人代表、96级材料系学生邱虹云说，他办公司不是为了当老板，真正吸引他的是实验室里搞出来的发明转化成现实生产力所带来的那份喜悦。

邱虹云从小就是个“科技发烧友”。光学、电学、化学都是他从七八岁起就开始琢磨、玩味的东西。上了大学，邱虹云的学习成绩并不出众，在班上大都排在中间，但他丰硕的科研成果令老师和同学们都刮目相看，被公认为“发明天才”。在学校的科技大赛中，邱虹云从大一开始就年年获奖。他发明制作了超长变焦镜头和新概念天文望远镜。他潜心研制一种集光学、机械、电子技术于一体的视听设备，历时4个多月，就推出了设备样品。据了解，国外也有功能效果类似的产品，但价格昂贵。邱虹云的作品因为在技术设计上有突破，大大降低了成本，估计其价格仅相当于目前国际市场价格的1/3。他曾打算以十几万元的价格将产品技术转让，后与几个要好的同学商量，认为自己来组成团队更有利于发挥技术潜能。因为成员基本上来源于清华大学计算机、电子、光学、材料等学科专业，学以致用，正当其时。

简析

坚强是一种品格，坚持是一份信念。很多人为了自己的理想坚持了很久，直到最后终结。不论他们最终能否实现自己的追求，这个过程应该是值得每一个奋斗过的人永远珍惜的，也是值得每一个未曾奋斗过的人认真学习的。

三、如鱼得水，梦想变为现实

北京航空航天大学机械学院梁建宏同学在本科阶段关于“仿生机器鱼”的项目研究，获得了全国“挑战杯”大学生科技竞赛一等奖。现在，这个研究项目获得了国家资金的大力支持。

如今，梁建宏同学成为一个有项目、有资金的名副其实的创业者，他如鱼得水，带领一班人马，追求奋斗目标的实现。

梁建宏的成长经历可以分为四个阶段：充满幻想和尝试的青少年时期；学习和积累的本科低年级时期；运用和钻研的本科高年级时期；走向创业成功的研究生阶段。

青少年时期培养的兴趣和理想，成为梁建宏宝贵的财富，使他对航空航天和科学技术产生了浓厚的兴趣。他经常看《少年科学画报》、《中学科技》等科普杂志，小时候的理想就是考上航空航天大学。对科学的热情，使他在北航上本科时就有了很强的自豪感、上进心。青少年时期，他的动手能力得到了发展，因为家庭为他提供了很好的环境，他发挥自己的想像，做过许多天上飞的、地上跑的小发明。他小时候总是喜欢一个人看书、幻想、制作，独立思考的能力由此得到了锻炼。

上大学一、二年级时，他有一种如鱼得水的感觉，因为很多课都是他喜欢的。那时他学的挺不错，很多课程都考了很高的分数。但是，很快他就不满足于按照课程安排的方式去学习一门专业了，因为专业是博大精深的，如果泛泛地学习，也许四年结束后自己还是什么也不会。他想涉足最先进的科技前沿，再看看为了达到这种水平自己必须学习什么知识，掌握什么工具，具备什么样的实践能力。他有针对性地参加科技实践活动，在活动中拉近了先进科技与自己的距离。他用电机控制、VB 编程各种实验器材和实验设备，制作了步进电机驱动板和计算机 ISA 总线板卡。这使他既加深了对专业的理解，也体会到了书本知识在工程应用中的基础作用。他从来不忽视课堂学习的作用，但是他又认为，科学知识实在是太博大精深了，每个人都只能掌握其中的一方面。人的智力是有限的，应该结合自己的长处做出取舍。有一门专业课叫做“钣金专业的有限元分析”，同学们都觉得这门课很枯燥，用处不大，但梁建宏在研究“机器鱼”项目的尾鳍运动问题进行数值仿真时就运用了有限元方法，“钣金”的一些思路和方法也帮助他理解了流体力学的问题。在重视专业基础知识学习和能力锻炼的同时，梁建宏非常注重全面发展。在初、高中时，他本是一个性格十分内向和脆弱的人。后来通过对哲学的重视，使他渐渐坚强起来；同许多人的接触，使他变得乐观和自信，学会了被人管理和管理别人。他担任过班长、科技实践部长、辅导员等，会利用很多自然科学的模型和方法处理社会工作。比如，他在学生科技活动的管理中，运用数据库的方法驱动和管理整个活动；在工作繁忙的时候，应用操作系统的堆栈、寄存器、时间片、多线程等概念，使自己的工作有条不紊。当辅导员时，他还引用网络拓扑结构的概念来解释干部之间的层次关系，帮助他们达成共识、协调关系、树立团队意识。后来，梁建宏光荣地加入了中国共产党。他认为，一个人只有为他人服务，才能体现自己的价值，并从中得到乐趣。

好的项目方案一定来源于广泛的知识和经验。到了大三、大四时，梁建宏同学已经可以运用所学的工程知识对一些实际问题提出解决方案。他具备了良好的综合能力，能够独立提出工程解决方案和实施方案，具备了对方案结果性能预测和承担责任的能力。但是，他发现学校的教学似乎从来没有教过学生什么叫“招标”，学生也没有意识到方案的重要性。于是他开始自学这方面的知识，因为他意识到，一个好的项目方案的产生，需要掌握信息检索的能力和自学能力，这样研究设计的方案才能确保先进性；需要有实践的经验和能力，以确保项目的可行性；需要掌握权衡和比较的能力，以确保经济性。他认为，自己获得“挑战杯”一等奖的那条机器鱼就是一个很好的方案，他只花费了2 000 多元钱去验证了一个有价值的问题。他从中不但学会了许多东西，而且知道了应该学什么和怎样学。到了研究生阶段，由于本科时打下了坚实的基础，有了好的项目方案，并获得了国家投资的支持，他开始了真正的研究工作。为了使自己的研究项目能早日获得成功，不辜负大家的期望，为了有一天“机器鱼”能像真鱼那样自由地在海底遨游，他夜以继日地工作。作为一位项目负责人，他觉得有压力、有动力，但过的很充实、很自信，因为他已经实现了自己的梦想和价值，并且正在追逐更美好的梦想。

简析

梁建宏同学之所以能取得成功，首先是因为他热爱和投身于科学事业；其次是他学习目的明确，能够理论与实际相结合，注重全面发展；最后是因为他获得了专项投资的支持，把自主创业和风险投资结合在一起了。

第二节　曲折择业

一、试用期中的事情

名牌大学的高材生李想与普通大学的毕业生杨辉是高中时的同班同学，毕业后，他们在同一个单位上班。在试用期里，他们二个住在单位安排的同一间屋里，又同在一个办公室里做相同的工作。老总的意思是让他们在一起做些基础的工作，磨砺新人，等试用期结束时，对他们两个人的工作再做调整。

在试用期间，他们二人对工作都一丝不苟。上班的第一天，当李想还没有醒来时，杨辉就提前到了办公室，把清洁卫生工作都做好，使办公室面貌焕然一新。李想是一个会享受生活的人，下班后，他没有收拾自己的床铺和书桌，而是躺在床上听音乐。杨辉把自己的床铺和书桌收拾整洁，并利用下班后的时间到图书大厦去买书，充实自己的业务知识。

在图书大厦采购了不少书的杨辉，遇到了本单位的总经理夫妇，他一边走路一边看书，一不小心把总经理夫人撞了一下，总经理夫人手中的书撒了一地。杨辉马上道歉，帮她把书捡起来。他买的全都是专业书，还有一本《国际贸易规则》，在总经理的印象中，杨辉是一个有进取心的年轻人。

单位有一个项目要与外商谈判，杨辉为此做了大量的准备，李想却不太在意。在谈判过程中，杨辉利用自己所学的国际贸易规则的有关知识，为自己的单位赢得了优势与主动，避免了公司对外方的大量赔偿。当试用期结束时，根据李想与杨辉两人的工作表现，李想还是留在原来的办公室做原来的工作，而杨辉则被调到总经理办公室，做总经理的助手。

简析

学校之间的差别并不能决定学生进入社会以后的成败。在新的起点上要想成为领跑者，综合素质不可缺少。心态平和，努力进取，才是成功的关键。

二、学生缘何下岗

某省一家明星企业，前不久把两位名牌大学生“精简”下岗。

也许有人会觉得奇怪：作为天之骄子的大学生，本应备受企业的青睐，为何没工作几年就下岗了呢?

我们不妨看看他们下岗的原因。他们当中一个自以为是，工作马虎，致使工厂多次蒙受经济、信誉损失；另一个分配到厂后，经常迟到、溜岗，自由散漫，屡教不改。试想，这样的大学生，在当今激烈的竞争环境下，又怎能逃脱下岗的命运?!

事实上，人才只有将自己所学的知识用于为社会、为集体做贡献，尽责任，才能实现其价值，进而才能得到社会、集体的尊重与承认。如果一个大学生不能摆正自己的位置，不能用自己所学积极为社会、为集体做贡献，而是顶着“大学生”的牌子自以为是，不踏实工作，不遵守组织纪律，迟早会被时代的大潮所淘汰！

简析

作为一名大学生，只有文化知识还远远不够，重要的是要不断地培养自己脚踏实地、谦虚谨慎、乐于奉献的实干精神，不断提高自己的思想素质和组织纪律性。只有这样，大学生才能实现自己真正的价值！

三、一个月的上班故事

楚莹是学国际贸易的，可是她的男朋友左振宇通过他爸爸的老同学——一个有名的出版社的主任让她去当编辑，这个主任马上就要退休了，但说话还是比较管用的，可以帮助解决她的工作，而且算是出版社的正式编制，能解决户口和正式的人事关系，待遇也不错，月薪有几千元。楚莹做梦都没想到自己能进入出版社，还能当编辑，因为她从来没学过写稿、审稿等有关的编辑业务。但是，主任说，先不要管那么多，进去再说，因为这个机会很难得。先去面试，走个过场，等把正式协议签下来就万事大吉了，在工作中慢慢学吧。

面试时，主任低头看着手里的资料，又抬起头，从老花镜上方看看楚莹，说道：“你是楚莹？从你的简历上看，你的成绩都还一直不错嘛。喜欢当编辑吗？”

楚莹说：“是的，我从小就喜欢看书，而且一直都希望自己能在出版社这种文化气息很浓的地方工作。我觉得，和一些很有学识的老编辑们一起工作，我一定能学到很多东西。”

主任说：“我也是这样想的，所以，尽管你的专业是国际贸易，可我们还是会考虑你的，毕竟我们出版社也是要走向市场、走向世界嘛。”

楚莹顺利上班了，她的办公桌十分凌乱。楚莹皱着眉头到处找东西，坐在对面的周编辑不时抬头看她几眼。楚莹接到了电话，说她审的稿子错误太多，有很多毛病没有看出来，需要把稿子拿回来重看。

一个月后，老主任退休了，刚上来的主任宣布，今后一律凭业务水平选拔人才，以业务考核成绩决定人员的去留，如果不能通过，年轻的也要下岗。

新上任的主任找楚莹谈话，说：“上次的考核成绩下来了，你考的不太好……小楚啊，你也知道，我们社一直都是很重视编辑的整体素质的。我知道，你应该有一份更加适合你的工作。出版社的工作看上去不是很难，但是你也知道，我们的工作是非常重要的，读者能不能看到合格的出版物，都是靠我们的编辑把关。偶尔一次没把住关，就会有多少读者看到不合格的东西啊！我们社一直人员过多，有很多工作只要一个人就可以完成，而我们却用了两个甚至三个人来做。你是学经济的，应该知道，这是不是一种浪费啊？况且，你学的是国际贸易，在我们社根本就没有用武之地，我们不能限制了你的发展。我们已经确定了下岗的人员名单，你就在其中。虽然你是新毕业的大学生，而且在学历、年龄方面都是很有优势的，可你的业务水平实在是……很多同志都在看着你呢，我想留你也留不下啊，你也别太难为我了。”

就这样，楚莹一个月的上班故事结束了。

简析

做任何工作都要有真本领，要靠自己的实力去竞争，同时要努力向老同志学习，在试用期内，尽快适应工作，胜任这份工作。

四、正确对待工作后手中的权利

小何是某校的毕业生，经过自身努力，毕业后进入中央单位工作，别人很羡慕，自己也很满意。但刚工作不久，他就放松了对自己的要求。在出差过程中，他利用自己是中央部委人员的身份，到基层“借钱”不还，严重违反了工作纪律，造成恶劣影响。同时，为图自己方便，他违反办公室条例，在办公室吃住。他的表现引起了单位领导的不满，结果仅工作 3 个月就被辞退了。

简析

有些毕业生以为求职是一件一劳永逸的事，一旦找到合适的工作，便放松了对自己的要求。特别是在工作以后，手中拥有了一些权利，便利令智昏，结果不堪设想。

五、聪明反被聪明误

某校法律系毕业生肖志光，毕业后在一家普通国企工作，户口转成了企业的集体户口，取得了留京的资格。在企业基层锻炼时，他工作努力，吃苦耐劳，受到了领导的好评和信任，被调到人事部门工作。他利用手中的权利，私自将自己的户口转成居民户口，并将自己的劳动合同抽出，在一家律师事务所找到工作后竟不辞而别。对肖志光的做法，企业领导强烈不满，与肖志光学校协商将其退回学校。学校撤消了肖志光留京指标，将其户口退回家乡所在地，彻底打破了他的留京梦。

简析

客观地说，像肖志光这样的同学有一定的才能，但他高估了自己，通过不正当的手段争取自己的发展，难免弄巧成拙，最终自毁前程。

六、落聘不落志

经朋友介绍，学俄语的杨娟来到保利大厦的一家外国公司应聘。这家公司急需一名俄语翻译，提供的薪水非常高。杨娟对自己成功并没抱太大的希望，她只是想去试试在实际工作中自己的俄语水平如何。

在办公室接待她的是一位叫别尔科夫的波兰人，他用流利的俄语问了杨娟一连串的问题，比如："你学了几年俄语?""你对这门外语感兴趣吗?""公司一旦聘用你，你是否习惯不定期的加班和出差，甚至是出国?""你是女同志，你能否保证工作5年之内不结婚，30岁以前不要孩子?""我们出高价聘翻译，讲求的是高效率，如果你工作不够努力，我们将随时解聘你"……对这些问题，杨娟早有心理准备，所以回答起来并不困难，从别尔科夫脸上的笑容可以看出，他对杨娟的印象不错。在交谈了将近半个小时以后，他正式告诉杨娟：一周以后去上班，她被聘用了。

杨娟不禁有些受宠若惊，但她还是按捺住心中的狂喜与兴奋，坦白相告："对不起，我还没有毕业，不能全天工作。如果您愿意或允许的话，可不可以让我半工半读？也就是说，利用周末业余时间来工作?"看得出，他很意外，也有一点儿愤怒和失望："既然这样，很遗憾，我们只有放弃您了，因为我们没有时间等您。不过，我们还是很感谢您来应聘，希望我们有机会再次合作。"

听罢委婉的拒绝，杨娟走出豪华考究的保利大厦，心理对失去的这份高薪工作觉得很可惜。可她转念一想，这算得了什么呢？这样的机会以后还会有很多，而且再经过一年的学习，她的知识结构将更加完善，再去应聘时，她的竞争力会比现在更强。于是，她很快就释然了，心中的那份失落也随之荡然无存，取而代之的则是更多的自信与希望。

通过这次不成功的应聘，使杨娟悟出一个道理：只要有真才实学，就不怕找不到自己的立足点。所以，应聘者必须不断地用知识来丰富自己、完善自己，走上工作岗位的时候才不会心虚打怵，更不会被炒鱿鱼。

别人都说学习俄语前途暗淡、希望渺茫，以前杨娟也这样想过。可是，杨娟现在充满了信心。那次应聘让她知道了自己大学生涯的最后一年应该如何度过。

简析

每次经历都是一次成长的好机会。无论成功与失败，只要能做一个有心人，不断地给自己以信心，积累多方面的经验，到正式求职时，就可以把握住成功的机会。

七、煮熟的鸭子飞了

李强、陈超、谭大伟是住在同一个宿舍的同学，他们所学的专业都是市场营销。毕业时，陈超的父亲帮陈超找好了一个单位，所以他不必自己去找工作了。李强和谭大伟都只能自己找工作。一天，他们俩在学校的食堂前看到了一家外企的招聘启事，他们都寄去了自己的求职材料。后来他们都顺利地通过了笔试，并同时收到了面试通知。

面试时，他们被分在两个会议室。

主考官问了李强一系列关于市场营销的问题，李强对答如流，并不时提出自己的新见解，受到了主考官的赏识。在另一会议室里，谭大伟的面试也进行得十分顺利，主考官对他的回答也表示十分满意。

在面试快要结束时，主考官向李强和谭大伟提出了同样的问题："对不起，我们公司的电脑出了故障，参加面试的名单里没有你，非常抱歉！"不过，说这句话是在不同的会议室里。

胜利在望的李强听到主考官说的话后，马上就变得没有了风度。他生气了，质问主考官怎么会出现这样的事，他这么优秀的一个人，在学校里每次考试都是第一名，为什么居然不能进入面试？他说，这是公司成心在耍他。

主考官对他说："你先别生气。其实，我们的电脑并没有出错，你以第一名的成绩进入了我们的面试名单，刚才的插曲只不过是我们给你出的最后一道题。面对竞争激烈的就业，你感到惶恐和不安是正常的，但是你的心理承受能力实在太差了。市场营销部是全公司最有可能经历风险的部门，作为这个部门的高级人员，我们需要有良好心理素质的人才。我们希望你能找到更合适的工作。"

李强愣住了：前功尽弃了！没想到这也是一道考题！

而在另一间会议室里，谭大伟在听完同样的问题之后，面带微笑，十分镇定地说："我对贵公司发生的这个错误十分遗憾，但是我今天既然来了，就说明我和公司有缘，我想请您给我一次机会。这个计算机的失误，对我来说，或许是人生的一个难得的机遇；对于公司来说，或许意外地选择了一个优秀的员工。"

主考官露出了满意的神情："你真是一个不错的小伙子！我愿意给你这个机会。"

简析

有无良好的心理素质，对成才和就业有着重要的影响。用人单位很重视求职者的心理素质。如果心理十分脆弱，就算他专业成绩再好也会错失良机。所以，大学生平时应当不断努力提高自己的心理素质。

八、出其不意的展示

李彤接到了《××日报》的面试通知。一起面试的人很多，但是面试过程中报社的电脑出了故障，致使面试无法正常进行了。时间一分一秒地过去了，电脑还是没有修好。面试的学生中已经有不少人在议论纷纷，有的人已经对报社耽误时间表示不满。

报社的招聘者让简历上写着“精通电脑”的应聘者试一试看能否把电脑修好，但是到了这个关键的时候，这些人都退缩了。这时，学中文出身的李彤毛遂自荐，挺身而出。在众人怀疑的目光中，她利用自己平时积累的电脑知识，沉着地进行各种测试，终于找到了电脑的毛病，很快就把电脑修好了。

李彤出人意料的表现，使报社的招聘人员发现了一位拥有多种才能的毕业生，她终于赢得了报社的职位。

简析

面试考场上出其不意的表现能为应聘者带来意外的收获，所谓“技不压身”就是这个道理。现在的用人单位需要的是复合型的人才，这样的人才能给单位带来更大的效益。

九、闯　关

黄勇和曾力是同宿舍的同学。黄勇来自城市，自信是他的特点；曾力家住农村，做事谨慎。他们同去长城公司面试，黄勇第一个进去。黄勇进去的时候，看见一只扫帚倒在脚边，他用脚随便把扫帚往旁边踢了踢。老板请他坐下，但是屋里没有凳子，黄勇说：“我站着也没有关系。”当问到他在学校所学的课程时，他说学校所设的课程没有实际意义。初生牛犊不怕虎的黄勇随意发挥，侃侃而谈。由于他的父亲所在的单位与应聘单位在一些项目上是竞争对手，黄勇陈述了自己对父亲单位的不满，并说明了他来长城公司应聘的目的。

曾力进去面试的时候也遇到了老板请坐而没有凳子的情况，他转身准备到外面去取凳子，但是秘书很快给他拿来了一把。他有礼貌地谢过秘书。刚开始回答老板的提问时，他有些腼腆，声音很小。当老板鼓励他时，他慢慢地能够发挥自己的水平了。后来看到地上有些白纸，他立即捡了起来，并顺手把复印机旁那些凌乱的纸张简单地整理了一下。他说到了自己由于家庭困难，大学期间都靠打工养活自己。他表示：从小处做起，始终如一，赢得别人的信任，就会有长远的发展。

老板对曾力说："我很同情你，也很欣赏你。考虑到你缺乏工作经验，小伙子，你再到别的公司去联系联系吧！"

曾力意识到自己没有希望了，便站起身来，向老板道了谢，朝门口走去。快到门口时，曾力突然转身问道："请问，你们这里别的岗位还需要人吗？"

听到老板否定的回答后，曾力突然想起了自己的毕业论文，说道："我的电脑技术也不错，你们可以看看我的毕业论文。"

说着，他从上衣口袋里掏出一张软盘，急切地看着老板。老板微笑："打开看看吧！"曾力熟练地操作着电脑，屏幕上出现了一系列图表，老板和其他几个人注意地看着。演示完后，老板拍拍曾力的肩膀说："年轻人，你被录用了。其实，从你刚进来时的表现我就看中你了，刚才只不过是考验一下你的机智，看看你有什么反应。小伙子，祝贺你！回去准备，尽快来上班吧。"

简析

人生的关卡很多，但关键的只有几个。实力不是靠滔滔不绝的谈话表现出来的，贬低学校和他人只会有讨好之嫌。用人单位的招聘人员对每个应聘者都会用心考查，情景测试便是其中的一种。平时养成良好的行为习惯，闯关时就会轻松自如，不至于让扫帚挡了路。

十、纯真心态

毛子强、薛斌、赵佩君是同一个宿舍的同学，他们一起到亚通公司去应聘。

面试的主考官与他们每个人单独见面。公司的招聘人员问毛子强："你觉得你和赵佩君相比，谁更能胜任我们公司提供的工作?"毛子强说："当然是我。正因为赵佩君和我是住在同一个宿舍的同学，我想我更有发言权。他上学时成绩每次都排在我后面，很多时候，他的作业还要问我或者其他人。他在设计方面有时思路不够开阔，领悟力也不是很好，用专业术语说，就是有些迟钝，所以，我认为他不能像我一样胜任这份工作。"

薛斌遇到了招聘人员这样的问题："这次来我们公司面试的人当中，你的同学很多，你能不能为我提供一些录用你的理由?"薛斌回答说："我知道，今天我的竞争者中有很多我的同学，而且据我所知，我们宿舍就有三名同学来参加这次面试。我想，我们每个人都是很优秀的，而且各有各的优势，您完全可以根据每个人的优势进行考虑，我们宿舍的另外两名同学，毛子强的思维很活跃，反应也挺快，成绩一直都不错；赵佩君是个很稳当的同学，他可以专心地去研究一个问题，没有浮躁的毛病。"

招聘人员说："你对他们还是很了解的。你把你的同学说得这么好，就不怕我录用他们而不录用你吗?"

薛斌说："我是我们班的班长，所以比较注意每个人的特点。其实我觉得，无论是现在的同学关系还是将来的同事关系，都需要互相协作、互相帮助。如果为了达到自己个人的目的而贬低别人，对一个大的集体来讲是很不利的。就算我今天不能被录用，而是我的同学被录用了，对我这个当班长的来说，也是很光荣的事啊。”

招聘人员笑着点点头：“你很会显示自己的优点。虽然你刚才一直都在说别人的长处，但是你也把自己的优点有意无意地告诉了我。其实，你的专业水平和你的某些同学比起来也许并不是最好的，但你知道，在我们这里工作，往往是需要大家合作、共同开发某些项目。从这个意义上讲，我是不赞成为了自己的利益而去损害别人的利益的。我想，我这一关你已经通过了。”

简析

招聘人员提问的用意很明显，而应聘的毕业生对与自己竞争的同学的评价客观与否，语言表达方式如何，都能反映出毕业生的综合素质。真实地把别人的优点和自己的优点表达出来，既考验了自己的心理承受能力，也考核了求职者的做人态度。

十一、感谢的力量

刘芳是刚跨出大学门槛的毕业生，她到了一家外资公司去面试。该公司总经理是一位和蔼可亲的外国人，名叫尼克。面试近半个小时，他给刘芳留下了良好的印象。临走时，总经理很高兴地给了刘芳一张名片，还说会在下个星期给她回音。

以后几天，刘芳一直在等待公司的回音。但是，一个星期、两个星期过去了，一直杳无音信，而且在等待中她还错过了其他机会。

由于没有任何消息，刘芳又在留意其他招聘信息，但都不太满意，她觉得还是第一份工作比较适合她。于是她拿出总经理的名片，按照上面的地址寄去了一封信，感谢总经理尼克先生曾经给予她的面试机会，并期望得到进一步的消息。第二天，她接到了尼克先生的电话，尼克先生用英语说：“You are employed. Congratulations !”（祝贺你被录用了！）刘芳悬着的心终于放了下来。

上班后，刘芳从总经理那里得知了她被录用的原因，总经理告诉她说："你的来信使我觉得你是一个有礼貌的人。我们美国有个习惯，面试后要写一封感谢信感谢那家给予自己面试机会的公司。而在面试的五十多个应聘者中，在同样的情况下，你是惟一的一个。"

简析

有实力，懂礼貌，可以在求职中赢得先机。如果再加上与众不同的做法，就会令你脱颖而出、力拔头筹。

十二、试　讲

今年的就业形势十分严峻，去中学做教师这样的工作都很难找。王炎再一次给一所中学挂电话，请求给他一次试讲的机会。他的诚恳打动了该校的教导主任。

主任随便点了一篇文章《药》，让他到学校试讲，告诉他不必介绍作者，以分析为主，时间有限，只有 20 分钟。

王炎知道，主任的意思是要考查他的口头表达能力。

迟到是面试的大忌，但王炎显得过于紧张，提前一个小时就到了学校。主任叫他先到会议室等着。主任对他说，听课的人是校长和老师，可以马上安排试讲。但他觉得，面对学生也许会更有信心，更有真实感，便要求再安排几个学生来听课。主任很快就安排好了，并把试讲地点改在教室，这更合王炎的心意。正准备上操的高二年级一个班的同学被叫进教室，临时听一节只有 20 分钟的课。

王炎刚到教室门口，一个班的同学，连同教导主任、教研室组长、校长，几十双眼睛一起看着他。他深吸了一口气，迈上讲台，自我介绍以后，便转身在黑板上写下了课文标题和"作者鲁迅"几个字。

他合上课本，把讲义放在一旁，走下讲台，手里拿着一支粉笔，以免显得紧张局促。他回忆着《药》中的每一个场景，从中理出线索，由线索得出命题，再由命题挖出立意，渐入佳境，忘掉了听课者的不同身份……

最后讲到夏瑜坟上的花环时，王炎很自然地朗读了一段《呐喊·自序》。这不仅是考虑到序中有关于“花环”的说明，还因为他想借此机会让校领导检查一下他这位南方人的普通话水平。

试讲结束，他简单地总结了几句，向台下鞠了一躬，尚未抬头，耳边已响起热烈的掌声。王炎很感动——因为全体听课人员已用热烈的掌声为他的试讲打了应得的高分。

简析

对于有实力的人而言，面试其实很简单。用诚意取得用人单位的好感，用真才实学赢得用人单位的认可。

十三、学生法官

张帆、杨刚、李丽、陈伟四个法律专业的毕业生经过某法院的层层筛选，同时进入了复试。复试的形式比较特别，主考官设计了一场由他们四人组成的模拟法庭，每个人的角色分配均由抽签决定：陈伟是法官，杨刚和张帆分别是原告律师和被告律师，李丽是书记员。其他几个人对自己所分配到的角色都没有什么意见，只有李丽当场对主考官提出异议，认为当一个书记员，体现不出自己的水平。

复试过程中，他们四个人各显神通，充分展现了自己的实力。主考官对他们几个的专业能力都表示认可。在最后的决定阶段，主考官想了解一下他们对自己以后的工作待遇的想法。张帆的要求是希望单位能解决住房，因为在复试之前，他的女朋友一再叮嘱他，如果没有住房的话，他们的关系就会受到影响。但是，法院暂时还不能为毕业生解决住房问题。注重哥们意气的陈伟在讲述自己的待遇要求时，言谈举止过于随便，让人觉得他缺乏法院要求的严谨作风。李丽仍在对自己所担任的书记员角色表示不满，拿出了自己在学校期间获得的证书。主考官对她说："一个人不管在什么样的工作岗位上，他都应该忠于本职工作。"最后一个是杨刚，他对主考官提出的待遇问题微微一笑说："一个人所能享受的待遇是由他的能力决定的。我相信我的付出会得到合理的回报。"

很明显，在专业成绩不相上下的情况下，求职的学生对自己待遇持什么态度，用人单位是十分注意的。最后，通过对比，法院当场录用了业务水平突出而且稳重、踏实的杨刚。

简析

杨刚、李丽、张帆、陈伟是经过初试选出来的专业成绩优异的佼佼者，他们最后的较量，实际上是一场综合测试。就每个人而言，张帆缺少一种良好的心态，条件苛刻；李丽则高估了自己，不愿从小事做起；陈伟缺少成熟稳重的风度；只有杨刚适合这项工作。

十四、勤能补拙

肖燕，一个大四学生，幼稚、狂热，还有点莽撞，没有任何面试经验。

当她兴冲冲地来到《××周刊》杂志社应聘时，发现面前的主考官竟是一位一直以来她非常仰慕的报告文学作家、一个严肃的中年男子，她立刻感到又紧张又兴奋，以致主考官开头说的话和提的问题她都没听见，只好张口结舌地看着他。

他很耐心地重复了一遍，然后请肖燕谈谈对社会新闻的看法以及当今读者最关心的问题是什么。凭着半年的实习采访经验，肖燕把自己的所思所想一股脑地都说了出来，越说越激动，滔滔不绝。

大约谈了半个钟头，主考官忽然打断了她，并从抽屉里抽出一本花花绿绿的英文杂志，让她说出这是什么杂志，并说出封面提示的本期重要文章的题目。这时，肖燕还沉浸在先前的话题里，面对突然出现的问题脑子一阵犯晕。她对着杂志封面看了半天，竟然找不到杂志的名字，只好茫然地望着考官，可怜巴巴地问："名字在哪里呀?"考官微笑着伸手指指封面上的几个大写字母，原来是著名的《时代周刊》。

肖燕恍然大悟，接着又结结巴巴地翻译了几篇重点文章的标题。考官点了点头，站起身。这时，肖燕以为面试到此结束，刚松了一口气，不料考官却说，现在带你去见一位女士，她在美国生活了5年，你采访她，然后写一篇中国人和美国人在生活方式、思维方式等方面差别的文章。

这又是一个突然袭击，肖燕没来得及做任何准备就被带到那位女士面前，考官不动声色地坐在一旁。

肖燕生怕冷场，千方百计地找话说，谈了大约半个钟头，实在说不出什么了，肖燕只好问考官："您看差不多了吧?"考官面无表情地说了一句："你自己看着办吧。"

接着就是写稿子。由于时间太紧张，这大概是肖燕写得最艰难的一篇稿子。当时已近中午，杂志社的人看到肖燕在埋头苦写，不时有人关心地问她要不要先吃点饭?肖燕咬着牙说："我不饿。"实际上她的肚子早就在叫了，但当时已经顾不上这些了。

直到下午一点半，肖燕终于把稿子放到了考官的面前，然后逃也似地离开了杂志社。

让她感到意外的是，一个星期后，她接到了录取通知。在后来的工作中她才知道，考官认为她有较好的基础知识和扎实的文字功底，只是临场风度和应变能力不尽如人意。

从那次以后，肖燕才知道，进行面试时，以不变应万变的良策就是有货真价实的本事，这只能靠平时一点一滴的学习和积累，不是光靠临场发挥就能奏效的。当然，临场经验也很重要，最好还是少冒一点儿傻气为好。

简析

俗话说，真金不怕火炼，万变不离其宗。真才实学是在学校期间脚踏实地锻炼出来的综合素质。“养兵千日，用兵一时”，就是这个道理。

十五、机遇偏爱有准备的人

师大中文系毕业生齐玉莉到一家研究所面试，她白领丽人、青春靓丽的打扮，从一开始就没有得到招聘人员的认可。面试时，她包里的化妆品撒落一地的尴尬更是注定了她的失败。

为了到上海一家大型的网站应聘编辑，齐玉莉的好朋友陈晓莹做好了所有的准备。虽然她不是新闻系的学生，也不是学电脑专业的，齐玉莉也劝她要掂量一下自己的分量，可是她还是想用自己的实力来证明自己。她放弃了家里人在家乡给她找的一个不错的单位，决心通过自己的努力找到自己满意的工作。

面试时，招聘人员问了她一个问题：“其实我们这次想要一个男生，你怎么想?”

陈晓莹语气平静地说：“对此我能够理解。网站是个新兴行业，尤其是新闻部，每日更新的新闻量特别大，工作压力也大，男生可能更合适。但是我认为，做新闻编辑还是女生更好，女生有韧劲，能吃苦，女生心思细腻，更容易做一些细致的工作。而且，网络的优势就是和网民之间的互动，我相信，女性编辑与网民沟通和交流会更容易!”她还用自己的学习成绩补充道:“这是我新闻学辅修的结业论文,里面有对网络新闻媒体的一些看法,曾经在校刊上发表过,请老师们指教。”

招聘人员接过陈晓莹递过来的论文,一边看,一边不住地点头称赞……

不久,陈晓莹把求职过程的不可能变成了现实,接到了这个网站的录用电话。

简析

女大学生在面临就业问题时,应该保持良好的心态。在就业准备过程中,女生更应该充分备战,深入地挖掘自己的优点,自信地选择能够发挥自身潜力的职业。

用人单位的要求很严格,不仅要求学生有扎实的基础,还要求学生有灵活运用的能力。因此,要求大学生在校期间应该努力扩大自己的知识面,增强实践能力,提高综合素质,为竞争创造条件。

就业形势对女生越是不利,女生越是要自立、自强、自信,靠杰出的才能和勇气去竞争。这样,女生同样会受到用人单位的欢迎。

思 考 题

1. 请你写一个自己去面试的计划。
2. 从本章的案例中你应吸取哪些经验?
3. 创业过程能够实现成功的主要因素是什么?
4. 总结一个你身边创业、择业成功或失败的例子,其经验和教训各是什么?